立法理论与实务研究丛书

地方立法
技术与规范

吕庆明　著

DIFANG LIFA
JISHU YU GUIFAN

法律出版社
LAW PRESS · CHINA
北京

图书在版编目(CIP)数据

地方立法技术与规范 / 吕庆明著. -- 北京 : 法律出版社, 2023
(立法理论与实务研究丛书)
ISBN 978 -7 -5197 -8415 -7

Ⅰ. ①地… Ⅱ. ①吕… Ⅲ. ①地方法规－立法－研究－中国 Ⅳ. ①D927

中国国家版本馆 CIP 数据核字(2023)第 190300 号

地方立法技术与规范
DIFANG LIFA JISHU YU GUIFAN

吕庆明 著

责任编辑 李沂蔚
装帧设计 鲍龙卉

出版发行 法律出版社
编辑统筹 法律应用出版分社
责任校对 朱海波
责任印制 刘晓伟
经　　销 新华书店

开本 710 毫米×1000 毫米 1/16
印张 19.75 **字数** 265 千
版本 2023 年 10 月第 1 版
印次 2023 年 10 月第 1 次印刷
印刷 北京建宏印刷有限公司

地址:北京市丰台区莲花池西里 7 号(100073)
网址:www. lawpress. com. cn
投稿邮箱:info@ lawpress. com. cn
举报盗版邮箱:jbwq@ lawpress. com. cn
销售电话:010 - 83938349
客服电话:010 - 83938350
咨询电话:010 - 63939796

书号:ISBN 978 - 7 - 5197 - 8415 - 7
定价:78.00 元
凡购买本社图书,如有印装错误,我社负责退换。电话:010 - 83938349

《立法理论与实务研究丛书》

出版说明

党的十八大以来，社会主义法治国家建设深入推进，全面依法治国总体格局基本形成，中国特色社会主义法治体系加快建设，司法体制改革取得重大进展，社会公平正义保障更为坚实，法治中国建设开创新局面。法治中国，立法为先。在党中央集中统一领导下，形成了党委领导、人大主导、政府依托、各方参与的立法工作格局，深入推进科学立法、民主立法、依法立法，立法质量和效率显著提升，中国特色社会主义法律体系进一步完善，为全面建设社会主义现代化国家提供了更为完备的法律保障。适应新阶段新形势新任务，党的二十大报告强调指出，“加强重点领域、新兴领域、涉外领域立法，统筹推进国内法治和涉外法治，以良法促进发展、保障善治。推进科学立法、民主立法、依法立法，统筹立改废释纂，增强立法系统性、整体性、协同性、时效性”。高质量立法离不开一支德才兼备的高素质法治人才队伍。高校是法治人才培养的“第一责任人”，法学教育和法学理论研究承担着为法治中国建设培养高素质法治人才、提供科学理论支撑的光荣使命，在推进全面依法治国中具有重要地位和作用。

作为河北省最早创建法学专业的高等学校，河北大学已经建成涵盖学士—硕士—博士—博士后的全链条、完整性法治人才培养体系，是河北省法学教育的“排头兵”，全国卓越法治人才教育培养基地。河北大学高度重视立法人才的教育培养，不仅在法学专业本科教育中开设立法学等相关课程，在研究生教育中设置立法学研究方向，而且在国内首创

“立法学理论与实务”微专业，贯通立法理论与实践，积极探索立法专门人才培养的新机制新路径。河北大学立法专门人才培养坚持德法兼修、知行并重，持续深化与立法机关及相关部门的交流和合作，迄今已完成京津冀水源涵养保护、生态环境支撑、白洋淀水环境治理与保护、地理标志保护、专利保护与冬奥知识产权保护、文明行为促进等100余项委托立法、立法后评估和立法论证项目，30余项成果获省领导肯定性批示，产生重要反响。2021年河北大学获批教育部首批新文科研究与改革实践项目“政产学研协同育人模式下的立法人才培养机制研究”，为深化立法人才培养提供了新契机。本项目拟通过调查研究和改革创新，有针对性地解决我国现行立法人才教育培养体制机制存在的突出问题，为教育培养高素质立法专门人才提供系统性解决方案。

作为教育的核心要素，教材建设事关“培养什么人、怎样培养人、为谁培养人”这个根本问题，直接关乎人才培养质量。深化高等学校人才培养模式改革需以高质量教材建设为要。为了适应新时代高素质立法专门人才培养的新形势、新任务、新要求，提升立法学教材建设的针对性、实用性、系统性、时效性，河北大学法学院、河北大学国家治理法治化研究中心依托“政产学研协同育人模式下的立法人才培养机制研究”这一新文科项目，充分发挥高等学校与立法实务部门的协同机制，与法律出版社共同策划出版了包括但不限于《立法理论与制度》《比较立法研究》《地方立法技术与规范》《地方立法实务与案例》等构成的《立法理论与实务研究丛书》。本丛书的突出特色和亮点就是坚持以习近平法治思想为根本遵循，落实立德树人根本任务，贯彻政产学研协同育人理念，与立法机关全方位深度协同，共商研发计划、共建编写团队、共定写作大纲、共享信息资源，合作编写、集体审定，以期切实提高丛书的质量和时代性，最大限度地满足立法专门人才培养的实际需求。同时，也真诚期待学界和实务界同人不吝赐教，提出宝贵意见和建议。

《立法理论与实务研究丛书》编辑委员会

2023年4月26日

目　录 Contents

导　论

立法技术是对立法实践的经验总结和理论提炼，是人们在立法实践中所积累的立法经验、立法知识和所获得的操作技巧。立法技术贯穿于地方立法过程的始终，是地方立法机构和立法人员所必须遵循的基本操作规程。立法技术包括立法预测、立法调查、立法规划、立法决策、立法协调、立法表达和立法监督等方面的技术。地方立法作为规制人们行为的活动规则和制度规定，是一项技术性极强的实践操作，其最大特点和特色是体现立法的地方性和差异性，精准反映本地的经济、政治、文化、风俗和民情等实际情况。具体到地方立法技术而言，它的最大特点不只是追求地方特色，还必须致力于发挥立法引领和保障经济社会发展的作用，尽量与上位法所使用的立法技术相协调，以维护国家法制统一。地方性事务的庞杂性和特殊性，决定了地方立法技术必须为地方治理提供法治保障，增强地方立法在地方治理中的话语权。

所谓立法技术规范，通常是指有关立法权行使、体例结构、法条表述、责任设置、术语运用、立法文件撰写等技术层面的规则。2023 年 3 月 13 日第十四届全国人民代表大会第一次会议修正的《中华人民共和国立法法》，增设了“全国人民代表大会常务委员会工作机构编制立法技术规范”这一内容，这是“立法技术规范”一词首次载入构建立法制度、规制立法活动的基本法，虽寥寥一句但却意义深远。立法技术规范是否科学、严密、完备，将直接影响立法质量的高低。有效的立法技术规范能够为立法质量提供基础性的技术保障。立法技术规范能够以立法技术的“术”之力量，点亮立法者意志的“道”之光芒。在地方立法活动中，遵循基本的立法技术规范，能够提升地方立法的质量和水平，从而确解近年来制约地方立法质量的瓶颈和难题。总体来看，伴随着地方人大立法权扩大而产生的立法质量下降难题，本质上是地方立法活动缺少技术规范作为指引的问题。在这一背景下，加强地方立法技术规范的研究，既具有重大的理论意义，也具备重要的实践价值。

本书以地方立法实践为基础，研究范围限定于地方立法的理论与实务。研究的主题可以分为两部分，即立法技术标准和立法技术规范。其中，立法技术标准属于立法认识论的范畴，立法技术规范则属于立法方法论的范畴。二者的关系是，立法技术标准解决的是“是什么”的问题，立法技术规范则主要解决“怎么做”的问题。立法技术规范应围绕立法技术标准展开，是立法技术标准的实现路径和方法。基于前述关系分析，本书以地方立法的认识论和方法论为主轴展开。不同章节之间的逻辑关系是：第一章地方立法的认识论和方法论是全书的立论基础。在地方立法认识论基础上，总结、提炼出地方立法的技术标准，即第二章的内容；在地方立法方法论的基础上，总结、提炼出地方立法的技术规范，即第三章至第六章的内容，包括地方立法权行使的技术规范、立法文件撰写的技术规范、立法案起草的技术规范、立法评价的技术规范等四章。为了方便立法学课程教学，本书在附录中收录了2023年修正的《中华人民共和国立法法》、全国人大常委会法工委编订的《立法技术规范（试行）》和部分省市有关立法评价的地方性法规或规章。

第一章　地方立法的认识论和方法论

第一节　地方性法规的基本属性

地方性法规是由省、自治区、直辖市和设区的市人民代表大会及其常务委员会，根据本行政区域的具体情况和实际需要，在不与宪法、法律、行政法规相抵触的前提下制定，由大会主席团或者常务委员会用公告公布施行的文件。地方性法规在本行政区域内有效，其效力低于宪法、法律和行政法规。地方性法规是地方人大立法权行使的重要体现，地方性法规质量的高低能够充分说明地方立法权行使效能的高低。充分认识地方性法规的基本属性，对于正确行使地方立法权具有重要的意义。

一、地方性法规属于“实在法”

地方立法过程中，强化地方性法规的“实在法”属性，主要是为了明确地方性法规与政策之间的区别，从而有效解决实践中地方性法规存在的“法味”不足的问题。对于地方性法规的实在法属性，要从如下几个方面理解：首先，法是一种行为规范，其规制对象是人的行为。因此，地方性法规应围绕“行为”进行立法，回归地方性法规“行为法”的本质属性。作为“实在法”的地方性法规,应是严谨的行为规范,要提供具有可操作性的行为模式,能够发挥指引、评价、预测、教育、强制等法律的规范作用。其次,政策与法律的主要区别在于,政策具有时效性、灵活性、目标导向性等特点,而法律则强调稳定性、可预测性、行为规范性。因此,要增强地方性法规的适应性、前瞻性,立足于长远目标制定地方性法规,避免短期选择和临时起意。最后,可诉性是法律属性的必然要求。地方性法规作为“实在法”,应当具有一般法律所应具备的可诉性,即在人民法院审判过程中作为判决依据的能力。因此,应逐步扩大和提升地方性法规在本区域内法院适用的范围和比重,通过法院的适用来进一步检验地方性法规自身的质量,并将司法适用中发现的问题、总结的经验反馈给立法部门,带动地方性法规质量的整体提升。

二、地方性法规属于“人大法”

地方立法过程中,强调地方性法规的“人大法”属性,主要是为了将地方性法规区别于地方人民政府制定的规章,从而实现地方性法规的去行政化,体现地方性法规作为人大立法的特殊性和特色。具体而言,人大立法的优势在于其综合性、民主性、长远性、前瞻性,而规章则服务于政府的管理工作,具有明显的问题导向性和社会管理属性,比较侧重于对当下问题的解决。充分认识地方性法规的“人大法”属性,其规范性表现为:其一,在地方性法规制定中突出强化其“人大法”的属性、特色,要求我们在地方立法过程中要全面、深入贯彻民主立法原则,将“全过程人民民主”打造成人大立法的突出亮点和主要特色。将“固根本、稳预期、利长远”的法治优势打造成地方性法规区别于政府规章的“标杆”,“不畏浮云遮望眼,只缘身在最高层”,要聚焦于关键领域,瞄准更深层次的利益关系,立足于长远目标,有效防范地方性法规制定过程中的部门保护主义和地方保护主义,高瞻远瞩,高屋建瓴,不断强化地方性法规身上的“人大法”烙印。其二,强调地方性法规的“人大法”属性,要求在立法工作中充分发挥人大的主导作用,有效把握人大在立法中的主动权,完善立法项目征集和论证制度。要有效把控立法工作全局,改变政府部门提什么人大就审什么的模式,由被动“等米下锅”转变为主动“点菜上桌”。要积极作为,勇于担当,紧紧围绕党委重大决策、围绕工作大局、围绕老百姓普遍关注的热点难点焦点问题,制定务实管用的地方性法规。其三,强调地方性法规的“人大法”属性,要求地方立法要更加注重程序性,秉持开门立法的理念,通过立法程序的科学性,保障地方性法规的立法质量;通过立法程序的公开透明性,保障广大人民群众对立法的有效参与和监督。

三、地方性法规属于“治理法”

地方立法过程中,突出地方性法规的“治理法”属性,主要是为了实现地方性法规的立法理念由“管理”向“治理”转变。一般认为,促进型地方立法比较侧重于治理,管理型地方立法突出实效和目标。当前,地方性法规体系中管理类法规数量明显高于促进类法规的数量,而促进型地方立法则最能体现“治理”的理念。因此,强调地方性法规的“治理法”属性,其规范性在于:其一,强调地方性法规的“治理法”属性,要求立法活动要从“头”开始,有效控制管理类地方性法规的数量。当前,地方性法规名称中使用“管理”字样的仍不在少数,要有意识地控制、减少条例名称中“管理”字样的使用,在立法内容上贯彻治理的理念、原则和要求。其二,“软法”和“硬法”的有机结合是治理理念的必然要求,多元化激励机制是治理的重要表现形式。在地方立法活动中,要提高法律责任设定的多样性、灵活性,避免将法律责任等同于“罚则”,避免在法律责任中单纯设定行政处罚等。在地方性法规中可以采取约谈、信用惩戒、奖励、曝光等多种更契合治理理念的方式方法。其三,要增加促进型地方立法的比重,有效处理管理类规范与促进类规范的关系,不能因加强管理而冲淡促进的基本立法取向,更不能借促进之名行管理之实。要增强促进型地方立法的实效性,把促进措施规定得明确、具体,更加具有针对性和可操作性。在立法过程中尽量减少道德提倡性规范,要慎重研究政策宣示性和明确发展趋势的规范，重点是具体细化、明确促进措施。例如，在地方性法规中直接规定出台优惠和促进措施、制定配套文件的时限和具体内容要求等。借助公开透明的外部监督来督促政府部门履行促进责任，如权力机关监督、舆论监督、人民群众的监督等。建立和完善社会诉求的受理和反馈机制，使促进措施真正得到落实。

四、地方性法规属于“过程法”

地方立法过程中，强调地方性法规的“过程法”属性，主要是要增强地方性法规的可操作性。《河北省地方立法条例》第 3 条第 2 款规定：“地方性法规应当明确、具体，具有针对性和可执行性，对上位法已经明确规定的内容，一般不作重复性规定。”关于可操作性或可执行性的内涵要求，可以参考国务院 2001 年制定、2017 年修订的《行政法规制定程序条例》，其第 6 条第 1 款规定：“行政法规应当备而不繁，逻辑严密，条文明确、具体，用语准确、简洁，具有可操作性。”因此，提升地方性法规的可操作性，要从如下几个方面着手：一是科学选择地方立法的体例。慎重选择制定“条例”，条例在体例结构上“大而全”，从总则到分则、再分章分节，面面俱到，这可能增加地方性法规对上位法的重复率，进而降低法规的可操作性。可以灵活选择“实施办法”“决定”“若干规定”等多样性的立法体例，坚持“一事一法”“成熟几条搞几条”“有几条搞几条”的原则，以追求解决实际问题为依归。二是地方性法规的调整对象和适用范围要清楚、明确，不能模棱两可或产生歧义。执法主体要明确，职责范围要明晰，不能交叉或重复。对行政处罚的规定要细化、规范，有效限制自由裁量权。涉及行政许可、行政审批的，条件要具体、公开；涉及具体时限规定的，内容要具体。三是地方立法对于某一程序性事项的规定应当更加具体，对于方式、步骤、结果等因素应当细化明晰，使得相关主体可以明确获得程序启动、运行、结果等各个环节的相关信息，从而方便其行使权利履行义务。四是地方性法规中的权利性规则和义务性规则，要明确权利和义务的主体、内容的范围。法律责任的设定要与义务条款的内容性质和行为程度相对应,法律责任在表达技术上也应当基于违法行为的性质和社会危害程度作出轻重有别的规定。五是地方性法规的立法语言表述要简洁、准确,尽量使用短句,逻辑要清晰、严密,提高地方性法规的可读性。立法中相关概念的提出和使用,都要经过反复斟酌、周全考虑,把握好概念的范围与程度。既要保证概念的科学准确,又要兼顾该领域各项事业的实际情况与发展趋势。

第二节　地方立法的主要类型

地方立法根据规范体系与规范性质的不同,可以分为促进型立法和管理型立法两类。促进型立法和管理型立法在立法理念、原则、设范模式、调整手段等方面具有明显的差异。在当前的地方立法实践中,管理型立法和促进型立法服务于不同的立法目标和宗旨,发挥各自的职责作用。二者的发展并非前后相继,二者的关系也并非相互取代,实际上二者是并存的关系。因此,地方立法实践中可以发挥促进型立法和管理型立法相互促进、相互补充的作用,最终提高地方立法的质量和水平。

一、管理型地方立法

所谓管理型地方立法,即禁限型地方立法,是指秉持管理的理念原则,重点就某些需要得到控制的社会行为进行规制,注重将管理措施法律化,强调对违法者进行处罚的地方立法。

(一)管理型地方立法的理念

管理型地方立法符合现代政府管理职能张扬的理念。自从凯恩斯的国家干预理论形成以来,政府的有形之手渗透到社会生活的方方面面,管理型地方立法将政府的这种权力渗透规范化,为政府的干预和参与提供了法制保障。由于它符合政府管理职能张扬的理念,因而容易为政府、社会所接纳。不同于促进型地方立法的“治理”理念,管理型地方立法体现了“管理”的理念，突出了管理者与被管理者间的“主体—客体”关系，注重追求管理者自身设定的绩效目标，突出结果导向。

（二）管理型地方立法的设范模式

管理型地方立法符合传统法律权利义务（责任）对应的设范模式。虽然管理型地方立法与传统民法不同，传统民法建立在“契约自由”“意思自治”“平等自愿”的原则之上，排斥国家对公民个人生活的干预和参与。但是不论是传统民法还是管理型地方立法，它们设定权利义务的模式是相同的，那就是强调权利、义务与责任的对应，即权利的享受以承担义务为条件，不履行义务就要承担相应的法律责任。有基于此，尽管管理型地方立法与传统民事法律部门不同，但人们对其应否存在并未产生争议。

（三）管理型地方立法坚持问题导向

管理型地方立法属于问题导向性立法，一般遵循问题导向的原则。在管理型地方立法中，地方性法规所调整的大多是禁限型的社会关系，法律常常被比作人类行为和道德的底线，而不是行为和道德的“及格线”或“优秀线”。管理型地方立法具有明确的针对性，以特定问题的解决为立法宗旨，注重通过地方立法解决实践中存在特定问题的实效性。管理型地方立法中所规定的条文，大多属于事后调整性的法律规范。

（四）管理型地方立法侧重于法律的强制功能

在管理手段上，管理型地方立法将政府对经济、社会的权力渗透法律化、强制化，为政府对经济、社会的全面干预提供了国家强制力保障。因此，管理型地方立法以强行性规范为主，重视法律责任的设置，突出强调增加管理对象的违法成本，这符合传统的法律权利义务对应的设范模式。

二、促进型地方立法

促进型地方立法是通过提倡、引导等方式贯彻国家意志的一种新的立法模式。促进型立法以特定行为指引或目标规划为主要内容,不依靠强制力为主要手段,在实践层面上能有效弥补道德、政策等其他社会规范的缺陷并补强其正当性。促进型立法的法理基础是制度供给侧原理,促进型法规是软法的载体形态之一。近年来,随着国家治理重心下沉,我国促进型地方立法发展迅速,并在地方经济社会文化事业的促进和发展中发挥了重要作用。

(一)促进型地方立法的规范性原理

促进型法律规范是一种具有良好前瞻性和预见性的事先性规范,为人们预设一套符合社会经济发展规律的行为模式。促进型法规并不依靠法律责任设定等强制力手段来实现立法目的,法律责任往往具有综合化的倾向,实行的是一种综合责任机制,包括民事行政责任、道义责任、社会责任与政治责任等。法律责任的弱化,实际上与促进型法规自身的政策性、灵活性,以及其规范结构与权利和义务结构的特殊性是紧密相联的。法律责任弱化带来的一个当然结果就是可诉性的弱化,促进型地方立法主要彰显的是法治的引领功能。

(二)促进型地方立法的调整方式

促进型地方立法在调整手段上具有软法的特征。它虽然也强调政府对国家事务的管理与参与,但不像管理型立法那样强调权利义务与责任的对应,在设范方式上采用大量的任意性规范、授权性规范和鼓励性规范,虽然也有一些义务性规范,但是数量很少。受这些因素的制约,促进型立法在较多情况下具有内容上更加灵活、可问责性较差等特征。这对相关主体的道德责任与综合素质提出了较高的要求。促进型立法在规范设置上主要包括两类规范:一是指导性规范,该类规范将特定的指导性标准作为立法中设置鼓励措施的依据,但不规定违反指导性规范的法律责任,指导性规范不具有强制性;二是自愿性规范,该类规范要求相对人根据自己的实际情况自愿选择是否按照法规的要求行为,法规不作强制性要求，只是鼓励相对人依法作为。

（三）促进型地方立法坚持目标导向

促进型立法一般属于目的导向型立法，坚持目标导向的原则，在一定程度上具有政策性立法的主要特征。促进型立法融合了法律的稳定性和政策的灵活性，并在功能上具有宣示性和导向性。促进型立法往往带有鲜明的政策性，反映了阶段性现实需要及政策调控的基本取向，多数属于政策的固定化、法定化。促进型立法以促进、引导新兴产业、新兴公益事业或社会行为为立法宗旨，侧重于引导、推进和倡导。政府在促进型立法的定位上，具有主导性与服务性，政府始终扮演着主要参与者的角色，从制定发展规划、进行促进指导到促进措施落实，都离不开政府的推动，立法强调政府在推动基础、薄弱产业与公益性服务发展中承担自己的职责。

（四）促进型地方立法体现了治理的理念

促进型立法是一种公众参与型立法，公众在法律运行中不再被简单地定位为“被执行者”，而是积极的“参与者”，公众的公民意识和权利意识的觉醒为促进型立法的民主化、科学化奠定了重要的社会基础。促进型法律把公众和社会定位在实质性参与的位置上，把鼓励和促进公众与社会参与作为法律调控目标实现的重要途径，社会主体由过去的“被管理者”转变成“参与者”和“被服务者”，这是治理理念的重要体现。促进型立法强调政府的服务功能，从而填补了管理型立法中政府只是以管理者身份出现的空白，突出强调了政府作为服务者的身份角色。

三、促进型与管理型地方立法的区别

（一）二者的功能定位不同

促进型立法是通过引导的方法鼓励发展，而管理型立法则是通过规制的方法让发展有规则地运行。当通过促进型立法将某一产业或行业扶持发展起来之后,促进就会被管理所取代,促进型立法可以看作是管理型立法的前奏或者序曲。一方面,促进型立法在现有管理型立法不及的领域对管理型法律予以补充;另一方面,促进型立法在所促进、所调控的领域走向成熟的时候,再将其所调控的范围让渡给管理型立法。管理型立法与促进型立法相互补充、相互支持,是治理体系和治理能力现代化的重要体现和要求。

(二)二者对社会参与的依赖度不同

是否强调和鼓励社会参与是促进型立法与管理型立法的一个重要区别。在管理型立法中,也会有一些接纳公众和社会参与的内容,但管理型立法中的参与只是作为管理的补充因素而存在,对于国家和社会公共事务来说,公众和社会只能被视为参与行为的限制性主体,并没有实质性的主体地位,参与者的行为不对管理事务构成实质性的影响;促进型立法则把公众和社会定位在实质性参与主体的位置上,强调公众和社会的参与是不可或缺的。换言之,促进型立法就是把鼓励和促进公众和社会的参与作为法律调控目标的实现途径。

(三)二者的价值取向不同

促进型立法和管理型立法的价值取向不同。促进型立法主要以鼓励和引导为价值取向,而管理型立法则以管制为价值取向。二者价值取向的差别主要体现在促进类规范和管理类规范的不同上。在地方立法中,促进类规范与管理类规范并非截然分离,管理型立法中会有促进类规范要素,促进型立法中也会有管理类规范的成分,两者的区别主要在于管理类规范和促进类规范的内容在法规文件中的比重。在促进型立法中,创设一定数量的管理类规范,其原因在于某些促进行为需要借助必要的管理措施予以推进和保障。但促进型立法不能因加强管理或涉及管理类规范而冲淡促进型立法的价值取向,更不能借促进之名行监管之实。

第三节　地方立法的体系化方法

立法工作的加强与立法质量的提高,需要不断强化立法者的立法能力。而掌握一套科学的立法方法论,正是有效指引立法者提升立法能力的基础。“至今传统的方法学说,一直仅研究从法律中获得具体法律判决的过程。立法方法,即用来得到正确的法律的方法,过去和现在只字未提。”[1]立法方法论的对象客体是立法实践活动,立法方法论则是运用并根植于立法实践的方法论。习近平总书记《在中央人大工作会议上的讲话》提出:“要坚持系统观念,统筹立改废释纂,全面完善法律、行政法规、监察法规、地方性法规体系。”贯彻落实习近平总书记《在中央人大工作会议上的讲话》的精神,在优化地方性法规体系过程中,需要在地方立法的体系化方法论上下功夫。

一、增量立法的方法

增量立法的方法,要求在地方立法中要做好“加法”。在制定新法时,要秉持审慎化的立法理念,要有“怀旧情结”,不迷信制定新法,能解释的不修改,能修改的不立新法。在制定新法时要聚焦党中央关注、人民群众反映强烈的突出问题和法治建设薄弱环节,着眼推进治理体系和治理能力现代化,固根本、扬优势、补短板、强弱项,切实增强地方立法的时代性、针对性、实效性。灵活运用体系化方法中的增量立法的方法,要从如下几个方面着手:一是要提高立法规划的科学性、严肃性和刚性,秉持“审慎”的立法理念制定新法,避免冲动性、随意性和短期性的立法。要加强地方性法规立项论证工作,对提请立法项目的必要性、合法性、可行性、整体性、规范性等开展论证,从源头上控制、提高地方性法规的立法质量,这也是强化人大立法主导地位的重要体现。二是要优化地方性

---

[1] [德]考夫曼:《法哲学的问题史》,载[德]考夫曼、哈斯默尔主编:《当代法哲学和法律理论导论》,郑永流译,法律出版社2002年版,第155~156页。

法规体系结构，补足短板，突出重点领域、关键领域的立法。地方性法规立法要紧紧围绕经济社会发展的难点、党委决策的重点、人民群众关心的热点开展工作，把中央要求、群众期盼、实际需要结合起来。三是要坚持“小切口”立法，避免“大而全”。严格控制“条例”的数量，增加“决定”的数量和比重，始终遵循“小切口、大纵深、真管用、能落实”的原则，从大处着眼，在小处入手，针对某一领域、某一方面的特定问题，采用“规定”“决定”等简易体例，有几条立几条、有多少立多少，既源于上位法，又要细于上位法。四是要加强创制性立法，解决立法创新问题。探索性是地方立法实践最为生动的体现，地方立法只有增强预见性、把握规律性、富于创造性，才能顺应时代发展、符合群众期盼。在地方性法规的立法实践中，要善于研究立法规律，总结积累经验，严格遵循立法法授权范围，注重经验立法、超前立法，更好地发挥立法对经济社会发展的引领和推动作用。五是要尽快出台专门的起草地方性法规的程序性规定，在贯彻党委领导、人大主导、政府依托、社会参与的立法原则基础上，强化对人民政府地方性法规草案制定过程的约束和监督，保障政府成为地方性法规质量的可靠依托，成为地方性法规体系建设的有力参与者和推动者，有效防范相关部门在地方性法规草案制定过程中的被动性和不作为，从机制、体制入手激发政府参与地方性法规草案制定的积极性，实现地方性法规起草过程的制度化、规范性。同时，建立政府制定地方性法规草案的问责机制。

二、减量立法的方法

减量立法的方法，要求在地方立法中要做好“减法”。这种方法要求严格控制增量，有效控制地方性法规体系的规模，以质量为中心，走高质量、高水平立法之路；有效削减存量，积极清理无用、过时、重复、无效的“僵尸法规”，“烘干”地方性法规体系中多余的“水分”，保持地方性法规体系在总体规模上的“收支平衡”。具体而言，可以从如下几个方面运用“减量”立法的方法：首先，提高法规清理的效率，对地方性法规体系进行“瘦身”。针对法规规章与上位法之间不一致、不协调、不适应的问题，及时组织清理。要加强专项审查和清理工作，在重要法律制定或者修改后，及时开展专项审查，督促地方性法规制定机关主动对与新制定或者修改的法规不协调、不适应的规定进行清理。重点清理与宪法、法律和行政法规不一致，已明显不适应经济社会发展需要的规范，以及地方性法规规定之间明显不协调，操作性不强、需要也有条件加以细化的规范。其次，加强对法规清理阶段性成果的运用，将法规清理的成果转化为优化地方性法规体系的契机和方向。重点就清理过程中法规之间不一致、法规处理过程中的法律真空等问题进行有效处理；做好做实法规清理后的“回头看”工作，更好地发挥地方性法规在推进经济转型、改革创新中的积极作用；在清理工作中，要妥善处理好与法律、行政法规的衔接，法规与法规之间规定不一致，部门与部门之间职能交叉，法规一揽子修改和统筹修改等问题，加强对责任单位清理工作的指导，处理好清理工作中的分歧意见。最后，严格限制“条例”的数量和“条例”自身条文的规模，走“小而精”的高质量立法之路。地方立法要走“简约风”，条文数量贵不在多，而主要在于精致、实用。目前，国内各省市的地方性法规体系中条例的占比明显过大，需要有效控制条例的数量。

三、存量立法的方法

存量立法的方法，要求地方立法中要做好“乘法”。这种方法要求注重地方性法规的有用性、实效性，注重“管用”“可行”，立精品法，立实用法。这种优化地方性法规体系的方法要求：其一，提高既有法规的实效，避免“僵尸条款”和“束之高阁”，“盘活”现有地方性法规的存量，使其产生“以一当十”的效应。加强立法后效果评估，为地方性法规进行“体检”。抓住“牛鼻子”，在立法后评估上发力，通过立法后评估“倒逼”更好地实施、修改完善被评估的法规，并从中总结经验，为开展相关立法提供借鉴和指导。将评估报告与地方年度立法计划有效结合，将立法后评估工作与执法检查有机结合,通过立法后评估检查法规的合法性问题等。其二,完善地方性法规的配套建设,做好地方性法规配套政府规章、配套法规释义、配套法规草案制定程序的制定工作。制定出一件地方性法规,会衍生出一系列配套的规范,要以省级法规为轴线,串联起整个地方性法规体系。加强立法的协同配套工作,实行相关法规规章草案与配套规定同步谋划、同步研究,增强法规规章整体功效。做好地方性法规体系的配套规范建设,首先,应明确地方性法规制定后编订法规释义为一般的工作原则,完善相应的工作机制。应明确地方性法规释义配套的主体及其职责,以地方立法工作机构的名义组织撰写,以该机构的有关组成部门为承办部门和责任部门,并吸收政府法制和职能部门有关人员、专家学者参加,成立专责撰写小组。应明确地方性法规配套释义的名称、时限、程序和发布方式等。其次,抓紧出台专门的地方性法规草案制定办法,对地方性法规草案的制定过程进行有效控制、严格监管,从源头上保障地方性法规草案的质量,进而促进地方性法规质量的提升。最后,出台地方性法规配套规范性文件制定工作监督办法,对地方性法规明确规定需要制定配套规范性文件的,从立法前、立法中、立法后各阶段推动法规配套规范性文件制定工作的落实,定期开展地方性法规配套政府规章的清理工作。其三,发挥"多米诺骨牌"效应,以点破面,利用好法规清理、备案审查、立法后评估的成果,以此为契机优化地方性法规体系。除定期清理外,还应结合国家法律的制定和修改情况,及时对照检查本地区的相关法规,避免问题的积累;要建立和完善立法后评估制度,一方面要检验法规的实施效果,另一方面要将评估结果和清理工作结合起来,形成法规清理的一种启动机制。将立法后评估、法规清理、法规的立改废等工作联动起来,形成系统性和整体性,发挥合力。其四,要明确省级法规"中间法"(上位法和下位法的双重身份)的属性定位,提高省级法规的科学性,为下位法预留立法空间。例如,在设定行政处罚时尽量采取弹性的设定方式,为下位法的细化、具体化预留空间;在规范表述上尽量采取"概括式"的表述方式,为下位法采取"列举式"的表述方式预留空间等。

四、精量立法的方法

精量立法的方法，要求地方立法中要做好“除法”，即在重复立法问题上发力，防范地方性法规制定过程中的“抄袭”“同质化”问题。第一，有效应对重复上位法问题，积极防范地方性法规制定过程中存在的“祖孙三代”问题。要健全立法工作机制，提高立法质量，确保地方性法规不与上位法相抵触，切实避免越权立法、重复立法、盲目立法。地方立法不重复上位法是地方立法的一项重要原则。在有上位法的情况下，制定地方性法规时尽量选择制定“实施办法”“决定”或“规定”，而非“条例”，在体例结构上为法规条文数量“松绑”，以有效控制重复立法问题。在制定“条例”的条件下，则需准确把握不重复上位法原则的限度，即现实中可基于法条之间的关联性等因素进行一定范围内的“必要重复”。这里的必要重复限定在：为确保规范结构完整性，对部分总则性条款进行重复；为明确其他条款的适用，对说明性、限制性条款的重复；为细化法律责任条款的规定，对行为模式条款的重复等。第二，有效防范同位法重复问题，积极解决地方性法规体系内同位法之间的法条竞合问题。秉持“实用主义”的立法理念，尽量控制“特别法”的规模，不追求法规调整对象上的“大而全”、规范内容上的“面面俱到”，以“适用性”为核心，力求与同位法实现互补、配合，注重对法规体系空白的“弥补”，突出立法创新。警惕、防范地方立法中“相互攀比”“形式主义”“立法竞赛”“大干快上”“急功近利”等苗头。加强适合于区域管理与发展的创制性立法，增强地方性法规的特色和新意，提高地方性法规的针对性、可行性，有效节约立法资源，并遏制法规数量无限膨胀的趋势。

第四节　地方立法的理念和要求

一、地方立法的理念

（一）地方立法要坚持“新发展”理念

思想决定行动，思想是行动的先导和动力。地方立法要融入国家发展的大局，将创新、协调、绿色、开放、共享的新发展理念作为地方立法的指引。

第一，“创新”是地方立法的灵魂。这里的创新，要求地方立法突出创制性立法的地位，以创制性立法为引领，不断提高自身的立法能力和立法技术水平。要充分发挥地方立法的积极性，突出地方立法的特色。不照搬照抄，也不搞“拿来主义”。

第二，“协调”是地方立法的手段。在地方立法过程中，要处理好上位法与下位法之间的关系，坚持不抵触上位法的底线要求。要处理好特别法与一般法之间的关系，坚持特别法优于一般法的原则。还要处理好新法与旧法之间的关系，坚持新法优于旧法的原则。同时，地方立法时，还要打破部门利益和地方保护主义，发挥人大在地方立法中的主导作用，切实把握好局部利益和整体利益、眼前利益和长远利益的关系，平衡协调各方的合理利益。

第三，“绿色”是地方立法的要求。在地方立法过程中，要节约立法资源，降低立法成本，走精细化立法之路。地方立法的条文语言表述务必言简意赅，内容少而精，适当开展一些“小快灵”的立法。加强地方立法的实效性，带着问题立法，以问题为导向，所立之法能够解决实际问题。

第四，“开放”是地方立法的保证。在地方立法过程中，要坚持开门立法，秉持开放的立法理念。既要“走出去”，合理运用比较立法的方法，广泛借鉴其他国家、地区先进的立法经验和立法模式，不断提高自身的立法技术和水平。同时也要“请进来”，要激活本地民众的参与热情，通过征求意见、听证会、论证会等多种形式不断扩大立法参与，广泛汲取民意民智。

第五，“共享”是地方立法的宗旨。地方立法要坚持以人民为中心，通过地方立法维护好广大人民群众的根本利益，让地方性法规体现广大人民群众的共识，让地方立法所带来的实效能够惠及广大人民群众。地方立法要坚持法律的抽象性原理，严格遵守法律面前人人平等的原则，避免地方保护主义和部门保护主义，确保立法为了人民、立法依靠人民、立法成果由人民共享，使广大民众在地方立法中有更多的获得感。

（二）地方立法应秉持“谦抑”的理念

“谦抑”一词体现了谦让、抑制、缜密、恭谨等意思。地方立法的谦抑理念，是指在地方立法过程中，立法者要秉承审慎、节制的宗旨，尽可能地控制地方性法规数量，减少立法的随意性，避免冲动式立法，以高质量立法为依归，不断提高地方立法的技术水平。具体而言，可以从以下四个方面进行把握：

第一，要严格控制地方立法权，避免地方立法权不当扩张。要强化地方立法对个人权利的尊重和保障，强化和落实地方立法者责任。要明确地方立法的适用范围，防止对地方立法过度介入、不当干预社会生产生活。要明晰中央立法与地方立法的边界，防止地方立法权侵蚀、架空中央立法权。

第二，要秉持务实的精神开展地方立法活动。地方立法的目标、理念要避免盲目求高求大，要符合当地的实际情况，避免好高骛远和不切实际。地方立法不搞“攀比风”，也不搞“政绩工程”，坚持实事求是，科学立法。要强化地方立法的立项论证，严把法规立项关卡，将不切实际的立法项目排除在外，发挥法规立项“过滤网”的作用。完善地方立法前和地方立法后评估，提高备案审查的质量和水平。

第三，要遵守地方立法必要性原则，破除“法律万能论”的错误观念。法律并非万能，立法也并非能够解决所有的问题。因此，在地方立法的启动上要保持慎重和克制。但凡能够通过非法律手段解决的问题，法律手段并非解决问题的最佳方式，以及法律无法有效解决问题时，就不要启动地方立法。

第四，要坚持集约化的理念，节约地方立法的成本，提高地方立法的效益。坚持“小切口”立法取向，不片面追求体量和规模，坚持法制统一和管用的原则，要从实际出发，有几条就写几条，成熟几条就定几条，不片面追求体例完美，不贪大求全。

二、地方立法的基本要求

（一）地方立法应当坚持不越权

任何权力的行使都应当遵循既定的程序和规则，受到应有的约束，应该把权力关进制度的笼子。地方立法权同样要受到规则的约束，在地方立法中严格遵循依法立法的原则。不逾越权限是地方立法的底线，地方立法权要在法定权限和范围内行使。对于设区的市的地方立法而言，要严格遵守城乡建设与管理、生态环境保护、历史文化保护、社会治理的范围的限制，避免逾越边界。在地方性法规中，慎重设置义务规范、禁止性规范，防止不当扩张公权或限制私权。行政处罚、行政许可、行政强制的权限、范围、条件等，要与上位法一致，与国家政策相衔接。

（二）地方立法应当坚持不抵触

地方立法不能抵触上位法，不能与宪法、法律和行政法规的具体规定相冲突。对于上位法已有明确规定的，地方立法不能随意变更，不能随意减损权利、增加义务、突破幅度、改变范围等。地方性法规也不能与上位法的立法原则、精神相抵触。立法原则和精神不一定会出现在上位法的具体条文中，但它却贯穿于立法的全过程和各方面，是立法的重要引领和基本遵循。地方在立法时应该仔细研究、严格遵循上位法的原则和精神，违反立法原则和精神同样是与上位法相抵触。地方性法规要与中央立法趋势保持一致，要注重补充和细化中央立法，确保宪法、法律在本行政区域内有效实施。中央立法趋势可以为地方立法提供镜鉴。地方立法过程中，“顺趋势”和“不抵触”本质上是一致的，也是相通的。要防止中央精神传导至地方时发生“变形”，保障党中央集中统一领导。

（三）地方立法应当坚持有特色

地方立法坚持有特色，要求地方性法规立足于本地的特殊性，充分反映本地经济、政治、法制、文化、风俗、民情等。地方立法要从实际出发，要适合本地实际情况。地方立法要有较强的针对性，能够解决本地突出的问题。地方立法坚持有特色，要求立法要从细微处着手，顺应群众期盼、聚焦社会关注，精确找准本地急需、群众急盼的立法项目；要广泛征求意见建议，听取民意、凝聚民智，奠定坚实的群众基础，立本地急需的善法、良法；地方立法坚持有特色，要求立法时吃透上位法，准确把握上位法，坚持不重复上位法的原则，结合本地实际和现实中的工作经验，依法对上位法进行细化和补充，增强地方立法的可操作性、可执行性。地方立法应当避免追求所谓的“大而全”，要避免大量口号式、原则性的规定。应坚持问题导向，需要什么写什么、需要多少写多少，力争做到明确清晰、准确管用、切实可行。

（四）地方立法应当坚持重效果

地方性法规要避免成为“绣花枕头”，要坚持实用、管用的原则和要求，着力提高地方性法规的实效性。地方性法规在立项时就要坚持科学立项的原则，强化调查研究，做足做实准备工作，打下良好基础；要因地制宜，与相关部门和广大群众交流沟通，广泛征求意见建议，关注焦点难点，着力解决矛盾，提高地方性法规的针对性；地方立法要坚持精细立法，地方立法过程中，要把重点放在关键条款的设计上，坚持能具体尽量具体，能明确尽量明确，确保立出来的法规真正务实管用。要定期开展执法检查和立法后评估，对地方性法规的实效性进行科学的检查和监测。

第五节　立法者的基本素养

一、立法者的政治素养

立法是基本的政治活动,正确的政治方向是立法的生命线。一个合格的立法者,首先必须政治合格,而一名政治合格的立法者必须会讲政治,必须坚定政治方向,有最起码的政治立场、政治鉴别力和政治敏锐性。具体而言,立法者的政治素养包括以下几个方面。

(一)自觉坚持党的领导

立法者应当自觉站在全局高度、政治高度,在地方立法过程的各个环节坚持党的领导。首先,应在党的领导下统筹谋划立法工作,把立法工作和党委的重大决策部署有机结合起来,更好地使党的主张通过法定程序成为全民共同遵循的行为规范和活动准则,确保立法体现党的意志、反映人民意愿、引领改革发展。其次,在党的领导下科学编制立法规划和立法计划。把有利于全面深化改革、有利于全面依法治省、有利于服务工作大局作为法规立项的首要条件,科学组织,严密编制。最后,在党的领导下决定地方立法重大问题。在地方性法规审议过程中,针对立法工作中的重大问题,要及时向党委汇报法规的主要内容和制定、修改情况以及重要条款的解释说明。就矛盾焦点问题提出具体的意见建议,提请党委研究决定,并按照党委指示要求做好相关立法工作。

(二)自觉践行党的宗旨

中国共产党自诞生之日起,就把“人民”二字镌刻在了自己的旗帜上,全心全意为人民服务成为中国共产党的宗旨,成为带领中国人民奋勇前进的力量源泉。立法者要在重温党的初心中厚植人民情怀,始终把人民群众的利益放在首位,把老百姓的安危冷暖时刻放在心上,秉持民主立法的原则,在地方立法过程中充分践行全过程人民民主,让地方性法规成为践行党的宗旨的具体体现和重要保障，充分发挥法治稳预期、固根本、利长远的作用，让人民群众的获得感、安全感、幸福感在地方性法规中得到有效回应。

（三）自觉弘扬法治精神

中国共产党历来重视法治建设。井冈山与苏区的法治奠定了中国共产党法治的红色基因，延安与西柏坡的法治架构了新中国法治之框架，社会主义建设时期制定了“五四宪法”和一系列重要法律法规，建立起社会主义法制框架体系。党的十八大以来，党中央明确提出全面依法治国，并将其纳入“四个全面”战略布局予以有力推进。因此，新时代的立法者要从党史中汲取法治滋养，增强自觉贯彻落实习近平法治思想的坚定性，树牢法律至上、法律面前人人平等的理念，在立法过程中坚持依法立法的原则，严格按照法定程序立法，以实际行动带动全社会尊法学法守法用法。

（四）自觉发扬斗争精神

回顾党的历史，从延安时期的“民主新路”，到社会主义建设和改革时期持续加强党的先进性建设和执政能力建设，再到新时代全面从严治党，我们党始终保持自我革命精神，敢于正视问题、勇于解决问题，善于自我净化、自我完善、自我革新、自我提高，这是我们党长盛不衰的重要原因。地方立法者要发扬斗争精神，勇于自我革命，敢于刀刃向内，善于自我批评，不断提升自身的政治素养、技术能力和业务水平。培养健康向上、积极乐观的生活情趣，慎权慎微慎独慎友，自警自省自律自励，清清白白做人，干干净净做事。

二、立法者的技术素养

新时代的立法者应以习近平法治思想为指导，秉承“工匠精神”，做新时代合格立法工匠，具备“读”“听”“思”的立法技术能力。

(一)立法者应具备“读”的技术能力

阅读法规是立法者的基础能力。这里的阅读能力,不仅要读完,还要求读懂、读通、读透法规草案。这对立法者而言并不容易,需要经过不断训练才能掌握。因此,立法者对法规草案的阅读是在规定的时间内进行的,这要求地方立法者具备在短时间内进行大量文本阅读和文字处理的能力。立法者需要阅读的内容,除了法规草案之外,还有相关的立法文件,包括立法草案说明、立法依据、对照表等。除此之外,立法者也可以基于需要,查阅一些与立法相关的资料。具体而言,立法者阅读能力包括:一是要能够读懂法规条文。熟读草案是审查修改的前提和基础。拿到法规草案送审稿后,立法者要快速通读全文,形成对整个法规的框架结构、条文内容的大概了解,要对疑点进行标注,还要再反复观看,最后要做到法规草案条文了然于胸。修改现行法规的,还要结合修改前后对照表,仔细查看不同之处。二是要能够读懂立法依据和立法草案说明。立法依据是指草案送审稿具体条文的起草依据,条文起草依据必须逐条认真核对,看懂依据有助于读懂、理解草案并迅速进入审查状态。立法草案说明包括草案拟解决的主要问题、确立的主要措施,以及有关部门的协调情况、提请注意要点等,要重点对法规草案说明中反映的立法过程是否符合立法程序问题进行把关。三是要能够读懂立法资料。资料是指国家及其他省市甚至国外相关立法及立法过程资料,以及相关立法焦点问题等。读懂相关的立法资料,有助于立法者熟悉相关领域的知识,为后续审议时提出建设性的修改建议做好准备。

(二)立法者应具备“听”的技术能力

聆听是立法者的一项重要技能。对于立法者而言,在工作过程中有不少环节需要聆听。一般而言,人大对立法草案的审议,都采取听取和审议报告的形式进行。听取是审议的前提,掌握聆听的技能是后续进行审议的重要基础。立法过程中的聆听,并非简单地、被动式地听,要将

"听"和"取"联系起来,即通过听来获取相关信息。听仅仅是手段,而获取信息才是目标。对于立法者而言,通过听要获取自身关注的信息、发现其中存在的问题,强调要有所收获。听的过程中,立法者要有耐性,让汇报者将话讲完,也要允许汇报者进行必要的解释说明。听的内容要有针对性并突出重点,过滤掉无用的信息,对重点问题要认真聆听。要边听边记录,听和写有机结合。还要将听和问有机结合,听的过程中根据需要随时与汇报者进行沟通、交流。具体而言,立法者听的技术能力包括:一是要耐心听取起草单位汇报。时刻与起草单位保持沟通,进行面对面的交流,听取起草单位介绍草案的必要性、主要思路、规定的主要措施、有关方面的意见、实践中存在的主要问题和省内外有关立法情况等。要听一听立法所要解决的主要问题、拟确立的主要制度,也要听取起草单位对草案条文的逐条介绍。二是要耐心听取相关实践情况汇报。要深入基层、深入一线、深入现实生活开展调查研究,准确掌握第一手资料和数据,为法规条文提供翔实的资料和有力的数据支撑。必要时采取外出学习考察、互相交流、共同研讨等方式,掌握外省市的立法经验及做法。三是要耐心听取公众的意见。积极拓宽听取意见的渠道,充分发挥基层立法联系点的桥梁纽带作用,向社会公众征求意见,既要听党政机关的意见,也要听取人大代表、政协委员、社会组织的意见,还要听取群众、企事业单位的意见,根据需要可以召开多次专家论证会和咨询会,也可以召开立法听证会。

(三)立法者应具备"思"的技术能力

作为立法者技术能力的"思",是指思维活动。立法者要具备法律思维方式,掌握思维的规律。立法者的思,包括思考、思想、反思。首先,立法者要将思和考联系起来。思考是一种思维的探究活动,意味着立法者要有针对性、有目的地进行思考。"考"主要突出指向性、目的性,在立法过程中,立法者的思维活动要突出问题导向,有针对性地进行思维活动。因此,立法者要思考问题,找准问题所在,坚持问题导向,紧密联系实际，精准捕捉经济社会中出现的新变化、新动态、新需求，找准需要立法解决的真正问题。其次，要将思和想联系起来。所谓想，是指想象、联想，要求立法者在思维时要有想象力，善于发散思维和联想，要具有敏感性，大胆假设小心求证。特别是针对问题寻求解决方案时，更是要充分运用想象力，大胆突破勇于创新，不因循守旧。立法者的想象力，还体现在立法的前瞻性上。这要求立法者既能全盘掌握实践中的既有做法，又对未来发展作出预见性、前瞻性的分析判断；既脚踏实地，又仰望天空。既瞻前又顾后，既守正又创新，既见微又知著。最后，立法者要学会反思，善于总结经验，提炼立法技术。立法者要不断总结立法经验、提炼立法技术、提升立法水平。法规文本作为外在表现形式，从结构到内容，从外观形式到语言运用，都有其独特的要求和统一固定的模式，要总结法规的结构、形式、文体的立法经验，实现名称规范、结构严谨、表述准确、文字简练、内容具体。要提炼、升华“删、改、并、移、增”等立法技艺，删去草案中重复上位法规定或者前后条款之间互相重复的条文，修改与现行法律法规不相符的条文，合并草案中分设规定但行为逻辑彼此紧密的条文，挪移在此条文中不适当的规定至彼条文中更为适当的位置，增加必要的地方特色特需的条款项。

三、立法者的伦理素养

立法者的职业伦理是法律职业伦理体系的重要内容，是立法者职业素养的重要组成部分。立法者的职业伦理是指立法工作者在立法过程中所应当遵循的伦理规范。立法者的职业伦理与立法者的具体工作密切不可分，立法者的职业伦理的适用范围涵盖立法过程的各个阶段。在立法准备阶段，立法者的职业伦理适用于立法规划、立法调研、法案起草。在立法完善阶段，立法者的职业伦理适用于拟定法律解释草案、立法后评估、答复法律询问、备案审查等。立法者的职业伦理是科学立法的基本前提，也是民主立法的必然要求，还是依法立法的重要保障。[1]

---

〔1〕 参见郭哲主编：《法律职业伦理教程》，高等教育出版社 2018 年版，第 220－222 页。

具体而言,立法者的职业伦理包含以下几个方面的内容。

(一)立法者应具备忠实的美德

所谓忠实美德,是指在立法活动中,立法者应当忠诚于广大人民群众,忠诚于中国共产党,忠诚于宪法和法律。首先,立法者应当忠实地表达广大人民群众的意志,回应广大人民群众的合法合理关切。地方立法要符合党的路线方针政策,围绕党的重心工作开展立法工作,立法者要用党的理论武装头脑。要在宪法和法律范围内容进行地方立法,严格遵循不抵触上位法的原则,所立之法要与上位法的精神、原则、具体规定保持一致。具体而言,地方立法过程中,立法者要践行忠实的规范,具体包括:在拟定立法规划时,立法者所确定的立法项目要回应广大人民群众的需求,要围绕着广大民众的急难愁盼问题,要围绕着党和国家的重要战略和重心工作选择立法项目。在法案起草和审议过程中,忠实规范要求立法者严格遵守依法立法、民主立法、科学立法的原则,坚持人大对立法工作的主导,实现党的领导、人民当家作主和依法治国的有机统一。

(二)立法者应具备中立的美德

所谓中立美德,是指在立法活动中,立法者应当坚持"旁观者"视角,从价值中立的立场出发开展立法工作,排除个人价值偏好的干扰,客观中立地处理相关立法事务。这里的旁观者视角,主要是指立法者应该进行外在观察,并采取理性的方法。在立法实践中,中立的美德要求立法者遵守中立的伦理规范。具体包括:地方立法过程中,立法者要秉持中立、客观、理性的立场,从客观实际出发,实事求是,确保所立法规具有针对性、适用性和可操作性。地方立法时,严格遵守中立伦理规范,要求立法者要勇于自我革命,坚决与地方保护主义、部门保护主义、个人利益至上等思想作斗争。立法时要防止主观、片面、武断,拟定立法规划时不以个人偏好确定具体的立法项目,在立法调研时排除个人偏好对立法调研活动的不当干扰,在法案起草时避免将自己的个人意志融入法律文本之中。立法时要广泛听取和征求立法参与者的意见和建议,不应掺杂个人的情感因素。

(三)立法者应具备谦抑的美德

所谓谦抑美德,是指在立法活动中,立法工作者应当充分认识到立法功能的有限性,严格遵循立法的必要性原则,避免陷入立法万能论的误区。在地方立法实践中,谦抑美德要求立法者遵守谦抑的伦理规范。谦抑规范要求立法者在进行地方立法时,要谨慎评估立法项目的必要性和可行性,避免将一些不符合时代精神的立法项目列入规划之中。在起草法规草案过程中,要严格限制立法权力对广大民众生产生活的过度、不当干预。在起草法规条文时,地方立法要严格遵守立法法的规定,不能减损公民个人的合法权利,也不能增大公民个人的义务负担。在设定罚则时,谦抑规范要求破除对法律强制功能的偏爱和迷信,综合运用多种责任形式。要合理搭配倡导性规范、禁止性规范和强行性规范的比例,注重不同性质规范之间的配合。要灵活运用促进型立法和管理型立法两种模式,提高地方治理的能力。在备案审查和立法后评估中,谦抑规范要求立法者严格评估法律的实施效果,不应有任何"放水"行为。

(四)立法者应具备审慎的美德

立法是国家的重要活动,立法权的行使也应加倍小心、谨慎细致。立法者要有强烈的责任感、使命感,要慎之又慎,否则"一着不慎,满盘皆输"。立法者的审慎德性并不是先天的禀赋,而是后天在长期立法实践中培养的。要着力培养严谨认真的态度,这是做好立法工作的基本要求。法是给国家和社会立规矩的,立法关系国家长远利益,由不得半点马虎,必须认真再认真。对于立法中涉及的重大问题,必须深入进行调查研究,反复比较分析,勤于思考,勇于较真,不怕麻烦,大到制度设计是否符合规律、符合实际,小到一个法条、一个表述、一个标点,都要反复揣摩、字字掂量。要坚持高标准严要求,既要定法条更要明法意。对于自已出手的东西,无论是法律法规还是文件文稿,都要经得住拷问,经得起推敲。要敢于担当、敢于坚持,顶住压力、保持定力,自觉抵制立法工作中的部门化倾向和地方保护主义,做到一丝不苟、精益求精,努力使通过的每一部法律法规、经办的每一项工作都成为精品。立法者不可忽视任何一个细节,应以严谨认真、一丝不苟的态度,精雕细刻,科学合理地规定权利义务。[1]

---

〔1〕 参见刘风景:《审慎立法的伦理建构及实现途径》,载《法学》2020 年第 1 期。

第二章　地方立法的技术标准

所谓标准，是指能够为各种活动提供规则、尺度、指南，可以共同使用和重复使用的标杆、准绳。地方立法标准是指通过标准化活动提炼出的，能够为地方立法活动提供规则、尺度、指南，可以共同使用和重复使用的技术性标杆和准绳。将地方立法技术标准运用到地方性法规制定中，对于推进国家治理体系和治理能力现代化具有基础性、战略性作用。立法技术标准不同于立法技术规范。立法技术规范是指在总结立法工作实践经验，广泛听取各方面意见的基础上，针对立法工作中经常遇到的、带有共性和普遍性的有关法律结构、文字等立法技术层面的问题制定的规范。立法技术标准是从认识论的角度对地方立法实践经验的总结、提炼、升华，是认识活动的产物。立法技术规范则是从方法论的角度对地方立法实践经验的总结、提炼、升华，突出强调规范性，具有明显的行为指向。立法技术标准是地方立法质量的实质性要求，而立法技术规范则是达到立法技术标准所应该遵循的行为要求。立法技术标准和立法技术规范是目的和手段的关系，二者的有机结合体现了认识论和方法论的统一。

第一节　地方立法权的技术标准

提高立法质量是加强和改进地方立法工作的永恒主题。立法质量，实际上即立法权行使的效能问题。立法权行使的效能高，就表现为立法的质量高和所立法规的水平高。因此，提高地方立法质量，归根结底要从地方立法权入手，不断提高地方立法权行使的质效。关于如何衡量地方立法权的行使效能，并非见仁见智的观点，而是有共同的标准来进行判断。

一、高质量立法的技术标准

（一）精细化标准

所谓精细化，是指追求体例精简、内容细实、质量至上的立法模式。与精细化立法相对的是粗放式立法模式。改革开放以后，我国进行大规模立法活动，最初是要解决“无法可依”的问题，所以当时提出的指导原则或者说立法工作思路，就是“有比没有好，快搞比慢搞好”，更强调的是“宜粗不宜细”。但经过几十年的立法工作，到2010年中国特色社会主义法律体系如期形成。法律体系的形成，从总体上实现了国家法律体系“从无到有”的制度构建。体系形成后，更多要解决的是制度的合理性问题，要使所设计的制度更加合理，更加符合经济社会的发展规律，能够及时准确反映经济社会的现实变化，更加科学、完备、成熟、定型。这就对立法工作提出新的更高的要求，使立法精确对接发展所需、基层所盼、民心所向，切实提高立法的科学化、精细化水平，即进行所谓的精细化立法。精细化立法还能够树立法律的权威，促进法律高效实施，提高整个国家的法治质量。具体而言，精细化立法应当符合如下技术标准和要求：

第一，精细化的体例结构安排。当前，地方立法中普遍存在着追求法规体系和结构完整的倾向，喜欢搞“大而全”，片面追求地方性法规的章、节、款、项俱全,把一些空话、大话、套话写入法规,法规条款淹没在“大而全”的篇幅巨制之中,从而丧失了地方立法的优势和特色,并影响地方性法规的可操作性。因此,进行精细化立法,要求精简地方立法的体例结构,改变以往的系统性、体系化立法倾向,以问题引导立法,通过立法解决问题。立法时不拘泥于体系,不片面追求体例完美,不贪大求全,不过于注重形式,而是有几条立几条、成熟几条定几条。要重视法规中关键条款的作用,集中力量进行整合、提炼、推敲,不断提升地方性法规体例结构的合理性、适当性。

第二,精细化的内容选择。地方立法过程中,要聚焦重点问题和关键条款,明确界定立法调整的对象和范围,立符合实际的法、立有效管用的法、立人民群众拥护的法。立法者要发扬“工匠精神”,根据上位法对地方立法进行细化和调整,而不是一味照抄照搬。不论是文字还是技术规范,都做到精确、精准、精雕细琢,避免口号性、宣誓性立法。在立法内容的设计上,应当体现具体性,进一步明确相关部门的权力边界、工作职责,有效维护公民的合法权利。在制度设计上强调操作性,充分考虑法规执行问题,保证立法意图的有效实现,避免中看不中用的观赏性立法。

第三,精细化的程序设定。其一,抓好选题环节。确立立法选题要在前期立法调研的基础上,注重回应本区域范围内群众关注的热点和焦点问题,既要考虑到社会各界的关注程度,又要紧密结合地方工作大局,从有利于解决当下民众最关切的实际问题入手。其二,把握草拟环节。在地方性法规草案的草拟阶段,要考虑到草拟主体的多样化,引入必要的竞争机制和第三方评估机制,关注并参考国内外可供借鉴的立法经验,结合本行政区域范围内的实践创新成果,做到“人无我有、人有我优”。其三,细化审议环节。加强对审议环节的规范,围绕法规拟解决的主要问题、立法依据、主要制度、重大问题等内容进行精细解读,针对法规草案的关键条款深入审议。要避免闭门造法,通过制度化、程序化安排,运用立法座谈会、听证会、论证会、实地调研等方式,广泛听取人民群众的意见。其四,简化公布环节。法规公布是地方立法程序的最后一道关口，要按照立法审批工作重心下移的总体要求，做好关口前移、简化程序和及时公布工作。

第四，坚持问题导向。精细化立法要求地方立法从问题入手，需要解决什么问题就立什么法，针对重点、难点、热点问题进行精准性立法。地方立法工作要弘扬求真务实的精神，增强问题意识、坚持问题导向，以重点问题、难点问题、突出问题、具体问题作为切入点、着力点，针对人民群众最关切、矛盾焦点最集中的现实问题进行立法。要主动揭摆问题、想办法解决问题，让矛盾和问题成为推动地方立法发展的原动力。衡量一部法规是否为良法的标准很多，但不能解决问题的法必然不符合广大人民群众的期待，也会降低法规自身的针对性，这样的法必然不是良法。

（二）前瞻性标准

所谓地方立法的前瞻性，是指在地方立法时秉持发展的理念，进行适度超前的立法，为未来的发展预留立法空间，保证所立法规能够在一定范围内适应经济社会的发展，保持相对的稳定性。具体而言，地方立法的前瞻性要遵循如下标准和要求：

一是加强立法项目选择的前瞻性。要科学编制立法规划，立法项目的选择要更加主动适应经济社会发展的需要，与全面深化改革相衔接。立法模式上，要改变过去被动回应式的立法、事后总结式的立法，不能总是在跟跑，要加强主动谋划式的超前性立法。

二是要克服地方立法中的短期化现象，正确处理好法规的现实性与前瞻性的关系。一方面，要及时把改革发展中成功的经验用法规的形式固定下来，用以解决改革和建设中的现实问题，为改革发展提供可靠的法制保障；另一方面，要增强法规的前瞻性，注意为深化改革留有空间和余地，把法规的“定”和改革的“变”有机结合起来，使法规内容科学规范，相互协调。

三是要立足于地方实际进行立法，精准找准当地发展中存在的首要问题，针对该问题进行适度超前立法，充分利用地方立法的特色和引领性，实现地方立法与经济社会发展相协调。在设计具体制度时，一方面，要重视总结各地在各项事业发展中的经验，从而为发展建立强有力的制度保护；另一方面，要深化地方性法规的前瞻性，提倡先行立法，充分结合各地发展创新的要求，将改革创新的变化和法律法规的稳定性很好地协调起来，从而更好地促进地方各项事业的全面发展。

四是对于成熟的社会关系立法，要立足现实，放眼未来可能出现的新情况新发展，前瞻性地设置规则。对于未成熟的社会关系，确需立法，但制定具体规则存在困难的，可以考虑概括式立法，抽象出法律原则或者基本制度。对需要直接规定技术规范或具体指标的，可以同时建立调整机制，由政府或政府部门定期或者适时调整，以保持立法张力。[1]

（三）民主性标准

党的十八届四中全会明确提出，健全有立法权的人大主导立法工作的体制机制，发挥人大及其常委会在立法工作中的主导作用。民主性立法的核心，就在于发挥地方人大在地方立法中的主导作用。具体而言，民主性立法的技术标准包含如下几个方面：

第一，在立法内容上遵循立法为了人民依靠人民的标准。地方立法过程中，要深入实际了解人民群众的立法呼声。在立法前进行立法项目征集、筛选论证时，应积极主动广泛地听取社会各方的意见，并将其作为确定立法规划的重要参考依据；立法中，要进一步完善法规草案公开征求意见和公众意见采纳情况反馈机制，尽可能广泛地征求意见，变立法过程为普法过程，扩大法规的民意基础。不断完善法规草案调研制度，做到深入基层、深入群众开展调研工作；立法后，要进一步发挥立法后评估、法规实施情况报告、执法检查的作用，主动吸纳群众参与到上述工作中来，认真听取群众对现行法规立法质量、实施效果的评价和修改完善的意见。

第二，在立法权上坚持人大主导地方立法的标准。对于人大主导立

---

〔1〕 参见黄良林：《论设区的市地方立法起草》，载《人大研究》2017 年第 8 期。

法而言，要做到愿主导、会主导、能主导。其一，愿主导，即改变过去那种政府提请什么人大就审议什么的“被动”模式，积极转变角色并调整工作思路，实行主动介入、提前介入，主导地方立法的方向、进程和节奏，实现由被动“等米下锅”向主动“点菜上桌”的转变。地方人大立足于全局推动立法，使立法活动的各环节在人大及其常委会的主导中有规划、有计划、按程序稳步推进。其二，会主导，即地方人大要学会主导的技术，掌握主导的方法。人大的主导并非事必躬亲，要善于引导政府及其有关部门在地方立法过程中发挥作用，提高政府起草的法规草案的质量和水平。人大的主导也并非唱独角戏，要有效协调参与立法各方的关系，引导参与立法的各种主体发挥各自作用、遵守相关规定，为提高地方立法质量发挥各自作用。人大的主导，主要是为地方立法定基调、把方向，发挥对立法过程的引导作用，成为推动立法进程的动力源。其三，能主导，即地方人大要加强能力建设，从体制机制入手提高自身主导地方立法的能力水平，为主导地方立法提供保障、奠定基础。要配备、培养能够适应新时代地方立法任务要求，能够胜任地方立法工作，具有法律背景、熟悉立法理论与实践的立法人才。要完善人大工作机构的人员编制，保障人大立法工作的顺利进行。

第三，在立法程序上坚持全过程人民民主的标准。全过程人民民主，在标准上主要突出两点：其一，民主的过程性。过程性是民主的内在要求。全过程人民民主的“过程性”主要强调地方立法是各方彼此合作并达成共识的过程，立法过程中在根本利益一致的前提下，参与立法的各方主体强调共治共建共享，追求共识并形成最大公约数。其二，全过程人民民主是全链条、全方位、全覆盖的民主。全过程人民民主的“全”主要体现在：民主参与立法的主体要“全”，必须将全体人民都纳入民主立法过程，包括人大代表、政府部门、社会群体、群众代表、政协委员等；参与的内容要“全”，要覆盖选题的确定、体例结构、法规条文、立法表达等各方面内容；民主的流程要“全”，要包括法规立项，法规起草、审议，法规备案审查，立法后评估等各个环节。

(四)科学性标准

科学立法,是指所制定的法规内容要反映本地的实际,符合客观规律,保证法规能够有效落地。党的十八大以来,习近平总书记对新时代科学立法的目标方向、任务要求、重要原则、体制机制等进行了全面阐述,深入回答了科学立法中的重大问题,这是习近平法治思想的重要组成部分,为新时代坚持科学立法提供了根本遵循。科学立法是保证法规质量的重要基础和前提。具体而言,科学立法主要体现在如下三个维度:

第一,科学立法应秉持科学的立法理念。马克思指出:"立法者应该把自己看作一个自然科学家,他不是在创造法律,不是在发明法律,而仅仅是在表述法律。"[1]这要求立法者要像一个自然科学家一样,在法律法规中准确地表述社会关系的现状和发展方向,遵循社会关系的客观规律。衡量立法活动在多大程度上属于科学立法,有两个重要标准:其一,对规律认识、把握的程度。其二,对规律尊重和反映的程度。法律规范是社会关系的反映,立法者对社会关系进行规范就必须受客观规律的影响和制约,就要准确认识、把握和反映社会关系的客观规律,不能任性、随意地创造。不符合客观规律的法律法规终究会被淘汰。检验一项立法是否科学的首要标准,就是立法理念是否科学,是否能做到尊重科学,以及在多大程度上尊重和体现了它所调整领域社会关系的客观规律。坚持科学立法,就是不能超越社会、经济的发展规律,不能盲目制定不合实际、无法实施的法律法规,就是要把符合规律的东西,把被实践证明的好的做法固定下来。不顾客观规律,超越社会发展的承受程度,不考虑社会成本,都是不科学的立法。同时,立法在反映和体现客观规律的同时,还必须遵循法律体系自身的内在规律。科学立法就是应遵循法律体系的完整统一、协调衔接、内在和谐,只有符合法律自身的内在规律,才

---

〔1〕 马克思:《论离婚法草案》,载《马克思恩格斯全集》(第1卷),人民出版社2006年版,第183页。

能有效规制社会生活、调整社会关系，建构起理想的社会秩序。

第二，科学立法应保证科学的立法内容。按照立法法的要求，立法必须科学合理地规定公民、法人和其他组织的权利与义务以及国家机关的权力与责任。可见，科学立法就是要妥善解决好权利与义务、权力与责任之间的关系。是否科学合理地规范公民、法人和其他组织的权利与义务，是否科学合理地规范国家机关的权力与责任，是否符合公平正义精神，是检验一项立法是否科学的非常重要的标准。关于权利与权利的关系，科学立法要求坚持权利平等原则，任何组织、个人都不能拥有超越法律之上的特权，要统筹兼顾不同社会群体、不同阶层之间的利益诉求；关于权利与权力的关系，科学立法要求以公民私权利保障为重点，对公权力进行必要的规范、制约和监督，保持权利和权力的平衡；关于权利和义务的关系，科学立法要求权利和义务必须对等，有义务必有权利，义务来源于权利、义务从属于权利、义务服务于权利；关于权力与责任的关系，科学立法要求树立有权必有责、用权受监督、侵权要赔偿、违法必追究的观念，坚持权力与责任相统一的原则，做到权力与责任紧密挂钩，权力与利益彻底脱钩。

第三，科学立法应实现立法过程科学。其一，科学立法首先要做到科学立项，立项是立法工作的源头，立法项目的合法性、必要性、可行性、前瞻性、合理性等问题是否研究得充分、透彻，往往决定着地方立法质量的高低。实践中不少地方和部门在编制立法规划时，凭领导个人喜好决定法规立项，一些强势部门在法规立项中主观随意性较大，这必然损害科学立法目标的实现。其二，法规的起草要坚持实事求是。在法规制定过程中，要从地方实际出发，结合本地区自然条件、社会经济条件，围绕本行政区域内带有普遍性、全局性、根本性的重点问题，尽量充分掌握第一手、最原始、最真实的信息，进行充分的调查、研究、论证，抛弃一切违背科学的主观立法、随意立法、任性立法，真正制定出具有地方特色、可操作、管用的立法。其三，要遵循科学的立法程序。从拟订立法规划、制定立法计划到条例草案的起草、调查研究、征求意见、审议、表决等各个环节都要有科学的细化标准，采取座谈会、书面征求意见、调查研究、列席和旁听、公民讨论、专家咨询和论证等形式和方法，通过健全和完善多数决制度、审级制度、统一审议制度、联组会议、辩论制度、重大问题的事先协调和请示报告制度等，为科学立法提供依据和保障。

（五）创制性标准

习近平总书记强调，地方人大及其常委会要按照党中央关于人大工作的要求，围绕地方党委贯彻落实党中央大政方针的决策部署，结合地方实际，创造性地做好立法、监督等工作，更好助力经济社会发展和改革攻坚任务。对地方立法而言，创造性地做好立法工作，一个重要方面就是加强创制性立法。所谓创制性立法，是指在国家尚未立法的情况下，有需要和条件的地方先行一步，通过制定地方性法规予以规范某种社会关系的立法活动。有特色是地方立法始终保持活力的内在因素，也是衡量地方立法质量的一条重要标准，创制性法规最能突出法规的地方特色。创制性立法应该符合如下标准：

一是创制性立法的思路要具有独特性。要积极探索创制性立法空间，善于、敢于在本地特殊矛盾和问题面前走自己的路，以差异化的立法思路来处理应对地方的独特事务，把有限的立法资源用在创制性立法上，自主攻关、先行先试，为国家立法积累经验。对于实施性立法，立法思路和框架内容的设计要注意总结本地改革开放实践中的成功经验，并把创新性的内容写入法规中。根据现实需要和可能性来制定法规，深入研究论证，坚持有几条写几条，确保制定出的法规务实管用、具有执行性和可操作性；对于制定自主性地方性法规，要高度重视、主动作为，用足用好地方人大在城乡建设和管理、环境保护、历史文化保护三个方面的立法权限，不断增加其在地方立法中的比重；对于制定先行性地方性法规，则要采取慎重态度，尽可能先制定过渡性政策措施，待政策性措施实行一段时间后，在总结经验的基础上再进行立法。

二是创制性立法要具备选题的原创性。一般而言，创制性立法的选项应该是尚未立法的事项,即在这一领域国家没有立法,其他地方也没有立法,该立法项目属于本地的原创。对于地方立法而言,要实现选题的原创性,要求在立法项目的选择上紧扣中心大局。要将立法项目选题的方向对准重点领域、新兴领域,要围绕高质量发展、营商环境、科技创新、生态环保、乡村振兴、社会治理等重点领域和人工智能、大数据、云计算、物联网、区块链等新兴领域开展选项。要注重选题的质量,突出特色、着眼急需、切合实际,加强立法对必要性、可行性等的研究论证,确保将社会治理急需、人民群众急盼的立法项目纳入年度立法计划。

三是创制性立法要体现制度创新性。制度创新是创制性立法的核心,即使选题具有原创性,如果内容只是将相关上位法条款进行拼凑,那也不是创制性立法。加强创制性立法最终体现为实现法规制度的创设与集成,充分发挥地方立法的引领和推动作用。要在准确把握中央精神的前提下,对存在不同意见的难点、热点问题加强沟通协调,充分平衡各方利益诉求,提出有效的思路对策和制度安排,不能避重就轻、互相推诿、久拖不决。要加强风险评估,对创制性法规中涉及的重大制度创新,要运用风险效益分析、成本收益分析、综合评价等方法,围绕制度合法性、合理性、可控性等问题进行综合评估。对存在合法性和重大合理性问题或者出台后可能引发不良社会影响的制度安排,要及时修改完善。

四是创制性立法的模式要具有可复制性。创制性立法探索成熟后可以被其他地方立法复制借鉴,甚至被国家立法吸收采纳,这是创制性立法的重要价值所在。要注意总结可供推广的经验,要注重探索可供复制的模式。这要求进行创制性立法时,要注意对一些具有普遍性的问题、难题进行探索,并使得自身的创制性立法融入国家整体环境之中。在进行创制性立法时,要把握好人大主导与坚持党的领导的关系。创制性立法是关系地方发展和人民幸福的重要立法项目,首要的是坚持党的领导,确保正确政治方向;同时,需要人大发挥主导作用,充分协调平衡各方利益;还要把握好立法创新与法治统一的关系。创制性立法强调立法创新、制度创设，但必须严格遵循立法权限和程序，严守合法性的底线；要把握好立法决策与改革决策的关系。创制性立法都是围绕地方重大改革任务而展开的，要进一步推动立法与改革决策有机高效衔接，通过创制性立法确认改革成果、破解改革难题、引领改革进程。

五是创制性立法内容上要凸显地方性。地方立法就要在国家立法的框架内，有针对性地制定出在本地方具体可行的规范来，它应该是对上位法进行衔接、细化、补充和续造。凸显地方立法的地方性，在理念上要增强地方性的问题意识，充分考量本地区的经济发展水平、历史传统、地理资源、法治环境、人文背景、民俗风情等实际状况，针对问题立法、瞄准靶心立法。在法规项目的选择上，创制性立法要求选项的切口要小，不能过于宏大或空泛；不搞数量攀比，不搞应景式立法政绩工程，要把重点放在对上位法原则性、方向性的规定进行充实、扩展、延伸、细化上，更加强调立法的对策性、精准性。在立法内容的设计上，要开门见山直奔主题，根据需求实施立法供给，减少号召性、倡导性的规定，把重点放在明确相关部门的权力边界、工作职责上，最大限度体现立法的价值。要降低原则性规定的比例，强化法规的确定性，让制度安排和规范设计精准，体现出法规应有的具体性、操作性。在形式设计的把握上，要做到简洁、简明，促进地方立法向“小而精”“小快灵”的方向发展。

（六）回应性标准

所谓回应，是指回答和反应。《现代汉语词典》对回应的一种解释就是：它以多元主体存在为条件，是一主体对另一主体需要的满足和反应。而回应性立法则是立法机关对于整个社会中表达出的各种需求，在进行有效识别的基础上所进行的应答、反馈。对于回应性立法而言，要求地方立法应积极地回应公众和市场的立法需求，彰显民意，服务社会。回应性立法注重立法的开放性和能动性。回应性立法的理论基础是系统论。从系统论的角度看，回应是与系统环境之间进行信息交换，是对系统环境刺激的一种反馈。法律作为一个系统，系统内的机制与系统外的环境之间进行信息交换，当来自外部环境的刺激作为一种信息传递进入系统内时，必然会引起法律系统内的机制进行反馈，这种反馈的形式之一，即导致法律系统内立法机制最先作出回应，从而实现法律系统的功能和系统外环境之间的平衡。具体而言，回应性立法具有如下几个标准要求：

一是回应性立法坚持问题导向。以问题为导向，是开展地方立法工作的首要前提，也是检验地方立法是否有特色，法规是否有质量的重要基础。不能为立法而立法，更不能让所立之法沦为花瓶、摆设。地方立法要充分考量本地区的经济发展水平、历史传统、地理资源、法治环境、人文背景、民俗风情等实际状况，通过立法真实回应本地区的实际需求。需要解决什么问题，就立什么法。地方立法越契合地方实际，越能解决地方问题，其特色也就越鲜明。评价地方立法的特色标准，就是看是否找准了问题，是否把重点问题、难点问题、突出问题、具体问题作为立法的切入点、着力点，是否针对人民群众最关切、矛盾焦点最集中的现实问题立法。

二是回应性立法秉持开放的理念，注重发挥地方立法的能动性。地方立法要发扬求真务实精神。对于实践中存在的矛盾和问题，要秉持开放性的原则，要主动揭摆问题，勇于直面问题和矛盾，有信心解决问题，让矛盾和问题成为推动立法的原动力。闭门造车、关门立法行不通，不解决问题的“法”更不是群众所期待的。问题找准了，立法的针对性增强了，人民群众满意了，这样的法才是良法。

三是回应性立法要对社会中的各种需求进行有效识别。回应性立法并非对任何需求都进行有效回应，而是要先进行有效的识别。要辨别出哪些需求是急需的、合理合法的，哪些需求是狭隘的、片面的。不能简单化地被网络舆论所裹挟，更不能将公共舆论提出的要求简单化地等同于广大人民群众的利益诉求。在地方立法时，要针对本行政区域经济和社会发展中的重点、难点、热点问题进行立法，要围绕国家重大战略和党的中心工作展开立法，要通过立法落实省委省政府的重要决策。

四是回应性立法要避免立法中的盲目性。地方立法应着力细化和补充国家相关上位法,缺什么补什么,需要什么就立什么。围绕法律实施中存在的问题来加以破解、完善。当前,地方立法实践中还存在过度热情、冲动、泛化的立法倾向,在地方立法项目的选定中,还存在着感觉立项、经验立项、长官意志立项、积极性立项、工作关系立项的问题,这造成很多地方性法规有名无实,片面追求立法体例的完整性,法条充斥着原则性、宏观性、纲要性、提倡性、号召性、宣示性、指引性的内容。地方立法缺少回应性,主要体现为急功近利的立法冲动和风险规避的消极懈怠两种极端倾向。

(七)引领性标准

所谓地方立法的引领性,是指在地方立法过程中,通过有效的法律制度供给,从而发挥地方立法对特定领域人的行为和社会关系发展的引导作用。引领性立法的法理依据是制度供给侧原理。2019 年 7 月 9 日,习近平总书记在中央和国家机关党的建设工作会议上首次指出,要搞好制度"供给侧结构性改革"。之后,习近平总书记在主持中央政治局会议审议《中国共产党党内法规制定条例》等党内法规时,再次强调要推进党内法规制度"供给侧结构性改革"。制度是一种公共物品,制度的制定和实施活动表现为一个需求牵引供给、供给创造需求的供需联动过程。其中,制度的供给侧主要对应于制定和执行,需求侧主要对应于遵守和运用。[1] 在引领性立法中,主要是发挥法律制度在牵引、引领、创造需求上的功能作用。通过在一些重点、涉外、关键领域推进法律规范、制度的有效供给,对该领域的广大民众进行制度激励从而推动该领域事业的发展。具体而言,引领性立法的技术标准要求如下:

第一,引领性地方立法和一般的立法有所不同,但都应遵循立法工作规律,广泛听取各方意见。同时,地方立法实践所制定的地方性法规

〔1〕 参见宋功德:《推进党内法规制度"供给侧结构性改革"》,载《党内法规理论研究》2021 年第 1 期。

的内容是趋向于原则性抑或具体性，这也是引领性立法面临的比较棘手的问题。从具体实践看，引领性地方立法要正确处理法律规范的稳定性与变动性、现实性与前瞻性、原则性与可操作性的关系，尽量做到虚实结合，战略性、纲领性和针对性、操作性并重。具体而言，立足于引领性立法的特殊性，其内容要以指导性、原则性、方向性的规定为主。立足于引领性立法的一般性，则要求在若干重要和关键领域要作适当的具体化、体现可操作性。引领性立法要保证较强的前瞻性，要保持一定的张力和弹性，为改革留有必要的空间。引领性立法不同于前瞻性立法之处在于，引领性立法侧重于立法项目的选择，即立法选题的引领性，强调在特定领域发挥地方立法的推动作用；前瞻性立法则侧重于法规条文的内容，强调法律规范的内容要体现一定的未来面向。

第二，加强重点领域的地方立法。引领性立法要求发挥地方立法的引领和推动作用，坚持立法服务大局，加强重点领域立法，以良法促善治。要围绕党和国家的中心工作，围绕国家的重大战略决策部署，老百姓的急难愁盼问题进行立法。要紧紧围绕新发展理念和地方党委确定的总目标进行立法，发挥地方立法主动性和积极性，促进本地区经济社会的全面协调可持续发展。

第三，加强关键领域的地方立法。引领性立法要求坚持立法为了人民、立法依靠人民的宗旨，要积极回应人民群众对立法工作的新要求、新期待，把体现人民利益、反映人民愿望、维护人民权益、增进人民福祉落实到地方立法的全过程。地方立法要紧紧围绕地方党委贯彻落实党中央大政方针的决策部署，结合本地实际，在推进供给侧结构性改革、转换增长动力、优化产业结构、提高全要素生产率、自由贸易区（简称“自贸区”）建设、法治营商环境等关键领域用功发力，保障和促进经济持续健康发展。要加强民生领域地方立法，地方性法规与群众、基层的距离比较近，可以更直接、具体、真切地回应人民群众的关切，对规范民生领域相关事项具有突出优势。地方立法要在教育、就业、社会保障，妇女、儿童、老人、残疾人权益保护，医疗卫生、食品药品安全等关键领域积极作为，为幼有所育、学有所教、劳有所得、病有所医、老有所养、住有所居、弱有所扶等提供法治保障。要加强社会主义核心价值观地方立法，充分发挥地域优势，结合本地的历史文化资源，弘扬红色文化、革命传统、民族精神等，针对实践中经常遇到的价值观、道德、文化等方面的问题，在文明促进、社会救助、志愿服务、移风易俗、反对浪费、见义勇为、助人为乐、尊老爱幼、民族文化、宗教事务、非物质文化遗产等重点方面作出有针对性的规范和引导，积极引领社会道德风尚，为社会主义道德提供法治保障。

第四，注重发挥立法在全面深化改革中的引领和推动作用，以及法律对实践的能动作用、引导功能，注重从制度上进行顶层设计和规划，把经验式、确认式、规范式的立法与能动性、前瞻性、引领性立法有机结合起来。具体而言，回应性立法要求：其一，立法功能从规范保障向引领推动转变。当前，改革发展对立法的要求已不仅仅是总结实践经验、巩固改革成果，还需要通过立法做好顶层设计和总体规划，为改革发展提供根本性、全局性、长期性的制度保障，引领改革进程、推动科学发展。其二，立法决策从经验总结向科学前瞻转变。在全面深化改革的背景下，要求发挥立法工作者、实务工作者、专家学者和广大人民群众的聪明才智，准确把握立法规律和经济社会发展规律，加强立法预测和前瞻，使立法合乎未来的发展趋势，推动经济社会发展。特别是要处理好立法与改革决策的关系，深化改革与完善立法同步推进，坚持围绕改革发展的重点领域来开展立法，加强顶层设计，提高改革的系统性、整体性和协同性，以立法引领改革、推动改革、保障改革。其三，立法方法从注重稳定性向适时变动转变。在全面深化改革时期，改革涉及经济、政治、文化、社会、生态等领域，社会关系处在变动之中，立法呈现出适时变动的特点，这要求协调法的稳定性与变动性，保证法的权威。对于应兴应革之事项的政治决策，应当及时推动法律法规的立改废工作，用新法代替旧法，体现变动性；同时，考虑到改革的自我发展的性质、改革环境的稳定以及改革成果的巩固，新法又需要保持一定的稳定性。[1]

（八）实效性标准

习近平总书记在庆祝全国人民代表大会成立六十周年大会上强调："要坚持问题导向，提高立法的针对性、及时性、系统性、可操作性，发挥立法引领和推动作用。"因此，地方立法要增强实效性，要从如下几个方面着手：

一是提高地方立法的可操作性，进行细化操作型立法。细化操作型立法，是指地方立法应重点对上位法的概念作进一步解释，以使上位法更加清晰、明确。地方立法要坚持对上位法的模糊规定进行澄清或者对原则性规定进行细化，提高相关法规的明确性。通过量化或设定标准，把具有不确定性的立法概念变得清晰；通过对上位法抽象概念的细化分解或者内容列举，实现法规的明确性和可操作性。

二是提高地方立法的系统性，进行填补漏洞型立法。填补漏洞型立法，是指地方立法应重点就法规体系的缺漏进行必要的补充和完善。它要求重点就现行法规体系中存在的缺陷进行立法，补足地方性法规体系的短板，强化地方立法中的弱项，使地方性法规系统性更加完善，促使地方性法规发挥体系性合力，从而从整体上提升地方性法规体系的质效。

三是提高地方立法的针对性，进行问题导向型立法。在立项、起草及审议的全过程要有明确的问题意识，坚持以问题为中心的逻辑思路进行立法，遵循发现问题、分析问题和解决问题的步骤。发现问题，即找准需要解决的问题，不局限于已经发生的问题和已经出现的矛盾，还包括发展过程中即将或可能发生的情况和问题；分析问题，即选准立法要解决的问题，立法所要解决的问题应当是现实中能转化为法律上的调整对象的问题，并能以责权利这一法律特有的范畴予以规定，从而受到法律规范的调整；解决问题，即在立法过程中科学设计规范和制度，通过规范

---

〔1〕 参见王建鸣、滕鑫曜、郑文金：《地方立法引领推动改革研究——以湖北省的实践为例》，载《地方立法研究》2017 年第 2 期。

和制度的实施解决问题。

四是提高地方立法的及时性，进行高效快速型地方立法。要针对经济社会生活中出现的新情况新要求，适时增强制度供给，妥善解决立法需求扩张性与立法资源稀缺性、供给能力的有限性之间的矛盾，用足用好有限的立法资源，降低立法成本。要调整优化存量、控制增量，能修改现行法规的尽量不立新法。制定新法规尽量采用少而精、一事一例的立法体例，尽量不搞综合性的、“大而全”的体例。对于亟须修改的法规，要聚焦突出问题解决主要矛盾，尽可能采用打包处理的方式，根据需要和可能争取一个修法决定一揽子修正数个法规。

（九）公开性标准

地方立法的公开性，是指在地方立法过程中，既要对立法草案文本、立法成果进行公开，还要对整个立法过程及其中间性成果、信息进行公开。立法公开与立法透明二者密切相关，但又有所不同。其中，立法公开是手段，而立法透明则是目标。立法公开是对地方立法信息形式上的要求，而立法透明则是对地方立法信息实质性的要求。地方立法的相关信息尽管已经公开了，但如果立法信息无人能看懂，则依然不属于立法透明。具体而言，地方立法的公开性要包含如下标准要求：

一是地方立法信息公开工作的常态化、制度化。立法信息公开常态化强调在地方立法过程中，要以信息公开为原则，而不公开作为例外。所谓立法信息公开的制度化，即立法信息公开作为立法机关的一项程序性义务，不公开的要承担相应的不利法律后果。只有将地方立法信息公开常态化、制度化，关于立法公开的其他各项操作性具体制度设计，如公开的信息范围、公开的方式等才能依次展开。

二是地方立法信息公开内容的全面化。地方人大立法公开的内容，不能仅限于法规草案文本，也要涵盖立法过程中的其他大量信息，如立法草案说明、审议过程中的各种观点、听证会记录、审议报告等。事实上，即使法律专家仅面对一个单薄的法规草案文本，也很难真正把握住条文背后所隐藏的更多信息。因此,将整个立法过程以及立法过程中所形成的文本信息进行公开是大势所趋。公开立法机关的立法会议应允许公民旁听,条件成熟时还应当通过网络、电视直播等方式向公众展示审议过程。在立法日趋专业化的情形下,立法机关还必须同时公开立法背景、立法意图等重要信息,并诠释立法所涉及的典型案例、生疏术语等。

三是地方立法信息公开载体的多元化。除了传统的立法信息公开途径外,还要加强立法信息的网络公开。当前,大部分地方人大已在其自己建设的网站及政府门户网站上公开法规草案,并实现与网民就立法主题进行互动。也可以探索在更具影响力、点击量更高的大型公众门户网站进行立法公开。一般而言,公众对网易、新浪、搜狐等公众门户网站的关注度远远高于政府和人大网站。还可以将立法内容印刷成小册子到公共场合派发。为了增加所公开的立法信息的可读性,可以考虑将地方性法规以漫画等图文并茂的形式进行公开宣传。

四是地方立法信息公开尺度的民主化。立法公开最终要服务于立法民主,地方立法信息公开实践要以民主化作为标尺进行信息公开。实践中多数人民群众不知道相关立法信息,也不知哪些立法项目与自己利益相关,更不知这些立法项目进展情况;在知道并有意向参与立法建议的群众中,有一部分因为立法专业术语抽象难懂、草案条文表述方式艰涩模糊,而无法了解立法项目的相关信息。因此,在立法信息公开过程中,立法机关要把准当前群众的媒体行为习惯,正确选择传播方式,实现精准公开信息;立法机关应尽可能地将法言法语表述得通俗易懂,通过各种方法将法规草案表述成“问题 + 拟解决方案”的形式,让广大人民群众看得懂、有话说。

二、审慎的立法策略标准

每种立法都有立法策略,立法策略是包含立法方案选择的立法指导思想。立法策略既是立法者的主观谋略,但又受制于法的结构与功能,受制于法与社会的一般关系和特殊关系。[1] 审慎有助于立良法、避恶法。审慎立法则是实现良法善治的题中之义。法治并非意味用法律调整一切社会关系。法律作为一种社会关系的调整工具，也不意味着可由我们随意使用而毫无限制。对法治和法律的尊重，表现为对法治相关原则要求的贯彻，表现为根据法律的特点让法律为其应为和能为之事，以及选择适当的法律调整方式去调整所需调整之行为。而这些，首先体现在对立法工作的要求上，即审慎的立法策略。审慎意味着行为不走极端，折中调和、妥当持平。审慎立法是指立法者为了实现良法善治的目标，基于一国国情，慎重作出立法决策的德行、技艺和制度。审慎立法的原则包括注重历史性与前瞻性之连通，理想性与现实性之兼顾，普适性与特殊性之折中，体系性与问题性之调和。[2] 地方立法过程中应秉持审慎的立法策略。对于那些广泛存在争议，还有犯错风险和引发诸多问题可能的举措，地方立法层面必须对其慎之又慎，因为一旦在立法环节轻易通过，后续纠错成本会更高，难度也会更大。要以审慎姿态从前端就预防这种可能。立法时，在相关法律法规审议前，可以委托第三方机构进行独立调查评估并提出报告；审议前先进行听证，在充分辩论的基础上再进行表决。必要时还可以实行逐条表决或者重要条款单独表决制度，以保证通过的法律法规能够在最大程度上尊重民意，能彻底摒弃部门利益和“长官意志”，从而为法律法规顺利实施创造良序环境。具体而言，审慎的立法策略应该执行如下标准。

（一）审慎开展立法前评估

立法前评估是把对立法质量的把控关卡提前，遏制立法冲动，让立法者慎用立法，节约立法成本，切实确保立法的必要性，能起到立法风险预防的作用，从而在一定程度上提升地方立法的质量。地方立法过程

[1] 参见黄建武：《论立法审慎——以文明促进类立法策略为例》，载《法治社会》2021 年第 1 期。

[2] 参见刘风景：《审慎立法的伦理建构及实现途径》，载《法学》2020 年第 1 期。

中,要审慎确定立法的选项。立法选项应根据经济社会发展和民主法治建设的需要来编制。立法机关应就列入立法规划项目的立法条件是否已经成熟、拟制定的法律法规质量是否有保证、是否能有效地调整相应的社会关系、立法主体是否具有足够的能力和时间完成立法规划所确定的任务等,进行有说服力的论证。在取得相关的肯定性结论后,方可着手启动地方立法工作和程序。

(二)严格遵守地方立法程序

严格遵守地方立法程序是落实审慎立法的一种重要方式。地方立法过程中,立法程序的规范使用可以使立法者有足够的时间进行思考,能够为立法者"降温",使其更加理性地进行抉择,克制立法冲动,从而避免激情立法。严格遵守地方立法程序,可以提高地方性法规通过的门槛,从而有效避免盲目立法,确保所立法规能够符合当地经济社会发展的规律。严格遵守立法程序也会给立法者足够的时间确定立法选项、完成立法所规定的任务,避免立法的主观随意,从而提高地方立法的质量。

(三)审慎行使地方立法权

审慎立法要求在地方立法权行使过程中,要确保立法者审慎地使用立法权,采取权责一致的原则对立法权的行使进行有效的监督,从而避免立法权被滥用。审慎行使地方立法权具体表现为,进一步优化地方立法职权的配置,提高地方立法职权配置的科学化水平。优化地方立法权职权配置,能够让立法者明晰立法的权力和责任,能够在立法责任承担和自身工作任务之间进行慎重考量,从而对自己行使权力的后果进行预测。这有助于立法者在内心约束自己合理地行使立法权,在立法时审慎行使立法权。同时,优化立法职权配置明确了立法者的权力和职责,可以使立法权的行使更容易受到社会公众的监督,从外部约束立法者慎重立法,不断提升地方立法的质量。

（四）适当放缓立法节奏

法律发展需要尊重法律的稳定性、连续性，审慎的立法者要在过去与未来之间建立起顺畅的联系。审慎是政治家所应具备的主要美德，任何政治行动都必须顾及其长远的后果，而不仅仅考虑民众所要求的一时的痛快。法律的发展应当一步一个脚印、循序渐进，审慎的立法者要深明“欲速则不达”的道理，等待时机适当地“慢”就是立法的最好节奏。由于立法题材的复杂多变，立法者需要考虑不计其数的繁多变量，审慎考量具体情境中的正确选择。审慎立法要求地方立法要适当放缓立法节奏。为了确保决策科学、等待共识的形成而暂缓立法进程，不仅不会损害地方人大的形象和权威，还能有效避免后遗症。立法应是一门审慎的科学，对于地方立法过程中一些争议比较大、条件尚未成熟的事项，宁可暂时搁置，也胜过强推。要有效防范地方立法过程中的急功近利、急于求成的做法。立法者应该广泛吸收民意、汇聚民智，但这并不意味着立法时要盲目迎合舆论的倾向，更不能对立法操之过急，一部恶法带来的伤害有时甚至超过法律空白。立法本身是需要冷静的，不能仅凭一时的热情贸然启动一部法规的立法程序，立法要经过科学的评判，通过审慎的调研与评估。法规出台后并非立刻产生预期的效果，这同人民群众的切身感受之间会有一个时间差，有时立法可能会因为这个时间差而受到质疑乃至批评，但立法本身却不能因为质疑而省略必要的科学调研，要在回应民众的呼声和追求、尊重立法的科学性之间谋求平衡。

（五）审慎起草审议表决法案

法规案的起草，需要精心安排、慎重推进、循序渐进，并严格遵守特定立法程序。法案的起草工作需要制订有明确时间节点的工作计划，明确立法的价值导向，界定法规的调整范围，编制法案的体例框架。法案起草过程中，要考虑好如何对大量而复杂的内容进行总体安排，还要考虑法案的每一条款的内容安排如何协调一致。应仔细推敲法案的体例结构、遣词造句、标点符号，正确地表述立法目的、立法根据、立法原则、权利义务等内容。为了提高法案审议的效果，除了需要每位立法者认真审读、细致推敲法案条文外，还需要立法者相互之间展开对话、讨论、辩论。法案审议应当适度引入辩论制度，形成各种意见之间的碰撞交流，避免各说各话。法案的表决应实行更为细致的表决制度，审慎地作出立法决策。

三、地方立法权行使的范围标准

地方性法规规范调整的事项，主要包括三大领域：一是为执行法律、行政法规的规定，需要根据本行政区域的实际情况作具体规定的事项；二是属于地方性事务需要制定地方性法规的事项；三是在全国人民代表大会（以下简称“全国人大”）及其常委会专属立法权以外，中央尚未立法的事项。依据这一权限范围，地方立法可分为实施性地方立法、补充性地方立法和探索性地方立法三类。

（一）实施性地方立法

实施性地方立法是延续细化上位法而进行的立法。实施性地方立法的功能作用是对上位法的原则规定进行细化量化、延伸拓展，从而与上位法实现无缝衔接，其主要特征是细化。具体、细化的实施性法规，增强了法规条文的可执行性和可操作性，保证了制定出台的地方性法规能够立得住、行得通、真管用。因此，实施性地方立法要紧扣务实管用，发挥实施性功能作用。如果制定出的地方性法规重复、空泛现象严重，可执行性低、可操作性差，无法通过有效的措施推动上位法的一些原则性规定落地生根，那么，实施性地方立法的存在就失去价值。

（二）补充性地方立法

补充性地方立法的功能作用是针对上位法规定不全面的地方，结合当地实际，进行拾遗补阙。补充性地方立法的主要特征是完善。因此，补充性地方立法要凸显地方特色,发挥补充性功能作用。如果制定出的地方性法规补充性不足,只是简单重复上位法的规定,没有结合本地实际作出鲜明的立法导向和规范要求,没有务实管用的条款规定,就不能很好地解决区域内的具体问题。因此,补充性地方立法要善于拾漏补阙,努力在法规的特色、效果上做文章。

（三）探索性地方立法

探索性地方立法是对上位法尚未立法或不可能立法的地方事务进行立法。探索性地方立法的功能作用是对上位法尚未立法的事项先行立法,填补法律空白,首创是其主要特征。因此,探索性地方立法要严守权限范围,发挥探索性功能作用,紧扣先行首创。探索性地方立法只有增强预见性、把握规律性、富于创造性,才能顺应时代发展、符合群众期盼。在进行探索性立法时,立法者要善于研究立法规律,总结积累经验,严格遵循立法法授权范围,注重经验立法、超前立法,更好地发挥立法对经济社会发展的引领和推动作用。

四、促进型地方立法的标准

（一）促进型地方立法启动的标准

促进型立法是贯彻宪法政策性条款的重要途径,是政策法律化的具体形式。促进型立法是介于管理型立法和政策之间的一种新型立法,它有效地弥补了管理型立法“过刚”以及政策“过柔”的局限性。促进型立法是国家干预经济和社会发展的重要体现,是管理型立法的必要补充,是政府公共政策的法律化。具体而言,符合下列标准的政策才适合启动促进型的地方立法:一是对社会生活、未来发展以及促进薄弱领域、薄弱环节发展具有重要影响力的政策;二是在一定时期内相对稳定的政策;三是通过较长时间的检验已经被实践证明是成功、可行的较为成熟的政策；四是具有普遍意义且适合由立法加以强制规定的政策。[1]

（二）促进型地方立法的原则要求

开展促进型地方立法，要遵循如下原则：一是面向未来进行立法，坚持目标导向，注重事前引导。二是强调以政府职责为中心。三是在设计行为规范方面以"软法"为主，注重激励扶持。四是在法律责任设置上突出法律责任的综合性，弱化处罚性或强制性，甚至可以不设置法律责任。五是突出治理的理念，强调多种治理方式的综合运用，具有多元共治的特点。

（三）促进型地方立法的规范设置要求

进行促进型地方立法时，在规范设置上：一是要以倡导性规范为基础，充分发挥政府的促进引导功能。促进型立法的目的是促进和推动基础、薄弱产业或事业的发展，利用政府手段激活缺乏充分利益驱动的公共产品市场，国家通常扮演循循善诱的引导者、大公无私的投资者、任劳任怨的服务者角色，因此，在内容设置上，促进型立法应以倡导性规范为基础。二是要有针对性地设置一定的管理性规范，辅之以必要的管理手段。管理措施的设置要做到必要、可行、有针对性，必须是对于促进发展必不可少的，且在相关管理型立法中缺乏规定的，其重点应该放在规范政府自身行为、提高管理和服务水平、完善发展的外在环境上。三是要合理搭配管理性规范和倡导性规范的比例。在促进型立法中不能规定过多的管理性规范，不能因加强管理而冲淡了促进发展的基本立法取向。要强化促进型立法的可操作性，尽量减少纯粹的道德提倡类规范，明确法律规范和道德规范的界限；要慎重研究宣示、宣言类规范，确保政策取向和发展方向不偏离被促进事业正确发展的轨道；要重点突出表彰奖励类规范和激励扶持类规范，尽可能地将相关的表彰奖励手段和激励扶持措施加以明确细化。对确实不便通过立法明确的，要在立法中授权

---

〔1〕 参见李龙亮：《促进型立法若干问题探析》，载《社会科学辑刊》2010年第4期。

或作出原则性要求，规定出台优惠政策、促进措施或制定配套文件的主体、时限、内容、要求等。要强化促进型立法的社会参与。尽管在促进型立法中承担促进责任的主要是政府及公共服务组织，但社会团体及公众在这些领域的普遍参与对被促进事业的发展至关重要，促进型立法倡导政府主导下的全社会参与。

五、立法评价的技术标准

这里的立法评价，主要包括立法前评估、备案审查和立法后评估。在地方立法实践中，科学、有效开展地方立法评价，需要符合如下标准和要求。

（一）地方立法评价的基本遵循

一是基于特殊性构建立法评价的指标体系，专业性地评价地方人大立法工作。要着眼于地方立法工作的特殊性，注重地方立法的特色，重点就地方立法的针对性、适用性和可操作性进行有效评价。要重点考察地方立法是否符合"不抵触""有特色""可执行""不重复"的地方立法要求。

二是基于系统性构建立法评价的指标体系，全方位评估地方人大的立法工作。在构建地方立法评价指标体系过程中，应运用系统的方法，科学设定评价标准、评价指标，合理设置评价程序、评价方法，形成一套全面的、量化的、可操作性强的评价体系，建立点、线、面、体的立体化评价指标体系。点，即突出问题导向，就特定问题的解决成效进行评价。线，即突出过程导向，侧重于对地方立法工作的全过程进行评价，包括地方立法的事前、事中和事后的全过程，突出对地方立法工作的过程性、阶段性、程序性的评价。面，即突出领域导向，对特定领域的地方立法工作的评价，以国家和省的重大战略、决策为中心，服务大局，突出重点。体，即突出目标导向，对地方立法工作的计划性进行宏观性、整体性的评价。

三是基于导向性构建地方立法评价指标体系，精准地评价地方立法工作。应将目标导向、问题导向、结果导向、过程导向作为构建评价指标体系的基本遵循,精准评价地方立法工作。目标导向,即突出对规划、计划等落实、实现情况的效果评价;问题导向,即突出对特定问题解决情况的结果进行评价;结果导向,即突出对特定事项或任务完成情况进行评价;过程导向,即突出对完成特定任务、解决特定问题的过程、流程或程序进行评价。

四是基于地方立法条例构建立法评价指标体系,规范地评价地方立法工作。要注重延续性,依托现有的机制体系,避免另起炉灶或否定之前的成绩。在细化、具体化地方立法条例中的程序性规定上下功夫,在此基础上构建与地方立法条例相配套的评价指标体系。同时,加强对制度建设的评价和考核。加强对地方立法工作的制度化、法治化、规范化方面的评价和考核,突出制度建设评价和考核在评价指标体系中的重要性,从而建立地方立法工作的长效机制。地方立法工作评价本身也应实现制度化、法治化和规范化。

(二)科学构建地方立法评价机制

一是定量与定性、宏观与微观相结合的整体性评价机制。整体性评价是地方立法评价工作的首要原则,要避免片面性,从不同的角度充分考察地方立法工作的实效。

二是事前、事中和事后全覆盖的体系性评价机制。地方立法工作具有阶段性,不同立法阶段之间具有密切的关联。前一阶段的立法工作质量,往往是后续高质量立法工作的基础和必要条件。因此,在对地方立法工作进行评价时,要将地方立法的全过程均囊括其中,构建涵盖立项、起草、审议、备案、实施各个环节的评价指标体系。

三是客观评价与主观评价相结合的全面性评价机制。地方立法工作的成效是主观性和客观性的统一。对于属于事实性的地方立法工作,应坚持客观评价的原则,实事求是地评价地方立法工作的成效。而涉及人民群众满意度等主观方面情况时,则要坚持以人民为中心的原则,以人民群众是否满意作为最终的评判标准,突出满意度测评的人民性。

四是多种评价方式有机结合的综合性评价机制。地方立法工作具有复杂性,单一的评价方式往往具有片面性,只有将多种评价方式有机结合,方能更充分地评价地方立法工作。这也是科学评价地方立法工作的基本要求。

五是程序性评价和实质性(结果性)评价相结合的评价机制。地方性法规是程序性和实体性结合的产物,地方立法本身也是程序性和实体性有机结合的过程。因此,在构建地方立法评价指标体系时,要充分兼顾地方立法的程序性和实体性。

第二节　地方性法规体系的技术标准

一、地方性法规体系内容的技术标准

(一)"不抵触"的技术标准

地方立法同其他立法一样,必须坚持法制统一原则,在不同宪法、法律、行政法规相抵触的前提下制定地方性法规。地方性法规不得与宪法、法律、行政法规的具体条文的内容要求相冲突,不得与宪法、法律、行政法规的精神实质、基本原则相违背。只要遵从这样的要求,地方立法主体便可以在自己职权范围内,自主制定地方性法规,无论这些地方性法规的内容是否已在宪法、法律、行政法规中作出某种规定。具体而言,"不抵触"的技术标准包括:

第一,是否损害法制统一。下位法变更上位法的明确规定,是损害法制统一的最典型表现。上位法所明确的调整范围和适用条件、所确认的法律事实状态,下位法作出变更即构成抵触。下列情形都属于抵触上位法:一是上位法有明确的规定,下位法与上位法的规定相反的;二是虽然不是与上位法的规定相反,但下位法的效果在抵消上位法的规定,即搞"上有政策下有对策";三是上位法没有明确的法律规则,但下位法与

上位法的立法目的和精神相违背。

第二,是否有悖于限制权力、保障权利精神。当只涉及公主体权力(职权、职责)时,下位法从宽规定即构成抵触;当只涉及私主体权利(义务)时,下位法从严规定即构成抵触;如果同时涉及权力(职权、职责)和权利(义务),符合前述任一情形均构成抵触。

第三,是否有悖于法律规范设定的宗旨。如果是给予好处的有利规范,如有关行政许可、行政给付的法律规范,下位法规定宽于上位法未必构成抵触,需要结合规范内容涉及公主体权力还是私主体权利进行判断,而下位法的规定严于上位法则构成抵触。如果是增加负担的不利规范,如有关行政处罚、行政强制、征收征用的法律规范,下位法既不能严于上位法,也不能宽于上位法,否则下位法会构成对上位法的抵触。

(二)“有特色”的技术标准

所谓有特色,是指地方性法规在不同宪法、法律、行政法规相抵触的前提下,在体现国家立法共性的同时,充分反映地方立法需求,解决地方实际问题,体现地方的个性、差异性和特殊性的一种立法形式和立法风格。在不与国家法律、行政法规相抵触的前提下,地方性法规的地方特色越突出,与本地的实际结合得越紧密,其实用性和可操作性就越强,法规的质量就越高,生命力就越强。具体而言,“有特色”的标准包括:

第一,地方立法要体现地方性。地方立法必须紧密结合本地实际,要使立法立足于本地区实际的经济、文化现状,充分体现本地区的传统,满足当地经济、文化、政治等各项建设的实际要求。其一,地方性法规的立项要有地方性。在立项阶段,应在充分了解本地经济、政治、法制、文化、风俗、民情等对立法调整的需求程度的基础上,切实把地方立法同当地经济社会发展战略结合起来,同解决本地实际问题结合起来,将影响经济社会发展全局的、反映经济社会发展规律的、体现最广大人民意愿的项目列入立法规划和计划中。其二,地方性法规的内容具有地方性。地方立法要坚持问题导向、体现地方意识、突出地方特色、解决地方实际问题,针对本地区特有的问题、针对经济社会发展中急需解决的突出问题、针对各方面普遍关注的重大问题进行立法。其三,地方性法规的功能作用具有地方性。地方立法过程中,要在坚持特色上凸显亮点,做到求真求实、反映规律、体现民意、呼应民声,使所立的地方性法规在实践中真正管用,能够有效促进当地经济社会文化的可持续发展。

第二,地方立法要立足实际性。地方各级人大及其常委会在确定地方立法项目前,要注意收集和分析以下几个方面的情况:其一,本地区经济社会发展和民主法治建设的情况;其二,地方党委实施改革的重大决策、措施和部署;其三,本地区实施法律法规的情况;其四,地方各界和社会的重大关切;其五,人大代表的议案和建议;其六,社会各界和群众对立法的意见和建议等。在立法项目的选择上不是越大越好,而是要审时度势,围绕党委工作重心,针对地方性事务的某一个问题或某个侧面切入,有什么需要就立什么法,哪些方面需要规定就规定哪些方面,不要贪大求全,不要构筑体系,不要照抄照搬上位法的规定。

第三,地方立法要突出针对性。地方立法过程中,要从法规结构和运行机制入手,突出地方性法规的针对性和个性化。要针对地方某一方面工作或事务,进行顶层设计,创新体制机制,从地方性法规结构布局和运行机制的构建上,突出法规的针对性和个体性,这样才能更好地体现法规的地方特色。地方立法应坚持实事求是、有的放矢,针对现实需要从解决实际问题入手制定规范,突出法规精准性,结合法规的价值取向和现实需要找准实际问题,围绕解决实际问题对法规的相关条文进行细化。坚持问题导向,针对上位法实施中的一些重大问题进行补充细化,是确保法规有特色、可操作的重要途径和方法。

第四,地方立法确保精细化。坚持精细立法,是提高地方立法质量,确保法规地方特色的重要法宝。要针对以往立法工作中存在的粗放化问题,坚持以体例精简、内容细实、质量至上、总体管用为目标的立法模式。精细化立法要在地方性法规的实、补、细、续、用上下功夫。所谓实,即实事求是,从实际出发;所谓补,即补充,根据上位法的实施情况和地方的实际问题进行补充，完善和丰富其内涵，解决上位法无力企及的问题；所谓细，即细化、精细，将上位法的原则性规定、政策性要求具体化、明细化、程序化；所谓续，即延伸扩展，将上位法中意犹未尽、浅尝辄止的规定或要求，延续上位法的思路、线路、理路，进行延展、拓展；所谓用，即实用、管用、好用，强化地方性法规的适用性，增强地方立法的可操作性。

（三）"可执行"的技术标准

所谓可执行，是指地方性法规具有可操作性，即法规规范所规定的权利、义务、责任在社会生活中可以得到实现，执法者、司法者和一般社会民众可以按照法律规范的规定处理相关的法律事务，该法律规范真正起到对人们行为指引、预测、教育、评价、强制或者警戒的作用。地方性法规的可操作性要靠立法者设定科学理性的行为模式和行为后果，科学理性地设计人们在法律关系中的权利、义务、责任等来实现。地方立法执行性差的具体表现为：多为原则性、宏观性、纲要性的规定；多为提倡性、宣示性条款；多为抄袭上位法、照搬外省相关立法；后续工作配套具有滞后性等。要使地方立法具有可执行性，地方性法规应符合如下标准和要求：

一是地方性法规的内容要具体明确。地方立法是为了保障法律、行政法规等上位法在本地区的实施，针对本地区的实际情况作出的具体规定。由于不同地区的情况各异，国家层面的法律、法规对有些问题的规定难以做到具体、明确，往往只能进行原则性、抽象性表述。要使这些法律规定得到有效实施，各地方在进行地方立法时就必须结合本地实际情况将法律、法规等上位法中的有关原则加以具体化、明确化，实现简便易行、便于操作。

二是地方性法规的体例结构要"小而精"。对于地方立法而言，法规的立法体例结构要简约易行。法规条文的数量不在多，关键要精致实用。在国家立法层面的代表性、骨干性法律法规都已健全完备的情况下，地方立法由于处于补充和细化国家立法的特殊地位，因此在立法形式上可以不同于国家立法。地方立法在调整范围和调整的事项上应当更加单一化,根据地方实际走“小而精”的道路。地方性法规应多数以“实施细则”“规定”“办法”的形式出现,条款设置上突出单一化,立法体例力求“小而精”。

(四)“不重复”的技术标准

地方立法中“上下一般粗”的情况比较普遍,照抄照搬的情况仍比较多,如何提高立法质量已经成为亟须解决的问题。地方立法“重复”既包括文字内容方面的重复,也包括体例结构方面的重复;既包括重复上位法,也包括重复同位法。在地方立法实践中,重复立法主要有以下几种情形:一是整章重复,即把上位法的某章包括章名在内的所有条款内容,原封不动地照抄照搬到下位法之中,这种情形虽然极少但也不乏实例。二是整条重复,即把上位法的某条或者若干条内容,一字不落地照抄照搬到下位法之中,少则几条多则几十条,这种情况较为普遍。三是整款重复,即对上位法某条或者若干条中的一款或者若干款明确规定的内容,全部复制到下位法之中,作为一款或者一条,此种情形也比较常见。四是组合重复,即把上位法的两三个或者若干个条款内容“化整为零”,按照自己的需要进行拆解归纳,复制粘贴,重新组合,调整顺序,变换成新的条款,但内容仍然是照搬上位法,并未作改变。五是与部门规章重复,即在制定修改地方性法规、单行条例时,照抄照搬部门规章的内容,重复的形式也有整章、整条、整款、组合重复等。六是变相重复。从表面上看没有完全照抄照搬上位法内容,在表述方法上有变化,内容上有增减,但上位法本意还在。例如,有的对上位法的某一条款,增加或者减少部分内容;有的将某些超出地方立法权限范围的内容去掉,略加修改变成下位法内容;有的为了规避重复,变换上位法语句、表述方式、结构编排,但其原意并未改变;有的断章取义,对上位法若干条款内容通过拆分、整合,进行归纳式、概括式表述等。

有效解决地方立法重复问题,就是要坚持精细化立法,尽量避免对

“上位法”的照抄照搬,剔除一些没有实际意义的常设性条款,让特色的理念更加深入,让特色条款更加明显和突出。上位法已经明确规定的立法目的、法律原则,已具有当然的规范效力,无需在地方性法规制定过程中重复强调;上位法中已有明确的行为模式或法律后果,地方立法进行重复规定实属没有必要。要做到凡没有细化和补充内容的条文尽量不引,凡其他法规中已经规范了的事项不再重复,凡没有实际意义的条款均不设。

二、地方性法规体系运行的技术标准

习近平总书记在《高举中国特色社会主义伟大旗帜为全面建设社会主义现代化国家而团结奋斗》(以下简称“党的二十大报告”)中强调,要“增强立法系统性、整体性、协同性、时效性”。《中华人民共和国立法法》(以下简称“《立法法》”)第55条规定:“全国人民代表大会及其常务委员会坚持科学立法、民主立法、依法立法,通过制定、修改、废止、解释法律和编纂法典等多种形式,增强立法的系统性、整体性、协同性、时效性。”这对高质量立法提出了具体要求。系统性、整体性、协同性、时效性是衡量立法“好不好”的明确标准和尺度,是推进科学立法、民主立法、依法立法,统筹立改废释纂的重要支撑条件,也是地方性法规体系运用的重要技术标准。

(一)“系统性”的技术标准

系统性是马克思主义哲学重要的认识论和方法论,系统性要求不仅要把研究的问题当作一个系统,分析系统的结构和功能,更要用系统思维分析事物的本质和内在联系,从整体上把握事物发展规律,提高分析和解决问题的科学性。立法本身是一个系统,同时也是法治建设系统工程的一个子系统,必须用普遍联系的、全面系统的、发展变化的观点看待和推进立法工作。具体而言,提高地方性法规体系运行的系统性,要从如下几个方面着手:

一是在立法中贯穿系统观念，要从党和国家事业发展全局的战略高度来定位，而不是就法论法。对于现实中的具体法律问题，要透过现象看本质，从部门法、单部法到条文、术语，都要把握好全局和局部、宏观和微观的关系，从完善法律体系、完备法治建设系统、推进地方治理体系和治理能力现代化的全局出发，系统性思考、系统性设计、系统性谋划、系统性推进。

二是要综合运用制定、修改、废止、解释、清理、编纂、执法检查、备案审查、立法后评估等多种形式，注重法律法规的衔接配套，系统考虑立改废问题，避免因法律法规规范之间相互冲突而影响实施效果，做到各项规定统一协调、形成合力，提高立法发挥引领和推动作用的实效。

三是立法工作中要注重法规内容的针对性，紧扣全局性，按照地方立法权限和职能定位，处理好地方性法规与上位法及政府规章之间的关系，加强与国家立法规划和计划的衔接，保持适度超前。按照完善中国特色社会主义法律体系的要求，坚持立改废释并举，对与上位法相抵触、与社会发展不适应、与同位阶立法不协调的法规，及时予以修改或者废止。正确处理好新法与旧法、特别法与一般法、上位法与下位法之间的关系，确保地方性法规体系内部的协调一致。

（二）"整体性"的技术标准

整体性强调任何系统都是一个有机的整体，法律法规体系应当是完备和统一的。实现地方性法规体系运行的整体性，要从如下几个方面着手：

一是地方性法规的不同种类、性质的规范之间相互配合，法规条文之间形成体系性合力。在地方立法过程中，不同性质的规范要相互搭配，不同类型的规范要相互补充。强行性规范和任意性规范相互搭配、倡导性规范和禁止性规范相互配合、权利性规范和义务性规范相得益彰，这样有助于地方性法规的规范性作为一个整体发挥功能作用。地方性法规的功能作用，不是某一类规范单独发挥作用的结果，往往需要不同类型的规范相互配合。要减少地方性法规制定过程中对某一类规范的偏爱,减少地方性法规条文种类的单一性。即使是地方性法规中一些原则性、常规性的条文,在整个地方性法规中依然发挥着不可替代的作用。在这种情况下,重复上位法的某些规定是有必要的。在进行“小快灵”地方立法过程中,不能因为法规条文数量减少而降低地方性法规的整体性。

二是不同地方性法规之间彼此衔接,不留空白或死角。在地方立法过程中,既要防范由于片面追求“大而全”,造成地方性法规之间的内容重复,进而产生法条竞合问题;也要警惕地方性法规之间彼此衔接不紧密,从而产生法律空白问题。在地方立法过程中,要进一步明确地方性法规的适用范围,确保所制定的法规适用范围的边界清晰,要注意新法与旧法之间在适用范围上的衔接,从而达到地方性法规“法网恢恢、疏而不漏”的体系性要求。要重视地方性法规中适用范围条款的功能作用,不断提高适用范围条款的立法质量。

三是省级地方性法规与设区的市的地方性法规、地方性法规与地方政府规章之间能够配套,确保纵向的地方规范等级体系不断档。从整体性的角度看,地方性法规体系包括省级的地方性法规、设区的市的地方性法规,二者是上位法与下位法的关系。在制定省级地方性法规时,要注意抽象性,为设区的市的地方性法规制定预留立法空间,从而实现设区的市的立法与省级立法的配套。同时,还要注意地方性法规与地方政府规章之间的配套。一方面,地方政府规章要及时跟进和配套新制定的地方性法规;另一方面,地方性法规也要为地方政府规章的制定预留立法空间。要有效处理地方性法规具体性和抽象性之间的关系。

(三)“协同性”的技术标准

协同性是指系统的各个组成部分相互协作、功能耦合,同步形成拉动效应,以实现共同前进、积极发展。实现地方性法规体系运行的协同性标准要求,要从如下几个方面着手:

第一,下位法不与上位法相抵触。判断下位法规则是否抵触上位法,大致可遵循如下步骤:首先,抵触审查前的判断。主要审查下位法规则是否具有超越立法权限、违背立法程序等问题。若存在,则属于违法行使立法权,而非抵触上位法的问题。其次,审查是否与上位法规则存在逻辑抵触。若与上位规则相比,下位规则存在规范词不一致、法律后果不一致或构成要件收缩、交叉等情形,则构成逻辑抵触。若构成要件出现扩张、相异情形,则需审查上位法规定的情形在实践中是否仅可能有一种情况,如果是则构成逻辑抵触,否则不构成。最后,审查是否存在非逻辑抵触。当不存在逻辑抵触时,应考虑下位规则是否可能阻碍上位法的精神或目的。若自主性立法阻碍上位法精神或目的,不认为构成抵触;若先行性立法构成阻碍,应认定为抵触;若执行性立法阻碍被执行立法的精神或目的,应认定为抵触;若执行性立法阻碍其他上位法的精神或目的,执行性立法属于地方性事务的,不认定为抵触,执行性立法属于中央性事务的,应认定为抵触。下位法可以对上位法进行适当细化。细化意味着对上位法规定的具体化,这要求下位法条文对上位法抽象的概念作出有意义的区分。

第二,特别法与一般法之间相互补充。在地方立法过程中,不同的地方性法规在适用范围上往往并非泾渭分明,经常出现地方性法规在使用范围上的交叉、重叠情况,即出现所谓的法条竞合问题。这种法条竞合主要表现为特别法与一般法的关系问题。要实现地方性法规体系内部的协调性目标,就要尽量减少地方立法中的法条竞合现象,尽量减少对于特定调整对象的重复性规定。地方立法重复,不仅仅表现为重复上位法的“上下一般粗”问题,还表现为同位法之间的重复问题,即法条竞合问题。在无法彻底根除法条竞合的情况下,地方性法规要对法条竞合问题如何处理作出明确的规定。

第三,新法对旧法的优化提升。地方立法时片面追求“大而全”,“小快灵”的立法相对不足,导致新法与旧法之间在调整对象的范围、法规适用的范围上出现交叉或重叠。这又回到老生常谈的地方立法重复问题。地方立法时,对于同一调整对象,当新法与旧法的规定不一致时,必然会降低地方性法规体系的协同性。因此,在新制定地方性法规时,要尽量减少同位法之间的重复性规定,旧法已有规定的尽量保持稳定性,不再进行重复性的规定。当新法需要根据新的情势作出不同于旧法的规定时,实践中需要按照新法优于旧法的原则进行规范的选择。当新法对旧法规定的内容进行变更时,要进行充分的论证,要有充分的依据。当新法对旧法规定的内容进行变更时,要对如何进行法规适用作出有针对性的规定。尽量减少新法对旧法规定的内容进行变更的情形,这种基于同位法重复而导致的新法与旧法之间的冲突,会降低地方性法规的权威性和地方性法规体系的协同性。建议用修改旧法的方式解决法律规定的内容的滞后性问题,要尽量减少对制定新法的"迷恋"。

(四)"时效性"的技术标准

所谓时效性,是指法律是发展而非静止的,是开放而非封闭的系统,地方立法要确保地方性法规与时俱进,立法节奏要跟上时代的脚步、改革发展的步伐,要紧密契合国家治理急需、满足人民日益增长的美好生活需要。具体而言,时效性要符合如下标准要求:

第一,对于数量庞大、短时期仓促制定的大量地方性法规,由于上位法的立改废以及地方经济与社会的快速发展变化等原因,曾经与地方特点相契合、富有可操作性的条文也会与社会发展现状脱节。面对不断发展的经济和社会形势,以及国家和地方不断进步的法治状况,地方性法规非常需要及时更新。因此,应通过地方立法后评估及时、动态地了解地方性法规的实际运行状况,为立法机关提供论证依据,以便于对已颁布法规进行适时修改、补充或废止。

第二,对于地方性法规,如果存在比较严重的内容滞后、脱离实践、无法适应现实生活的情况,让其在实际工作应用中处于"休眠"状态,这一类表面上看起来非常稳定的法规实际上已经被边缘化。这类法规之所以脱离法治实践但又长期没有进行修订,是因为法规本身是以宣示性文本为主,可操作性条款比较少,或者法规所涉及的对象比较狭窄,社会关注度比较低;而比较普遍的一种情况是,社会客观情况已经发生了巨大的改变,而且在执法实践中已经有其他法规取而代之,或者在实际的行政管理工作中有足量的上级发布的政策或者文件进行具体入微的指导,导致该行政领域的人员已经“忘记”还有对应的地方性法规存在。脱离法治实践的地方性法规逐渐被人们忽视,从而大大降低地方性法规的权威性,并逐步侵蚀地方法治建设和法规的公信力。[1]

第三节　地方性法规规范性的技术标准

习近平总书记指出:“要研究丰富立法形式,可以搞一些‘大块头’,也要搞一些‘小快灵’,增强立法的针对性、适用性、可操作性。”因此,对于地方性法规而言,其规范性的标准即针对性、适用性和可操作性。

一、地方性法规“针对性”的标准

地方立法的针对性,是指在地方立法过程中,地方人大要针对本行政区域的实际需要和具体情况制定具有法律效力的规范性文件。具体而言,提高立法的针对性,要从如下方面着手。

(一)从实际出发进行立法

提高地方性法规的针对性,要从实际出发进行立法。地方立法在很多情况下是直接根据法律、法规的授权制定的实施细则和实施办法。一般来说,法律、法规是全国通行的、重要的基本规范,对一些问题的规定不细致。地方立法就是要根据法律法规的授权,结合本行政区域的实际情况,制定实施细则和实施办法。我国地域性比较复杂,各地区的实际情况不同,所要解决的问题也有很大差异,所以地方立法必须根据本行

〔1〕 参见冯向明:《论地方性法规的时效性与立法后评估》,载《安康学院学报》2019 年第 2 期。

政区域社会关系提出的实际问题,有的放矢地进行立法。实施法律、法规或解释法律、法规需要作出具有普遍约束力的规定,也必须针对本行政区域具体情况解决法律、法规实施中的各种问题。法律、法规不具体、不明确的,地方立法要针对本行政区域的实际情况制定具体明确的实施办法或实施细则。法律、法规需要配套完善的,地方立法就要根据本行政区域的实际情况制定起配套、完善作用的具体办法。

(二)坚持"小切口"立法

提高地方性法规的针对性,要坚持"小切口"立法。"小切口"立法的具体标准包括:一是切口要小,切小题目,主要是坚持一事一法的原则。法规立项要关注热点难点,将关键点和突出矛盾作为选题突破口,避免"大而全""小而全"。二是切口要准,切准特色。主要是要结合实际,解决自身问题。三是切口要深,切细内容。主要是使法规调整对象和范围清晰明确,相关主体的权力与责任、权利与义务清楚具体。四是切口要实,切实措施。主要是坚持问题导向,在务实有效、便于执行上下功夫。

(三)坚持精细化立法

提高地方性法规的针对性,要坚持精细化立法。地方立法必须围绕立法精细化有所创新。一是立项要小而少。所谓小,就是地方立法选项的切口要小,不能太宏大,不能太空泛,要尽量减少与国家立法同口径的立法。要坚持解决立法不到位问题的立法导向,不能将执法不到位问题作为立法问题来解决。所谓少,就是不搞立法数量攀比,更不搞应景式立法政绩工程,尽量立那些解决问题所需又条件比较成熟的法规。二是法规文本要少而精。也就是开门见山,直奔主题,有几条写几条,哪条有用就写哪条,尽量不重复上位法,尽量不搞淹没立法主题的"大而全""小而全"的文本。三是规范设计要精而灵。就是要尽量减少空泛规定,要尽量让制度安排和规范设计精准,让法规"有牙有齿",进而实现有效、管用的目标。

（四）严把法规立项关

提高地方性法规的针对性，要严把地方性法规的立项关卡，这是地方立法针对性在准入上的要求。在制定立法规划时，要选择确有必要、急需规范的事项，把国家法律中明确要求地方制定相应法规的事项作为重点，结合地方实际精准定位，区分轻重缓急，引导、推动改革发展在重点领域和关键环节取得突破。要围绕法规出台的时机是否适宜、是否与本地区经济社会发展水平相适应、是否具备相应的实施条件、法规通过后对本地区改革发展稳定可能产生的影响、可能影响法规实施的重大因素和问题等进行分析论证，避免立法时机过于超前或滞后。地方立法要体现前瞻性，在改革发展大局中谋划立法任务，围绕中心工作安排立法项目，把群众关注度高、社会发展急需、必要性和可行性强的项目尽快纳入立法规划。这就要求具有立法权的人大及其常委会，要始终站在本地工作大局中谋划与推进立法工作，紧密结合地方实际，通过制度设计贯彻落实中央、省委关于经济社会发展的重大战略决策和部署，在法治轨道上规范和推进各项工作，并通过法定程序凝聚共识、协调利益。

（五）坚持问题导向精准立法

提高地方性法规的针对性，要坚持问题导向，实现精准立法。地方立法坚持问题导向，要求以解决问题为根本，多做解决问题所需要的，少做与解决问题关联不大的，不做与解决问题无关的。地方立法项目要准，要准确对应实践中出现的问题；规则设计要科学，要能有效破解对应的问题。针对问题立法，不但要找准问题“面”，还要找准症结“点”。通过总结执行法律法规过程中的阻碍、空白、争议等“顽疾”，从群众反映强烈的问题、意见集中的问题、矛盾突出的问题入手，把握住制约发展的关键环节，深挖根源、找准症结、对症下药。要化繁为简，把握主要矛盾，有重点地解决问题。新时代立法任务日益繁重，越是复杂的立法要求，越要运用简易思维寻找简便易行、彰显实效的工作方法。立法项目，特别是地方立法涵盖范围不能过大，不能眉毛胡子一把抓，而要稳扎稳打，循序渐进，抓住立法的重点领域，并以重点领域的重点问题为导向，锚定问题中的重点难点，设计精准有效的法律法规，达到点对点靶向治疗的目标。

（六）合理运用“小快灵”立法技术

提高地方性法规的针对性，要合理运用“小快灵”立法技术，有效运用简易立法模式。一是要有效筛选符合“小快灵”方式的立法项目。地方立法并非全都要采用“小快灵”方式，要根据立法项目情况、立法议题特点等各方面因素，综合研判决定。二是梳理出立法要解决的重点问题。问题的针对性、实施的操作性是“小快灵”地方立法的灵魂所在。能否解决实际问题是“小快灵”立法成功与否的重要标志。三是认真研究立法技术，选择合适的法规体例、名称。同样是“小快灵”地方立法，法规名称、体例及结构等立法技术内容也并不完全一致。例如，实施办法、条例、若干规定等地方性法规名称种属表述各有不同的内涵，适用不同的情形。重视立法技术的运用，同样是提高“小快灵”地方立法质量的必要环节。四是“小快灵”的立法调研是搞好立法的关键所在，也是决定立法工作成败的核心要素。不论是筛选项目、梳理问题、研究立法技术，前提条件是充分、扎实的立法调研。只有把立法调研做好，“小快灵”立法的相关工作才能有方向、有步骤渐次推进展开。

二、地方性法规“适用性”的标准

法律的生命力在于实施，只有通过法律的有效实施，法条才能起到定分止争的“规矩”作用，卓有成效地规范社会生活的各个领域。法律的实施性在地方性法规体系运行中的体现，即地方性法规的“适用性”。具体而言，法律实施包括法律执行、法律适用和法律遵守，分别对应执法、司法和守法。与此相适应，地方性法规的适用性，也可以分为执法适用性、司法适用性和守法适用性。

（一）地方性法规的执法适用性

地方性法规的执法适用性，是指地方性法规能够为执法主体提供明确的指引，为执法实践提供明确的依据，有效控制执法的自由裁量权，能够有效提高执法的质量和水平，确保严格执法能够落到实处。这要求地方性法规符合如下条件：

一是地方立法时要对执法主体作出明确规定，从而有效解决执法实践中谁来执法不清楚的问题。当前的执法实践中，存在执法主体相互推诿或相互争夺执法权的问题，这一问题虽然出现在执法环节，但根源却在立法环节。根本在于地方立法中关于执法主体的规定不明确、不清晰。地方立法要依托实践来进行，要对实践中存在的多头执法问题进行拨乱反正，要从源头上解决执法主体和执法权限不清晰的问题。不能让部门保护主义绑架地方性法规的制定。

二是地方立法时要明确规定执法程序，从而有效解决执法实践中存在的怎么执法不清楚的难题。要实现严格、规范、文明执法的要求，关键在于执法程序。实践中出现的野蛮执法、钓鱼执法、选择性执法等问题，主要原因在于执法程序不健全。从源头上解决问题，要在立法环节发力，在制定地方性法规时就要考虑执法程序问题，将严格、规范、文明执法的要求融入地方性法规之中。要对执法的自由裁量权进行有效的规范，通过在地方性法规中规定行使自由裁量权的范围和方式，来提高执法的效果，从而实现立法与执法两个环节之间的有效互动。

三是地方立法时要增加地方性法规内容的确定性，让执法主体和执法相对人能够基于地方性法规实现执法处理结果的可预测性。执法过程中出现的诸多问题，根源就在于地方性法规的内容具有模糊性。法律规定的模糊性容易扩大执法自由裁量权行使范围，从而为滥用执法权打开方便之门。滥用执法自由裁量权，根源主要在于作为执法依据的法律规定内容的不确定性。对于那些执法依据清晰明确的情形，执法权的行使往往具有规范性，对执法过程的监督也能够有效落到实处，执法实践中的争议就会大大减少，严格、规范、文明执法的目标也就能够有效实现。

（二）地方性法规的司法适用性

地方性法规的司法适用性，是指地方性法规可以成为地方法院裁判的依据，地方法院审理案件时愿意、能够援引地方性法规作为定案的依据，避免出现司法实践中规避地方性法规的情况，或地方性法规无法成为定案根据的问题。提高地方性法规的司法适用性，要求地方性法规符合如下要求：

一是能用，即地方性法规应具有合法性，地方法院在援引地方性法规作为定案依据时，不存在违背上位法的规定、原则和精神的风险。这就要求地方立法时严格遵守“不抵触”的地方立法原则，严格在地方立法的权限、范围内行使地方立法权，不抵触宪法、法律、行政法规等上位法的规定、原则和精神。同时，地方立法也要与中央的政策保持一致。

二是好用，即地方性法规应具有合理性，地方法院在援引地方性法规作为定案依据时，所得出的判决结论具有合理性，当事人才能够接受，判决结果才能够获得人民群众的普遍支持。不能因为援引地方性法规作为定案依据而导致判决结果明显不合理，甚至荒诞不羁。这要求地方立法过程中，要立足于当地的实际，秉持实事求是的原则，坚持以人民为中心，不能过度超前立法或冲动立法。

三是管用，即地方性法规应具有回应性，地方法院在援引地方性法规作为判决依据时，能够有效解决案件所涉及的关键、核心问题，能够有效维护当事人的合法权益，并且对后续类似的判决具有示范性。地方法院援引地方性法规所作出的判决，能够符合当地经济、社会的发展趋势和要求，符合国家的重大战略、省委省政府的重要决策的精神和方向，能够实现法院判决的法律效果和社会效果的统一。

四是爱用，即地方性法规应具有审美性，地方法院在援引地方性法规作为判决依据时,地方性法规自身在规范性、逻辑性、可操作性上符合法官对裁判依据的期待。在司法裁判过程中,法官对作为裁判依据的规范具有选择性。在同等条件下,法官所援引的规范本身具有逻辑清晰、语言规范、主旨明确等高质量立法的条件和要求时,法官内心会倾向于选择立法技术相对较高的规范作为裁判依据。因此,要想让法官在裁判案件时爱用地方性法规作为依据,就要确保地方立法在高水平的条件下进行,确保地方性法规符合立法技术规范。

(三)地方性法规的守法适用性

增强地方性法规的守法适用性,要求地方性法规符合法律自身的属性和要求,地方立法遵循法治的基本原则。这要求地方性法规符合如下属性和要求:

第一,地方性法规应符合法律一般性原则。在地方立法过程中,地方性法规的条款内容要具有抽象性,不能针对特定的人或事,而是对一般人都适用,强调遵循法律面前人人平等。

第二,地方立法信息应及时公布。地方立法要秉持公开性,遵循公开透明的原则。地方的立法信息要具有可读性;地方立法相关信息要具有可及性,要降低人民群众获取立法信息的成本或门槛;向广大人民群众公布的相关立法信息,要进行简单化、艺术化的处理,增强地方立法信息的吸引力。

第三,地方立法应遵循法不溯及既往的原则。地方立法要严格遵循法的溯及力的原则,坚持法不溯及既往的底线。地方性法规的规范性只能适用于未来,而非过去。当然,有原则就有例外,当制定新法涉及溯及既往时,应进行充分的论证和说理。

第四,地方立法应遵循法律的明确性原则。地方性法规条文的内容要具有确定性,尽量减少似是而非、模棱两可的表述,让广大民众能够轻易得读懂法规。特别是地方性法规在设定行为模式时,在进行权利、义务、责任的规定时,尤其要注意条文内容的确定性。

第五,地方立法应遵循法律的一致性原则。地方立法时要避免法律中的矛盾,同一部地方性法规中不能出现矛盾性的要求,否则会让守法者无所适从,也会降低地方性法规自身的权威性。同位法之间也要保持协调性,不能出现冲突性的规定或自相矛盾式的规范性要求。要有效处理好特别法与一般法之间的关系。

第六,地方立法要遵循可行性原则。地方立法不要超越实际情况,不能强守法者所难,脱离实际,要求其做不可能做到的事情。这样不但会降低地方性法规的守法适用性,也会降低地方性法规自身的权威性。

第七,地方性法规要保持必要的稳定性。地方性法规不能频繁地修改,更不能草率地修改,稳定性对保持地方性法规的有效性十分重要。朝令夕改是地方立法的大忌,因此要选择适宜的立法时机,在上位法即将修改或可能修改时,尽量不要启动下位法的制定或修改,以保持地方性法规自身的稳定性。

第八,地方立法时要确保官方行动和法律的一致性。这要求地方立法时,对政府及其部门的权力或责任的规定,要与广大人民群众的权利保障和实现相适应。有权力就有责任,有权力就要设定相应的义务。要有效避免部门保护主义,更要警惕政府及其部门拥有法律之外的特权倾向。

三、地方性法规"可操作性"的标准

(一)秉持精细化的立法理念

这是地方立法可操作性在方向性上的要求。地方立法要树立科学的立法观和"精品"意识,坚持以人民为中心的立法理念,把质量要求落实到法规制定的立项、起草、论证、修改、审议和立法后评估等各个环节。地方性法规的条款贵不在多,关键要精致、实用。立法工作中要防止法繁扰民,避免立法对社会生活的过度干预。应根据客观实际,需要什么法规就制定什么法规,需要几条就制定几条,不追求体例的完整性,不搞大而全、小而全。地方立法应秉持宜细不宜粗的原则,要向具有单一性、具体性特征的“决定”“规定”方向发力，在制定“条例”时则尽可能地对所规范的事项进行细化、量化。

（二）增强立法内容的确定性

地方性法规条文内容的表述要准确、规范、严谨、简练、通俗，抽象、笼统、原则性的内容尽可能不写。要改变立法过程中宜粗不宜细的习惯，规范的构成要素要完备、明确，对不同类型规范的表述要符合相关技术规范的要求。法规中概念的界定要准确到位，语言表述要规范、简明，逻辑结构要清晰、严密，以保证法规条文具有可读性。法规的适用范围要界定清楚，不能模糊或者产生歧义。执法主体的职责分工要明晰，不能产生交叉或者重叠。问题清楚、条件成熟、操作易行的规定应当尽量细化。涉及行政许可、行政审批的规定，其申请条件要具体、公开、便民、利民。涉及时限要求的规定则要明确具体的时间。为解决特定问题采取的措施，其内容要求应当简明、易执行、能落实。对上位法的原则性规定、授权性规定和主要制度要进行量化，提倡性、号召性、宣示性的条款尽量不写，有关行政处罚的表述则要做到规范、细化。

（三）注重地方立法的实效性

这要求地方立法要做到：一是立得住，即经得住推敲、批判、检验；二是行得通，即能够得到实施；三是真管用，即能够产生实效。要通过具体、细化上位法的规定，保证制定出台的地方性法规能够立得住、行得通、真管用。要严格遵守下位法服从上位法的原则，在立法法规定的权限范围内行使立法权，每条规范都要做到于法有据。上位法对政府及其相关部门公权力没有明文规定的，地方性法规不得增设和创制；上位法对行政相对人权利没有明文禁止或限制的，地方性法规不得禁止和随意限制；上位法对政府及其部门的责任已有明文规定的，地方性法规不得减轻和随意削弱；上位法对行政相对人的义务有明确界定的，地方性法规不得加重和随意扩大。要科学开展立项论证，对立法实践依据是否充分，是否全面吸收借鉴全国人大、国外有关的立法实践经验等进行论证。有选择地学习借鉴异地立法的经验做法，甄别不同地方在同类领域立法中的优势和短板，在与本地区法治建设的实际进行比较的基础上，寻找当地立法的最佳着力点和切入点。及时开展立法效果的预期评估及风险评估，对拟设定的制度措施是否符合人们的价值观、心理、情感，立法是否合乎社情民意、是否充分尊重人民的意愿，法规背后是否涉及体制性矛盾，立法涉及的重大问题各方意见是否达成一致，所设定的处理程序是否完备等进行预评估。

（四）提高立法配套的有效性

地方性法规的配套，要符合如下要求：一是及时，其时效性一般不超过两年。二是协调，要符合体系性的要求，完美契合上位法，要保证与上位法不矛盾或不冲突。三是细化，即所配套的规范要与地方性法规具有互补性，避免简单重复。四是具体，所配套的法规要具有指导性，对实践能够发挥具体的指导作用，避免过度抽象化。原则上，法规配套文件要与法规同步实施，对涉及面广、情况复杂、需要在实践中积累经验的配套规定，可以在法规实施一段时间后推出，但不能滞后太多。在工作部署安排上，凡是地方性法规中有进行配套的规定或要求的，则应当优先立项、优先起草、优先审批，以确保配套规定与法规能够同步实施。应当明确制定配套规定的牵头部门，必要的时候可以要求政府法制部门牵头制定，要注重发挥政府法制部门在配套文件制定中的协调和督查作用。

第三章　地方立法权行使的技术规范

第一节　依法立法的技术规范

一、依法立法的概念

《立法法》第 5 条规定:“立法应当符合宪法的规定、原则和精神,依照法定的权限和程序,从国家整体利益出发,维护社会主义法制的统一、尊严、权威。”这是对依法立法原则最直接的表述。因此,所谓依法立法,是指地方立法活动应当在宪法、法律、行政法规等上位法的指引下,依照《立法法》所规定的法定职权和范围,遵守地方立法条例所设定的立法程序,保障地方性法规整体内容的协调性。依法立法的核心要义在于,立法应当依照法定的权限和程序,从国家整体利益出发,维护社会主义法制的统一和尊严。依法立法原则是形式法治原则在立法领域的具体体现,是用形式法治这样一种程序化和制度化的安排去实现立法活动的目标。

(一)依法立法中“依”的含义解析

首先,依法立法中的“依”是指“依据”。在地方立法过程中,适用其他法律或者本法的其他条款时,用“依据”一词。例如,《山西省人民政府关于起草地方性法规草案和制定规章的规定》第 10 条第 1 款规定:“起草法规、规章草案应注意下列事项：一、以宪法、法律、行政法规和地方性法规为依据，不得与之相抵触；……”这里的“依据”，更偏向于强调凭据，“依据”所接内容系某种法律，并可以直接在法律中寻找到适用的条款。

其次，依法立法中的“依”是指“根据”。地方立法时，引用宪法、法律作为立法基准时，用“根据”一词。例如，《河北省地方立法条例》第1条规定：“为了规范本省地方立法活动，健全立法制度，提高立法质量，发挥立法的引领和推动作用，根据《中华人民共和国宪法》《中华人民共和国地方各级人民代表大会和地方各级人民政府组织法》《中华人民共和国立法法》的有关规定，结合本省实际，制定本条例。”在立法过程中，“根据”一词侧重于强调结论或言行的根本来源，尤其是在有上位法的情况下，主要强调基于上位法的规定进行细化。

再次，依法立法中的“依”是指“按照”。地方立法时，“按照”一词一般用于对约定、章程、规定、份额、比例等的表述。例如，《河北省规范性文件管理办法》第29条规定：“制定机关应当按照下列规定对清理的规范性文件作出处理决定：……”立法过程中，使用“按照”一词时，往往后面要接上所依凭的具体内容。

最后，依法立法中的“依”是指“参照”。地方立法时，“参照”一词一般用于没有直接纳入法律调整范围，但是又属于该范围逻辑内涵自然延伸的事项。例如，《北京城市更新条例》第26条第3款规定：“项目实施涉及法律法规规定的公共安全的，区城市更新主管部门可以参照重大行政决策的有关规定作出更新决定。”立法过程中，使用“参照”一词主要是强调没有直接的规范作为依据，要参考其他类似的规范。

（二）依“法”立法中“法”的含义

首先，依“法”立法所依之“法”，主要是指宪法和上位法。根据法的效力位阶和不同法律之间的相对关系，法可以分为上位法、同位法和下位法。法律之间的相对关系具有一定的相对性。例如，国务院制定的行政法规，相对于全国人大制定的法律来说是下位法，相对于地方国家机关制定的地方性法规就是上位法。在地方立法过程中,依法立法要求地方立法机关的立法活动要符合宪法和上位法的要求,立法行为要具有合宪性、合法性,立法主体要遵守法定的立法权限,不得越权立法。立法的内容不得与上位法,尤其是宪法相抵触,不得违法立法。

其次,依"法"立法所依之"法"既包括实体法,也包括程序法。根据法律所规定的内容不同,法可以区分为实体法和程序法。实体法是以规定和确认权利和义务以及职权和责任为主要内容的法律。程序法是以规定保证权利和职权得以实现或行使、义务和责任得以履行的有关程序为主要内容的法律。在地方立法中,依法立法所依之法既要包括实体法,也要包括程序法。由于受到"重实体、轻程序"文化的影响,立法过程中人们容易忽视或不重视程序法。在法治建设过程中,突出或强调程序法的重要意义至关重要。特别是在地方立法时,符合法定的立法程序,严格遵守程序法的相关规定,往往是立法活动成败的关键。严格遵守程序法是提高地方立法质量的关键所在。这里的程序法主要是地方人大制定的地方立法条例等专门规定地方立法权限和程序的规范。

(三)依法立法中"立"的含义

其一,依法立法中的"立"首先是指创制。创制包括制定或认可。制定是指有立法权的国家机关或经授权的国家机关,在法律规定的职权范围内,依照法定程序制定新法的一项专门性活动;认可法律是指有立法权的国家机关,在法律规定的职权范围内,依照法定程序对习惯(法)进行认可,赋予习惯(法)以法律地位的一项专门性活动。简言之,制定是法从无到有的过程,认可是法从有到被承认的过程。在地方立法过程中,法规创制既包括制定新法,也包括认可既有的规范。

其二,依法立法中的"立"是指修改。所谓法规修改,是指有权的国家机关通过改变现行规范性法律文件的某些内容或形式,使其适应新的需要或呈现新的面貌的立法活动。依照全国人大常委会法工委的权威观点,法律修订、法律修正和法律修正案是我国法律修改的三种方式。

地方立法过程中,主要涉及法规的修订和修正。

其三,依法立法中的“立”是指废止。所谓法规废止,是指享有立法权的国家机关依法定程序和方式宣布终止某种现行法效力的活动,是国家法律创制活动的一种形式。国家机关废止法律的方式有以下几种:一是颁布专门文件宣布终止某项法律或某些条款的效力。二是制定新的法律文件代替相同内容的原有法律文件,使原有法律文件自然失效,或者在新法律文件中载明终止旧法律文件的效力。三是在法律文件中载明该文件有效的条件,当这些条件消失时,该法律文件的效力自然终止。地方立法过程中,在进行法规清理时,经常采用颁布专门文件的方式宣布废止某些法规。

其四,依法立法中的“立”是指解释。所谓法规解释,是指对法规条文的含义所作的说明。依据解释是否具有法律效力,法规解释可以分为正式解释和非正式解释;依据解释所具有的法律效力范围,法规解释可以分为规范性解释和个别性解释;依据解释的方法,法规解释可以分为文法解释、逻辑解释、系统解释、历史解释;依据解释的尺度,法规解释可以分为字面解释、限制解释、扩充解释。法规解释对于实现法律对社会关系的调整起着极为重要的作用,尤其是在法律适用过程中,对规范进行必要的解释是一个必不可少的环节。地方立法过程中,法规解释运用的频次比较少,还有较大的运用和发展空间。法规解释在地方立法过程中的运用仍有待强化和提升。

其五,依法立法中的“立”是指编纂。编纂是指对地方性法规进行系统化、体系化的活动。这也是行使立法权的一种形式。所谓法规编纂,是指地方立法机关将属于某一法律部门、领域、范围的所有现行规范性法律文件进行加工整理,创制新的规范,修改不合适的规范,废止过时的规范,从而将地方性法规编制成内容和谐一致、体例完整合理的系统化的新的规范性法律文件或法典。编纂法典不是各部分简单相加,而是让地方性法规体系形成有机、统一的整体。当前,地方性法规的法典化工作尚未开展,地方立法活动仍主要处于制定单行法的状态。但随着地方立法的不断深入和扩大，地方性法规数量不断增加，并导致地方性法规体系日益庞大，地方性法规体系内的体系性矛盾日益凸显，此时对地方性法规体系进行必要的法典化是必然的选择。相对于国家立法的法典化，地方性法规的法典化难度更大一些。

（四）依法立"法"中"法"的含义

一般而言，依法立法中"法"的含义主要是指地方立法的"法规层级"或"法规体例"。具体而言，地方性法规可以概括为条例、实施办法、规定、规则四个基本类型。

第一，依法立"法"中的法是指条例。地方立法中，条例是依据当地实际情况对某一方面的具体事项作出比较全面、系统性规定的地方性法规。在当前的地方立法实践中，条例的数量最多，所占比例最大，也最受重视。因此也引发了地方立法中所谓的"大而全"问题和重复立法问题。

第二，依法立"法"中的法是指实施办法。地方立法中，实施办法是指地方立法机关依据某一法律规定制定的具体实施性的地方性法规。为了在本区域范围内全面贯彻实施国家有关法律法规，地方立法机关可以结合本行政区域范围内的实际情况，对该法律规定较为笼统、原则的内容作出便于操作执行的、具体的、详细的规定。地方立法过程中，制定实施办法由于受到上位法所确定的框架所限，地方立法机关遵循既定的框架、路线、要求进行细化、具体化即可，不容易逾越立法权限，因此实践中容易被忽视。但实际上制定实施办法是地方立法的最主要工作，是地方立法机关最重要的职责。近年来为何"条例"独领风骚，也主要是获得地方立法权后急于补足短板所致，而并非条例的重要性在地方立法过程中要高于实施办法。

第三，依法立"法"中的法是指规定。地方立法中，规定是指结合本区域范围内的实际情况，对某一方面的具体事项抑或某一方面的内容作出局部、专项规定的地方性法规。在地方立法实践中，灵活运用规定的地方立法形式，符合“小快灵”地方立法模式的要求。地方立法机关要重视“规定”的优势，将“规定”与“条例”有机结合起来，从而有效解决地方立法实践中存在的“大而全”和“小快灵”两种立法要求的协调配合难题。

第四，依法立“法”中的法是指规则。地方立法中，规则是指适用于规范地方人大及其常委会的程序性活动的地方性法规。在地方立法越来越重视程序的情况下，近年来各地人大纷纷出台有关立法程序的地方性法规。地方立法实践中注重“规则”稳预期、固根本、利长远的作用，对于提高地方立法的质量，有效规范地方立法活动具有重大的意义。

二、依法立法应当遵循的原则

（一）坚持党领导立法的原则

《中共中央关于全面推进依法治国若干重大问题的决定》（以下简称“党的十八届四中全会《决定》”）明确提出：“加强党对立法工作的领导，完善党对立法工作中重大问题决策的程序……”地方立法过程中，要把坚持党的领导作为最首要的政治原则、最重要的政治规矩，将党的领导贯穿立法工作的全过程、各方面，要确保立法工作在政治立场、政治方向、政治原则、政治道路上同党中央保持高度一致，在立法中有效实现党的领导、人民当家作主、依法治国的有机统一。

首先，党领导立法和人大主导立法应相辅相成、和谐并进。党对立法的领导要依靠人大主导立法体制机制的充分、有效运行方能实现，坚持党的领导时应当尊重、支持人大积极主动履行职能。党领导立法不能代替国家权力机关或绕过权力机关进行立法。在地方立法实践中，要让党性在每一部地方性法规中绽放。

其次，要加强党对地方性法规制定工作的领导，把党的路线方针政策和决策部署贯穿立法工作的全过程，把“党言党语”变为“法言法语”。立法工作要时刻同党的基本理论、基本路线、基本方略对标对表，同党中央决策部署和习近平总书记指示要求对标对表，严格落实重大事项请示报告制度。

再次，要提高政治站位，进一步增强对党领导立法工作重要性的认识。坚持用习近平新时代中国特色社会主义思想，特别是习近平法治思想统领立法工作。习近平法治思想中关于立法工作的一系列重要论述和指示，立意高远、思想深刻、内涵丰富，具有鲜明的时代特征和实践特色，为加强和改进立法工作指明了前进方向、确立了基本遵循。我们要把习近平法治思想作为科学理论指导，将其贯穿于立法工作全过程各方面，用以指导立法实践，推进立法工作。

最后，要认真贯彻党的二十大精神，全面准确落实党的二十大所作出的重大战略部署和安排。党的二十大报告提出要“加强重点领域、新兴领域、涉外领域立法，统筹推进国内法治和涉外法治，以良法促进发展、保障善治。推进科学立法、民主立法、依法立法，统筹立改废释纂，增强立法系统性、整体性、协同性、时效性”。此外，党的二十大对社会主义经济建设、政治建设、文化建设、社会建设、生态文明建设等方面工作作出的重大部署，有一些目标任务也都需要立法工作来落实和推进。党的二十大报告为我们开列了一份详尽的“任务清单”，地方人大要紧紧围绕党和国家的中心工作谋划和推进立法工作，确保党中央提出的目标任务、作出的重大战略部署能够得到贯彻落实。

（二）坚持依宪立法原则

所谓依宪立法，就是依据宪法来制定地方性法规。宪法是一个国家的根本法，居于一个主权国家法律体系的顶端，不论是宪法的法律效力，还是宪法的原则和规范，都是一个国家法律体系中宪法之下的其他法律法规赖以产生、存在和发挥作用的制度前提和法理依据。地方性法规的确立要正确处理与宪法的关系，坚持依宪立法，立法的内容、过程不与宪法的相关规定发生冲突。地方立法实践中坚持依宪立法原则要求：其一，遵循与宪法“不相抵触”原则。其二，地方立法不得违背宪法的基本原则。其三，地方立法必须符合宪法精神。在地方立法工作中，关于地方性法规的制定依据，一般不写“根据宪法，制定本条例”的字样。这主要是因为地方性法规的直接上位法往往是法律、行政法规等。只要根据直接的上位法制定地方性法规，就是维护国家法制的统一，地方立法权的行使就具有合法性。但需要注意的是，地方立法虽然不是直接根据宪法行使立法权，但地方性法规的内容不能违反宪法所确立的精神、原则和具体要求。

（三）依法定权限和程序立法原则

地方立法权是指省、自治区、直辖市、所有设区的市的人大及其常委会，根据本行政区域的具体情况和实际需要，在不与宪法、法律、行政法规相抵触的前提下可以制定地方性法规的权力。地方立法权要在法定的权限范围内行使，不能越权立法，这是地方立法权的应有之义，是地方立法权存在的基础。地方立法一旦逾越了法定权限和法定程序，就动摇了地方立法权的根本，地方立法本身自然失去合法性根基。因此，地方立法实践遵循依法定权限和程序立法原则，具有逻辑自洽性和不证自明性，更是地方立法不能逾越的底线，触动这一底线就地动山摇。我国《立法法》对地方立法权的范围有明确的规定，地方立法机关要在立法法所确定的地方立法权限范围内进行立法。同时，地方立法权还要按照法定程序来行使，不能违反立法程序。当前，各地方对立法程序都有明确的规定，纷纷制定有地方立法条例。

（四）维护社会主义法制的统一、尊严、权威原则

维护社会主义法制的统一、尊严、权威，是我国宪法确立的一项重要原则。我国立法主体具有多元性，除了全国人大及其常委会外，国务院有权制定行政法规，地方人大有权制定地方性法规。国务院部委和地方人民政府，则有权制定规章等。不同级别的立法主体在行使立法权进行立法活动时，其所创制的每一条规范都并非孤立的存在，而是要融入我国的社会主义法律体系之中。因此，立法活动并非单纯的创制规范的工

作,还是一项体系性的活动。立法主体每创制一条新的规范,并将之放入中国特色社会主义法律体系之中,都会对整个法律体系产生扰动,并产生连锁反应。在地方立法过程中,要具有系统的眼光和体系思维,要确保所制定的地方性法规能够有效融入我国当前的法律体系,避免对法律体系造成负面的干扰。而严格遵守维护社会主义法制、尊严、权威的原则,就是达致这一目标的有效方法。因此,在地方立法实践中,应当把加强宪法和法律实施,维护社会主义法制的统一、尊严、权威,摆在更为突出的位置。

(五)坚持维护国家整体利益原则

我国是社会主义国家,维护国家利益是我国开展各项工作均必须遵循的原则。国家利益与社会利益、集体利益、个人利益在根本上是一致的。国家利益与集体利益和个人利益之间的冲突,也主要体现为长远利益和眼前利益、局部利益和整体利益的矛盾。一般而言,国家代表的是整体利益和长远利益,其关注的不是眼前的利益,也不是单个人的利益。因此,在地方立法过程中,维护国家整体利益,就是维护集体利益和个人利益。牺牲了国家整体利益,集体利益和个人利益也很难保全。因此,地方立法实践中,立法机关要从国家的整体利益出发,坚持全国一盘棋,坚决维护中央的决策部署,全面准确落实党的路线方针政策,围绕国家重大战略和中央中心工作开展地方立法,充分考虑和维护人民的根本利益和长远利益,坚决与片面地强调本部门、本地方狭隘利益的部门保护主义和地方保护主义作斗争。

(六)防止地方保护主义和部门利益倾向原则

防止地方保护主义和部门利益倾向是贯彻维护国家整体利益原则的必然要求,也是地方立法实践中应当充分重视和警惕的苗头。地方立法活动受制于视野的局限,立法工作的开展往往以地方或部门作为切入点,整个地方立法活动是在特定地方或部门的环境下进行的,地方性法规的制定实施往往与特定地方或特定部门的利益直接相关。因此，地方保护主义和部门保护主义容易在地方立法实践中滋生。在地方立法实践中，与地方保护主义和部门保护主义做坚决的斗争则是地方立法的永恒主题。地方立法中地方保护部门和部门利益倾向主要表现为：一是借地方特色之名，行地方保护之实。二是通过不当强化、扩张地方政府及部门权力，谋求本地区和本部门的利益。三是为部门利益争取权力、减少责任，限制行政相对人的权利、增加行政相对人的义务和责任。四是不当增设机构、增加经费。地方保护主义和部门利益倾向不仅破坏社会主义法制的统一、妨碍市场经济的发展，还损害公民、法人及其他组织的合法权益。防止地方立法中地方保护和部门利益倾向的关键就在于完善立法程序，进一步完善法规案的提出和起草机制、审议机制、表决机制，进一步完善引导公民有序参与立法的工作机制，进一步完善立法后评估机制。

三、贯彻依法立法原则的具体规则

（一）坚持中国共产党的领导

在地方立法实践中，贯彻落实党领导立法的原则，实现党的领导、人民当家作主和依法治国的有机统一，要从如下几个方面着手：一是坚持和落实党的宗旨，体现以人民为中心的理念和原则，坚持全过程人民民主。遵循《立法法》的原则和要求，将党的宗旨融入地方性法规的具体条文之中。二是坚持习近平法治思想的原则和要求，落实习近平法治思想中关于立法的重要论述，用地方立法实践活动践行习近平法治思想。三是贯彻落实党的路线、方针、政策，坚持以党的理论作为指导。四是体现社会主义核心价值观，将社会主义核心价值观融入地方立法中。五是准确把握党领导立法的具体方式，即党对立法工作的领导并非包办替代，而是对地方工作进行政治领导、思想领导和组织领导。

（二）严格遵循依宪立法原则

在地方立法实践中，严格遵循依宪立法原则，需要从如下几个方面着手：一是地方立法应坚持与宪法“不相抵触”。现行《宪法》《立法法》在规定地方性法规的立法正当性时，使用了不与宪法“相抵触”的限制条件。地方人大制定地方性法规并不要求“根据宪法”，宪法文本的规定并不是产生地方性法规的逻辑前提，而只是提出了制定出来的地方性法规不与宪法“相抵触”的要求。从法理上看，不与宪法“相抵触”是制定地方性法规的一个制度条件，具有合宪性要求的特征，“不相抵触”原则可以视为依宪立法原则的一种重要表现形式。但由于与宪法“不相抵触”只是建立在立法主体对自身立法行为合宪性的主观判断基础上，实际中已经生效的地方性法规是否真的不与宪法“相抵触”，仍然必须接受基于合宪性审查工作所进行的立法监督。二是地方立法不得违背宪法的基本原则。《立法法》第 5 条规定：“立法应当符合宪法的规定、原则和精神。”此条款对所有立法活动都提出了“立法应当符合宪法的规定、原则和精神”的要求，地方立法自然也包括在其中。“立法应当符合宪法的规定、原则和精神”集中体现了依宪立法原则的精神，是地方立法工作的出发点和落脚点，也是进行合宪性审查的一项重要法律依据。三是地方立法必须符合宪法精神。2019 年 12 月 16 日第十三届全国人大常委会第四十四次委员长会议通过的《法规、司法解释备案审查工作办法》把“宪法精神”作为实质性的合宪性审查标准。该办法第 36 条规定：“对法规、司法解释进行审查研究，发现法规、司法解释存在违背宪法规定、宪法原则或宪法精神的，应当提出意见。”这要求地方立法机构要准确把握宪法的精神，重视发掘、整理宪法序言中蕴含的宪法精神，并将宪法精神融入地方立法工作实践之中。

（三）严格在法定权限内行使地方立法权

地方立法活动在法定权限范围内进行，严格遵守相关程序性规定，是依法立法原则的应有之义，也是地方立法活动合法性的源泉。这对地方立法实践提出如下几个方面的要求：一是严格遵守制定地方性法规的权限规定，本省行政区域内特别重大事项的地方性法规，应当由省人大制定,而其他地方性法规则由省人大常委会制定。一般而言,下列事项由省人大制定地方性法规:法律规定由省人大规定的事项,属于本省的需要制定地方性法规的特别重大事项,规范省人大自身活动需要制定地方性法规的事项;下列事项由常委会制定地方性法规:法律规定由常委会规定的事项,省人大按照法定程序授权常委会规定的事项,规范常委会自身活动需要制定地方性法规的事项。二是在省人大闭会期间,省人大常委会可以对省人大通过的地方性法规进行部分补充和修改,但所作出的补充和修改不得同该地方性法规的基本原则相抵触。三是设区的市的人大及其常委会根据本市的具体情况和实际需要,在不同宪法、法律、行政法规和省人大及其常委会制定的地方性法规相抵触的前提下,可以对城乡建设与管理、生态文明建设、历史文化保护、基层治理等方面的事项制定地方性法规,报省人大常委会批准后施行。四是政府规章可以就下列事项作出规定:为执行法律、行政法规、地方性法规的规定需要制定政府规章的事项;属于本行政区域的具体行政管理的事项,应当制定地方性法规但条件尚不成熟的;因行政管理迫切需要,可以先制定政府规章的事项;国家授权本省先行改革试点需要制定政府规章的事项。设区的市人民政府制定政府规章,限于城乡建设与管理、生态文明建设、历史文化保护、基层治理等方面的事项。没有法律、法规的依据,政府规章不得设定减损公民、法人和其他组织权利或者增加其义务的规范。

(四)坚决维护社会主义法治的统一、尊严、权威

在地方立法实践中,坚决维护社会主义法治的统一、尊严、权威,严格遵守下位法服从上位法的原则,需要从如下几个方面着手:一是严格坚持“不抵触、有特色、可操作”的地方立法方针,不打擦边球,不钻法律空子。在上位法的原则和框架下立法,并与部门规章乃至政策等保持相对一致,避免出现与上位法不一致的情况,更要严禁“立法放水”。二是把合法性审查置于更高的起点、更严的要求、更高的标准上。经合宪性、合法性审查,认为同宪法、法律、行政法规和本省、自治区的地方性法规

不抵触的,应当尽快予以批准。三是对有关地方性法规进行经常性的清理,发现地方性法规内容与法律、行政法规规定不一致,与现实情况不适应,或者与本省相关地方性法规规定不协调的,应当按照规定的程序及时提出修改、暂停施行或者废止的意见。四是制定地方政府规章应当遵循《立法法》《规章制定程序条例》确定的立法原则,符合宪法、法律、法规和其他上位法的规定,不得与宪法、法律、法规和其他上位法相抵触。五是规范性文件在提交制定机关集体讨论前,应当由制定机关法制机构进行合法性审查。未经合法性审查或者经审查不合法的,不得提交制定机关集体讨论。

(五)有效维护国家的整体利益

在地方立法实践中,维护国家整体利益,坚决与地方保护主义和部门利益倾向作斗争,需要从如下几个方面着手:第一,地方立法应当倡导和弘扬社会主义核心价值观,坚持依法治国和以德治国相结合,铸牢中华民族共同体意识,推动社会主义精神文明建设。第二,地方立法应当适应改革需要,坚持在法治下推进改革和在改革中完善法治相统一,引导、推动、规范、保障相关改革,发挥法治在国家治理体系和治理能力现代化中的重要作用。第三,在起草、制定地方性法规时,要从人民长远、根本的利益出发,打破地方利益和部门利益的藩篱,站在更高的位置上开展地方立法活动,坚决防止和克服只从地方、部门利益出发的部门保护主义和地方保护主义偏向。

四、依法立法的违反情形

(一)立法越权

地方立法应当在法定的权限和范围内进行,我国《立法法》对此有明确的规定。越权立法是对依法立法原则最为彻底的否定。因此,维护依法立法的原则,就要与立法越权现象作最卓绝的斗争。具体而言,立法越权主要表现在如下几个方面:

一是法案名称的僭越。按照《行政法规制定程序条例》第4条第2款、《规章制定程序条例》第7条的规定，国务院各部门和地方人民政府的规章不得称"条例"。这就意味着，国务院部门和地方人民政府没有制定"条例"的权力。他们将这种权限称之为"表现形式"上的权限。如果有关机关制定的法律文件在名称使用上违反了这一规定，就属于形式上的越权。

二是直接改变、违反上位法的规定。2017年7月，中共中央办公厅、国务院办公厅就甘肃祁连山国家级自然保护区生态环境问题发出通报。通报认为，《甘肃祁连山国家级自然保护区管理条例》历经三次修正，部分规定始终与《中华人民共和国自然保护区条例》不一致，将国家规定"禁止在自然保护区内进行砍伐、放牧、狩猎、捕捞、采药、开垦、烧荒、开矿、采石、挖沙"等十类活动，缩减为"禁止进行狩猎、垦荒、烧荒"等三类活动，这是典型的越权立法行为。2013年5月修订的《甘肃省矿产资源勘查开采审批管理办法》，违法允许在国家级自然保护区实验区进行矿产开采，这也是严重的立法违法行为。

三是突破立法法所设置的范围进行立法。《立法法》对地方立法的权限作出了明确规定，即设区的市在城乡建设与管理、环境保护、历史文化保护、地方治理等方面享有立法权，不得任意扩大立法权限。地方性法规不能在行政、民事和刑事这三种法律责任形式之外，另设新的责任形式。地方性法规只能设置警告或罚款类的行政处罚。一旦违反这些要求，就属于立法越权。

（二）立法抄袭

违反依法立法原则的另一表现形式，即立法抄袭。立法抄袭会导致上位法与下位法之间内容雷同、一致，下位法直接照搬上位法的规定。而上位法所作的规定，是在上一级的立法权限内进行的，是行使更高一级立法权的结果。下位法照抄照搬上位法的规定，实际上是其立法权已经越界进入上一级立法权的范围，属于典型的越权立法。立法抄袭破坏了国家立法体制中所设定的立法权限层级的划分,是对上一级立法权的僭越。立法抄袭破坏性表现为不仅造成地方性法规缺少可操作性,更是会降低上位法的权威性。

第一,地方立法抄袭是一种典型的缺少地方立法特色的现象。它具体指地方机关制定地方性法规和地方政府规章时,客观上完全不经过任何改动或者仅作少量的非实质性文字改动,非必要和合理地将其他法律文件中的内容和形式直接搬到地方立法中。立法抄袭现象,主要是地方立法者消极对待立法义务所致,是"懒政"的一种表现形式。

第二,立法抄袭客观上区别于那些必要和合理的立法重复。这里有必要对立法抄袭和必要合理的立法重复进行区分。地方立法实践要与立法抄袭现象作斗争,但并不能因此不加区分地将合理必要的立法重复也囊括其中。地方立法过程中,必要合理的立法重复表现在:一是作为下位法的立法依据而引用上位法的有关条款。二是作为下位法的适用依据或适用条款而引用上位法的有关规定。三是上位法规定必须由下位法援引规定的内容。虽然这种重复从立法规划的角度来看也存在不合理之处,但主观上仍然是在积极地寻求更好的立法,所以也不属于地方立法"抄袭"的范畴。

第三,立法抄袭是地方立法缺乏特色的极端表现。"有特色"是地方立法的基本要求之一,也是地方立法的合法性根基之一。而立法抄袭则导致地方立法因照抄照搬上位法而丧失自身特色。一旦地方立法丧失特色,必然导致其针对性、适用性和可操作性下降,地方立法也因此丧失生命力。具体而言,地方立法实践中的立法抄袭现象,主要表现为两类:一类是直接照抄,即在文字上完全复制其他法律文件的全文或部分章、节、条、款、项,或者仅删改不属于自己立法范围、立法权限的条款,这通常出现在实施性立法对上位法的"转发"上;另一类是杂糅后照搬,即将一个或多个法律文件的条款拆分合并为新条款,有的虽在语言修辞上进行微调,但在内容上完全照搬。抄袭的对象包括上位法、下位法和同级别其他地方的法律、法规、规范性文件。

第二节 科学立法的技术规范

一、科学立法的概念

《立法法》第7条规定:“立法应当从实际出发,适应经济社会发展和全面深化改革的要求,科学合理地规定公民、法人和其他组织的权利与义务、国家机关的权力与责任。法律规范应当明确、具体,具有针对性和可执行性。”这是对科学立法原则最直接的表述。因此,所谓科学立法,是指地方立法过程中必须以符合法规所调整事态的客观规律作为价值判断,并使法规严格地与其规制的事项保持最大限度的和谐,法规的制定过程尽可能符合法规所赖以存在的内外在条件。科学立法的核心在于尊重和体现客观规律。具体而言,科学立法具有如下四点核心要义:

一是在国家治理层面,科学立法要求地方立法要符合法治精神,即体现人民意志、维护人民权益、约束国家权力。地方立法的目的在于为人们的社会活动提供行为准则,实现国家和地方的治理体系和治理能力现代化。因此,科学立法要求在地方立法过程中要从国家和地方治理的角度考虑问题,在地方立法中体现治理的理念、原则和要求,最终实现良法向善治的转变。现代社会的治理,要求体现民主的理念和原则,强调突出多元共治,更加注重鼓励和引导。地方立法贯彻治理的理念和原则,要求在地方立法过程中坚持全过程人民民主,强调广大人民群众的立法参与,注重促进型立法模式的作用和价值等。

二是在法律体系层面,科学立法要求地方立法要维护法律体系的统一性、完善性,确保地方性法规之间协调、和谐。地方立法是一个系统工程,不能孤立地看待单次的立法活动,更不能孤立地看待某一地方性法规。科学立法要求立法者要具备系统观念和体系化的思维,遵从地方立法的体系性客观规律。在地方立法实践中,要善于运用地方性法规体系化的方法,合理运用增量立法、减量立法、存量立法、精量立法等具体的体系化方法,确保地方性法规体系保持内部和谐。法典编纂是体系化方法运用的最高境界,虽然地方立法实践中编纂法典尚无先例,当前对于编订地方性法规法典的条件也尚不具备,但这并不意味着地方立法的未来发展对编纂法典一直保持冷漠。当地方立法的单行法模式发展到一定阶段和程度时,适时启动地方性法规体系化、系统化工作是很有必要的。这要求地方立法机构提前做好地方法典编纂的技术储备和理论储备。

三是在法规内容层面,科学立法要求地方性法规中的每一法规条款内容,都应该符合其所规范对象的内在本质和事物发展的客观规律。经济基础决定上层建筑,地方性法规的规范内容应该与当地的经济、社会、历史、文化等经济基础保持一致,作为上层建筑的地方性法规必然要反映经济基础提出的要求,并受到地方经济社会发展条件的制约。地方立法不能脱离当地的实际情况,要深刻反映当地经济社会发展的要求,主动回应广大人民群众的民生关切,加强重点领域、关键领域的地方立法,适时进行前瞻性立法,主动顺应经济社会的发展趋势。

四是在地方立法实践层面,科学立法要求地方性法规必须明确、有约束力、可执行,要与时俱进,时刻保持与实践发展的同步性。实践发展永无止境,立法工作也永无止境。实践的发展必然对立法工作提出新的要求,地方立法机构要时刻保持清醒的头脑,主观上不能懈怠,不断更新自己的法律知识,提高自身的立法技能,将自我革命的方法应用到地方立法实际工作之中。要善于利用地方立法回应、回答新时代提出的问题和挑战,灵活利用立改废释纂等方式,充分发挥地方立法稳预期、固根本、利长远的法治功能。

二、科学立法应当遵循的原则

科学立法的核心在于尊重和体现客观规律,达到科学立法的目标,实践中需要遵循如下几项原则。

（一）全面性原则

中国的社会现象多样且复杂，各个地区的经济、政治发展状况不尽相同。我国是多民族国家，每个民族的风俗习惯不同、发展水平不一。我国地域宽广，地理位置的不同造成不同地域的人口、文化等各不相同。这样不同的地区、不同的民族、不同的行业、不同的群体对法律的需求也各不相同。因此，在地方立法过程中，地方立法机构必然要面对复杂多样的实践，面对各不相同的问题和难题。因此，在开始地方立法之前，要做好充分的准备工作，要对所要面临的各种问题、作为立法基础的各种外在客观条件、实现立法目标的保障条件等，进行全面的考量。地方立法过程中，要面对多方面的法律诉求，需要平衡各方面的利益诉求。因此，需要地方立法机构全面回应各个阶层的法律诉求，进行开门立法，要让各种意见和建议能够进入法规审议的程序之中。同时，地方立法的全面性原则，还要求地方立法要有效处理过去、现在和将来的关系，有效解决遵从历史传统、回应当前需要、前瞻未来发展三者之间的矛盾，有效处理地方性法规稳定性和发展性、确定性和灵活性之间的关系。

（二）针对性原则

地方立法应尽可能切合地方实际。我国地广人多，各地经济、文化和社会发展极不均衡。宪法和法律之所以赋予地方人大地方性法规制定权，就是为了使地方因地制宜、因时制宜地解决各自的特殊问题。所以，地方性法规要充分反映本地经济状况、地理资源、历史传统、法制环境、人文风貌、民族风俗等方面情况，还要针对党政工作的重点、难点和群众关心的热点问题，注重少而精，不追求“大而全”，探索解决本地表现突出而中央立法、上级立法没有解决或不宜解决的问题。同时，地方性法规应当科学合理地处理中央利益与地方利益、全局利益与局部利益、长远利益与当前利益之间的关系，不能搞“一刀切”，要有重点、分层次地就相关事项作出安排，充分发挥地方治理的积极性和主动性，在不违背宪法和基本法律原则的前提下适应当地政治、经济和文化发展状况。

（三）实践性原则

实践是检验真理的唯一标准。地方立法质量的高低，地方性法规能否符合预期，关键是要经受住实践的检验。地方立法遵循科学立法的原则，这要求地方立法机构要立足于地方立法实践进行立法，不能脱离实践。脱离实践制定出的地方性法规，不能解决实践中存在的问题，从而丧失针对性、适用性和可操作性，地方立法最终会流于形式，造成地方立法资源的浪费。脱离实践的地方立法不但无益，而且还会对经济社会的发展发挥负面作用。一定要深刻认识到制定一部"恶法"所带来的各个方面的副作用。地方立法遵循实践性原则，还要求地方立法不但要"从实践中来"，也要做到"到实践中去"。通过地方性法规的实施，来检验地方性法规的成色。要适时开展地方性法规的立法后评估工作，有效检验地方性法规在实践中的实施效果。

（四）合理性原则

在地方立法过程中践行科学立法原则，要求地方立法遵循合理性原则。合理性原则是对地方性法规内容提出的原则性要求。地方性法规的内容要符合当地的实际情况，适应当地经济社会发展和全面深化改革的要求，科学合理地规定公民、法人和其他组织的权利与义务、国家机关的权力与责任。这样才能使地方性法规真正成为分配社会利益、调整社会关系和处理社会矛盾的平衡器。在地方立法实践中，立法者认识客观规律的目的就是要公平分配各种资源，合理规定公民的权利与义务，科学配置国家机关的权力与责任。合理确定权利与义务、权力与责任的对应关系，就是在地方立法实践中践行科学立法原则。地方立法的价值取向要从注重"立权"转变为更加注重"立责"，遵循权责相称的原则，合理配置权力与责任。要注重对广大人民群众合法权益的保护，以"保障权利”为中心确立地方性法规的规范体系。

（五）效益性原则

在地方立法过程中，应尽可能提高立法效率。效率主要指投入和产出的关系。制度的效率性要求制度的产出必须大于制度设计和运行的成本。地方立法的效率是指整个地方立法活动和法规运行的成本与法规所产生的效益之间的比例关系。法规效率的高低往往反映出法规本身的优劣及其执行状况。通常，以较少的成本投入完成既定的立法效益，意味着立法效率的提高。科学立法要求地方人大在立法工作中，要注重通过立法前的成本效益分析来确保所立的法规具有较高的效率。立法成本与立法效益要能够实现良性互动。过多的成本投入是对立法资源的浪费，立法效益也会因此而大大降低；过少的成本投入则可能制约立法机关对立法必要性和法规内容的分析判断。因此，要在立法收益和立法成本之间谋求平衡，应当争取以最小的成本获取最大的立法效益。

三、贯彻科学立法原则的具体规则

（一）构建科学的法案起草机制

在地方立法过程中，要构建多元化的法案起草机制，确保法案质量。这要求在地方立法过程中，要建立以自行起草为主、专门起草小组起草和委托起草为辅的多元化法案起草体系，不断提高法规草案起草的科学性水平。同时，还要构建发布起草事项、公开征求意见等法规草案起草的配套机制。具体而言，地方性法规法案的起草工作应当主要由地方立法机关承担，而对于涉及面广、起草难度大的法案的起草工作，则可以由立法工作者、相关部门、专家学者等组成的专门起草小组来承担。当然这个小组是临时的，并且在地方立法机关指导下开展工作。对于专业性、技术性强的法案，还可以委托相关行政或行业部门或专家学者及其他社会组织承担，但必须有充分的论证和说明，防止“立法寻租”。总之,既要防止行政、行业或部门对法案的起草进行垄断,也要适度开门立法,在法案起草过程中引入社会力量参与,将社会共治落到实处。同时,要秉持人大主导立法的工作原则,保持人大对立法工作的有效管控,不能过多地依靠专家学者或其他组织。

(二)注重吸收专家智慧

立法是一项技术性很强的专门性工作。做好地方立法工作,不仅要有为民立良法的决心和勇气,还要具备专门的立法技术和能力。“没有金刚钻,别揽瓷器活。”在地方立法过程中,立法者往往要面对在相对陌生领域进行立法的困境。毕竟对于专业的立法者而言,立法是其本职工作,其工作范围会涉及多个领域、多种行业。而立法者自身并不是对每个领域、每个行业都了如指掌。即使是地方人大代表,同样会遇到所立法案涉及陌生领域的问题。在这种情况下,适当吸收相关领域的专家参与起草,或者委托专家、教学科研单位、社会组织起草,是解决前述难题的有效途径。要建立健全高素质专家学者参与地方立法的机制,建立地方立法专家库,进一步建立健全立法专家咨询、顾问制度,发挥各方面专家学者的作用。将立法专家参与立法过程的做法制度化、法治化。在地方立法实践中,吸收专家智慧、征求专家意见的范围是广泛的,可以就地方立法中的技术性问题、理论性问题、实践性问题等,广泛征求相关领域专家学者的意见。要构建立法专家咨询的长效机制,适量为参与地方立法咨询的专家支付酬劳或经费。

(三)多形式征求意见

地方立法需要最大限度地吸纳民意,这是高质量立法的根本保障。可以说,参与地方立法实践的人民群众越广泛,全社会意愿和要求的“最大公约数”就越容易形成,地方立法的质量就越高。具体而言,可以通过座谈、论证、听证、咨询和向社会公开征求意见等多种形式,保证人民群众的利益诉求和意志主张得到充分表达。当前,在地方立法实践中,已广泛采取座谈会、书面征集、调查研究、列席和旁听、公民讨论、专家咨询和论证、媒体讨论、信访等多种形式征求意见。广泛征求意见已经成为地方立法的必要环节，是判断地方立法是否合规、地方立法质量是否合格的重要尺度。广泛征求意见不仅在地方立法的审议环节发挥作用，在地方性法规起草过程中同样可以采用征求意见的方法；而且将征求相关主体意见的做法前移，使得法规草案在起草过程中充分吸收民意，能够为后续的法案审议环节奠定坚实的群众基础。在地方立法中广泛征求意见，不但有助于法案起草者深刻了解和把握各有关方面的利益、愿望及相关要求，而且有助于立法协调工作的实施，保证立法顺利进行，使法案更加成熟、质量更高，还对后续的法规实施具有重要意义。因此，地方性法规草案向社会公开征求意见，是推进立法公开、扩大公众有序参与立法、实现民主立法的重要途径。在法规草案审议修改过程中，吸收合理意见完善法律草案，及时回应社会关切，最大程度凝聚立法共识，是实现科学立法的重要方式。

（四）有效扩大立法参与

地方立法工作要坚持走群众路线，建立健全相关的具体制度，使群众参与立法制度化、法律化，把“运动式”的参与变成制度化、法律化的有序参与。在地方立法实践中，要广泛征求法规所调整范围内的利益集团和相关群众的意见，扩大有不同利益的公权力机关的参与，特别是要扩大各种不同利益群体、不同利益阶层的公众参与地方立法的范围，拓展利益相关方参与地方立法的环节，拓宽地方立法参与渠道。这是全过程人民民主原则在科学立法中的具体体现。在地方立法过程中要坚持开门立法的原则，让整个立法过程在广大民众的参与、监督下进行，让地方性法规成为汇聚广大民众共识的平台或载体。同时，有效扩大地方立法参与，也是根治地方立法中地方保护主义和部门保护主义的有效手段。

(五)科学设定法规内容

科学设定地方性法规条款内容,是科学立法的必然要求。首先,地方性法规的内容应符合法的一般原理,绝对不能有合法性方面的瑕疵。在形式合法性方面,地方性法规需要满足以下几点要求:一是不越权,即法规所调整的事项属于相应的地方立法权限范围,并且法规的具体规定没有超越相应的地方立法权限;二是不抵触,即法规不抵触宪法和上位法的根本精神、基本原则和具体规定;三是合程序,即法规内容的产生过程要严格遵循法定程序。其次,地方性法规的立法宗旨应当科学合理。立法宗旨是一部地方性法规的价值取向、结构安排、条款设置的根本指引。一方面,地方人大应当确立符合地方实际、切实可行、具体明确的立法宗旨,应当尽可能地以明示方式在法规中精准地表达立法宗旨,以便法规得到全面、充分、准确地实施。另一方面,地方性法规中具体条款的设置都应当以准确、充分地反映立法目的为直接追求。再次,坚持从权利本位立场出发配置权利与义务。坚持站在权利本位立场配置权利与义务,要求地方性法规在设定权利和义务时应当坚持:一是义务来源于权利,即义务的合理性来源于权利,不存在无权利的义务。地方性法规没有设定某一权利就不能规定对应的义务。二是义务服务于权利,即义务的设定必须是为了保障权利的实现。三是义务从属于权利,即义务的限度必须与权利的界限相适应。四是一部法规中的权利义务配比大体均衡。五是公权力的行使应以更好地保障私权利为目的。最后,科学地设定法律责任。法律责任是地方性法规的"牙齿",关系到国家强制力是否可能启动、是否可能发挥作用,是地方性法规得以被遵守、被实施的重要保障。在地方性法规中设定法律责任时,要做到如下要求:一是拟设法律责任是否符合地方立法权限,是否不抵触上位法律、行政法规的相关规定。二是拟设法律责任是否与具体行为规范相对应,是否针对具体违法行为,是否与法规的禁止性条款或者义务性条款相对应。三是拟设法律责任是否与违法行为的性质、情节和不良后果相适应。四是同一法规内部以及多部法规之间，针对性质、情节和后果基本相当的违法行为而规定的法律责任，在处罚强度上是否大体相当。五是地方性法规法律责任条款是否表述清晰、明确、严谨，是否便于理解和执行。六是执法主体的规定是否与法治政府建设过程中的简政放权、放管结合、优化服务（简称“放管服”）改革、综合行政执法改革等重要改革的相关决策部署相一致，是否符合特定部门的“三定”方案（定机构、定编制、定职能）。

（六）遵守立法技术规范

地方性法规文本旨在通过成文规范向社会主体传达法律规定。一份规范性法律文件要想让任何人都能够轻松读懂，是很难做到的。大部分规范性法律文件可能影响到的社会主体的范围非常有限。让地方性法规文本的内容能够被该法规预期影响的目标人群准确理解，这是立法者努力的方向。虽然地方性法规的具体形式不可能也不必做到整齐划一，但法规必须遵循一定的立法技术规范，以确保其条文符合特定技术要求的法言法语。法规的名称应当完整、准确、简明，法规的体例结构应当合理，法规各部分之间的逻辑关系应当紧密、清晰，法规的语言应当准确、严谨、简明、统一、无歧义。在地方立法过程中，要尽量排除非法律性的语言表述和过时的语言表述。

四、科学立法的违反情形

（一）部门保护主义

所谓部门保护主义，是指地方立法实践中主要表现为地方立法的部门利益倾向。所谓地方立法中的部门利益倾向，就是不适当地扩大部门的权力，损害公民、法人和其他组织的权利和利益，妨碍国家政令的统一和国家法制的统一。部门利益倾向在地方立法中的表现形式多种多样，最突出的表现有以下三种：

一是重权力轻权利。在社会利益日趋多元化的时代语境下，地方立法已成为平衡、保护各方利益的最后一道屏障，但在公权力和私权利博弈的过程中,“借法扩权”,以立法之名行侵权、垄断和谋取部门利益之实,非法限制或剥夺公民、法人和其他组织的合法权利,增加公民、法人和其他组织的法定义务的现象仍时有发生。最典型的就是增加行政审批、行政收费与行政处罚等管理手段,即只要某项社会活动与本部门的工作职责有一点关联,相关部门就借助立法形式增设本部门对此项活动的审批权、收费权和处罚权。

二是重职权轻职责。在现代民主法治条件下,行政权力源自人民,人民授予行政机关管理权是为了维护人民的根本利益,同时行政机关承载着重大的责任。在实践过程中,很多地方性法规都对行政职能规定得细之又细,一一列明,恐有遗漏,但对行政机关在执法过程中应遵循的程序、条件以及应承担的责任则一笔带过,或干脆避而不谈。

三是重处罚轻引导。在地方立法实践中,普遍存在重视处罚而忽视教育引导的现象,只要法规中设定了“必须”“应当”“不得”等义务性、禁止性规范,就有较高比例的地方立法在法律责任设置罚款条款,甚至对一些本来可以由道德规范来调整的行为也设立了行政处罚。这些行政处罚条款的设置和实施,总体而言对维护正常的行政管理秩序、提高行政管理的效率起到了重要的作用。但是,因一些法规中未规定罚款前置纠错程序,在具体执法过程中就缺少必要的教育引导,导致“以罚代管”现象泛滥,某种程度上罚款已成为违法行为合法化的通行证,这显然有悖于罚款设定的最初目的。

(二)地方保护主义

在地方立法过程中,同样需要防范地方保护主义。相对于部门保护主义而言,地方保护主义在地方立法中的存在形式更为隐蔽,容易被视为理所当然,对地方保护主义的危害认识也存在一定的障碍。这主要是因为,地方立法本身就立足于地方的实际情况,维护本地方的利益被视为是理所应当的。而地方保护主义的危害性主要在于其“损人利己”的特性。由于地方立法将“利己”的做法正当化,而“损人”又在短期内无法波及自身，在“舍远图近”本能驱使下，地方保护主义在地方立法实践中仍拥有一定的市场。

所谓地方保护主义，就是不适当地强调某一地方的特殊利益，损害其他地方的利益和国家的整体利益，妨碍国家法制和政令的统一。在地方立法实践中有效克服地方保护主义，一方面，地方人大及其常委会在地方立法活动中要牢牢把握从国家整体利益出发的原则，旗帜鲜明地反对地方保护主义；另一方面，通过上级人大常委会的监督，及时纠正地方保护主义方面的问题。受制于地方自身的立场和视角，完全依靠自身来消除地方保护主义难度比较大，主要还是靠外部的监督，特别是上级立法机构的监督。在地方性法规备案审查过程中，可以增加对地方保护主义问题的审查力度。同时，地方立法主体也要发扬自我革命的精神，敢于刀刃向内，尽量依凭自身消除地方保护主义。毕竟，从长远的角度看，地方保护主义如果不加限制，必然会波及自身。

地方保护主义是一种零和博弈，其产生利益的前提条件在于地方不存在地方保护主义的做法。如果地方保护主义成为各个地方立法实践中的普遍做法，那么不仅地方保护主义取得的收益将消灭殆尽，而且将导致整体利益受损，并最终波及这些实施地方保护主义地区的地方利益。实施地方保护主义的目的是追求地方利益的最大化，从这个角度看是一种理性的选择。但从整体、长远利益的角度看，地方立法中实施地方保护主义是非理性的。

（三）形式主义

地方立法实践中存在的立法形式主义，同样是践行科学立法原则过程中不能忽视的问题。地方立法的形式主义主要表现为：一是在立法结构和体例上，求大求全、法典崇拜。二是在立法内容上，大量重复上位法，“抄袭”其他地方立法，地方特色萎缩。三是在立法态度上，保守有余、创新不足。地方立法中出现形式主义问题的根源，主要包括地方立法的认知偏差、地方立法权的空间受限、地方行政管理“职责同构”模式的影响、立法政绩观的错位、规避立法风险和立法问责的现实考量、地方立法创新能力不足等几个方面。地方立法形式主义的治理手段包括：转变关于地方立法的错误认知，明确法律保留事项，科学界定"地方性事务""不抵触"等概念的内涵，建立科学的地方立法工作评估机制，加强立法调研，拓展立法公众参与途径，加强地方立法人才队伍建设，充分发挥特殊地方性法规的创新引领作用等。

有效克服地方立法中的形式主义，还要在立法选题制度建设方面下功夫，围绕立法选题编制管理、立法源的扩大、立项项目之间的评估与竞争机制等内容展开。地方立法需要纠正过去盲目跟风立法、追求立法数量和速度的不良习惯，要从体制机制上抛弃形式主义，在"不抵触"和"立法创新"之间寻找平衡点，尤其需要重新回归到"针对性""可操作性""管用性"的本质上。各级地方党委应当加强对地方立法的领导，上级立法机关要加强对地方立法人才队伍的业务培训和素质提升，建立常态化的地方立法评估制度体系，引导地方立法机关拓展公众参与的途径和办法，在提升地方立法质量上施猛劲、下猛药，务求措施落地实施、见真功、见实效。地方立法机关务必从最基础、最基本的做起，树立正确的效益观、政绩观，彻底克服和消除"法典崇拜"情结，把立法的关注点放到立法效益和治理效能上。尽管各地基本上都制定了制度化的立法后评估机制，并且把"是否具有地方特色""是否重复上位法"等相关评估要件列入评估指标体系，但是评估机制毕竟不具有立法审查的权威性。应把"重复立法"，尤其是把大量根本没有必要的"重复立法"等内容纳入备案审查范围，依法明晰相应的法律责任，以确保实现地方性法规审查的严肃性、权威性和高效化。

五、开展地方立法调研的技术规范

地方立法调研是指地方立法机关通过向公众、社会组织、国家机关等了解、搜集与特定地方立法相关的情况、材料，并分析、研究这些情况和材料，探求有关地方立法的必要性、可行性以及如何立法的活动方式。

调查研究是实现立法工作从实际出发,反映广大人民群众意志的重要环节,是促进立法工作科学化民主化、提高立法质量的重要手段,其贯穿立法活动的全过程。而法规起草阶段调研工作的水平高低,则在很大程度上直接影响着立法目的和意愿的实现程度。

(一)地方立法调研的技术标准

第一,立法调研的选题要精准。选题是调查研究的发端和起点,是做好调研工作的基础和前提。要紧扣中心重点进行立法调研,围绕本地经济社会发展大局和重大事项,始终做到与党委重点工作保持步调一致;要紧扣问题难点,抓住群众反映强烈的问题、法律执行薄弱的环节、政府推进有难度的工作开展立法调研;紧扣社会热点进行调研,善于捕捉那些经济社会发展中的苗头性、倾向性问题,及时跟进、及早研判、预提对策。

第二,立法调研的方式选择要管用。立法调研的方式必须与时俱进、因地制宜,真正获得所需要的准确信息。立法调研要真正做到深入基层、深入群众、深入现场,用群众熟悉的语言去沟通、交流,从群众的所需所盼出发去定重点、想问题,才能了解到群众在想什么、盼什么,最需要我们的党委、政府做什么,才能切实担负起为人民代言、维护人民合法权益的重任。立法调研形式选择要灵活多样,要根据不同调研目的,用好法律明确规定的调研方式,如听证会、论证会、座谈会等。

第三,立法调研所获素材要可靠翔实。数据和资料是调研分析的基石。收集数据资料时,只有做到上下结合、内外结合、点面兼顾,才能准确、全面、深透地了解情况;要善于沟通交流,如果不能打消被调查对象的思想顾虑,不能取得他们的信任,就难以得到真实可靠的信息;要善于创新手段,根据调研任务和要求的不同,灵活运用统计调查、抽样调查、专家调查、网络调查乃至于大数据等方法,拓宽数据资料的覆盖面,提升信息统计的精准度。

第四,立法调研时进行的研究分析要全面细致。要有选择地筛选信息。处理调研信息是一个由表及里、由此及彼、去粗取精、去伪存真的整理筛选的过程，透过现象和表面，找出那些更具代表性、本质性的东西；要有意识地抽离研判；要冷静下来站在旁观者的角度理性研判，如调查对象提的意见是否符合实际情况，有没有政策和法律依据支撑，是否具备实现的条件等。不能只听一家之言，甚至被牵着鼻子走，影响了最终的判断。还要进行有限度的技术分析。社会科学毕竟不同于自然科学，分析调研数据往往还需要基于人文传统、主观经验等方面的社会知识进行解释，不能完全基于自然科学的模型或公式进行僵化的分析。

第五，立法调研后的对策建议要精准有效。立法调研的关键就体现在最后的对策建议之上。开展立法调研的目的，就在于为科学决策提供有见地、有价值的参考。因此，其一，所提对策建议要有针对性，切忌“一剂药方打天下”，把一些放之四海而皆准的“万金油”包装出新；其二，所提对策建议要有可操作性，切实可行，能够落地，不能采取简单的“拿来主义”，直接照搬照抄外地的好经验好做法；其三，要注重系统性，把握全局，综合考虑相关联的政策规定是否会有抵触、所涉及的单位部门是否会有业务冲突等种种因素，推动决策更加合理科学。

（二）地方立法调研的方式

地方立法调研的方式主要包括座谈会、论证会、听证会、公开征求意见、旁听、列席、参观交流、问卷调查研究、个别走访等。《规章制定程序条例》第15条第1款规定：“起草规章，应当深入调查研究，总结实践经验，广泛听取有关机关、组织和公民的意见。听取意见可以采取书面征求意见、座谈会、论证会、听证会等多种形式。”在立法调研过程中，选择调研方式时，应当遵循一定的原则要求：一是公众参与、科学求真的原则。二是科学原则。一项立法调研不能采取单一的调研方式，而应当采取多样化的调研方式，充分发挥各种调研方式的比较优势，弥补单一调研方式的不足。调研方式应当根据所进行的调研事项来具体确定，必要时应当建立相应的第三方参与机制。调研方式确定后，应当根据公开原则予以公开,以便于公众参与和调研机关接受社会公众之监督。如果在实施相应的立法调研方式时,发现最初确定的调研方式并不能达到相应的目的,那么调研机关应当提请有关机构改变调研方式。

(三)地方立法调研的适用范围

地方立法调研适用于立法规划、起草、审议各个阶段。地方立法调研适用于立法规划阶段,是解决应当"立什么法"的问题;适用于起草阶段,是解决如何立法,如何科学地在不同主体之间公平、合理地分配权利、义务,是回应社会的需要;适用于审议法案阶段,是判断法案的合法性、合理性的需要。因此,立法调研必须从源头抓起,并贯穿于立法全过程。调研作为一种立法方式,具有广泛适用性。

(四)地方立法调研的主体

立法调研的主体是调研机关和调研相对人。调研机关是指依法定条件、程序组织进行调研活动的国家有关机关。在不同阶段,有不同的调研机关。立法调研是一种民主立法方式,被调研的人即调研相对人,包括除调研机关以外的其他国家机关,专家学者、有关组织;与法案有利害关系的人即公众参加人,公众参加人应当是立法调研的"利益相关者"。立法调研的顺利进行依赖于与调研事项有直接或间接利益关系的人。这就需要在调研时分析利益相关者,凡利益相关者即应当是立法调研的利害关系人,应当成为立法调研的公众参加人。这就要求立法调研活动的信息应当公开,从而为自愿申请参加的利害关系人提供方便。

(五)地方立法调研的程序

一般而言,开展地方立法调研要遵循如下流程:第一,立法调研的决定。调研机关应当根据立法的目的、需要解决的问题来决定展开立法调研。一旦确定了要进行立法调研,实质上也就确定了立法调研的目的和任务。这是立法调研程序的第一步。第二,立法调研的准备。调研的准备是开展和顺利完成立法调研的基础。主要包括参加人的确定、调研方法的确定以及调研方案的制定。第三，立法调研的进行。由于调研方式多种多样，不可能为所有调研方式建立普遍适用的程序，但应当建立一些较为典型的程序。通过这些程序，从根本上保障公众的参与，提高立法效率。第四，立法调研报告的编写与公开。调研报告首先应当体现公众参与性和科学性，主要说明采取某种调研方式的原因、具体方法方式的实施情况、对运用不同调研方法方式产生结果的处理等。

（六）地方立法调研的效力

我国现有立法中关于立法调研的立法效力的表述，一般为"应当调查研究"或"送审的规范性文件草案应当附有调研报告"。而对于如果不调研或没有调研报告，立法是否无效，则语焉不详。立法调研作为公众参与民主立法和科学立法的一种方式，如果不能在立法决策中得到体现，或者说不能影响立法决策，那么立法调研只能是浪费立法资源。关于立法调研如何影响立法决策，有两种模式：一种是程序性效力，即规定凡应当适用立法调研的地方立法，如果没有经过立法调研程序，即不能产生效力。另一种是实体性效力，可以在立法中对于立法调研的结果作出取舍，但应当说明取舍的理由并向公众公开。

（七）地方立法调研的原则

开展地方立法调研应遵循如下原则：一是立法机关主导原则。党的十八届四中全会《决定》明确指出，要健全有立法权的人大主导立法工作的体制机制，发挥人大及其常委会在立法工作中的主导作用。因此，落实前述要求，在地方立法调研时同样要发挥人大的主导作用。二是直接调研与委托调研相结合的原则。基于我国各地方立法任务密集、工作机构人员的限制和调研任务繁重等实际情形，由一家专门机关独自完成调研有时存在困难。因此，有必要将立法调研的任务委托给相关地方（市、县等）人大的工作机构、基层立法联系点。为了保证调研的权威性、全面性和可信度,应当以直接调研为主、委托调研为辅。同时要对委托调研进行必要的监督,保证立法调研的质量。三是点与面相结合的原则。“点”既指典型性、代表性,也指重点和直接调整的对象;“面”是指法规影响所及的群体和社会层面等非直接对象。应适度兼顾对公众的调查,了解其对立法的反应和看法。四是公开原则。立法调研公开,即立法调研的有关信息,包括立法调研机关、调研相对人、调研事项、调研地域、调研时间地点、调研方式以及调研报告等,应当在一定时间内,在媒体上公开发布。

第三节　民主立法的技术规范

一、民主立法的相关概念

《立法法》第6条规定:“立法应当坚持和发展全过程人民民主,尊重和保障人权,保障和促进社会公平正义。立法应当体现人民的意志,发扬社会主义民主,坚持立法公开,保障人民通过多种途径参与立法活动。”这是对民主立法原则最直接的表述。民主立法是现代民主原则在立法程序、形式上的具体体现,也是现代民主政治发展的必然要求。所谓民主立法,是指在立法决策、立法活动中,确立人民当家作主的理念,遵循全过程人民民主的原则,通过立法汇聚广大人民群众的共识,所制定的地方性法规能够回应广大人民群众的利益诉求,能够有效解决人民群众民生领域的急难愁盼问题。贯彻民主立法的原则,要求社会公众能够有效参与和监督立法的全过程,建立充分反映民意、广泛集中民智的立法机制,推进法制建设的科学化、民主化,使地方性法规真正体现和表达公民的意志,真正成为保护人民财产权利和人身权利的良法。

最能体现中国特色社会主义民主的是全过程人民民主。全过程人民民主是中国式民主政治理论的重大创新,是对传统人民民主理论的新发展,极大地丰富了中国式立法民主的内涵和外延。全过程人民民主的基本要求是“全方位”“全链条”“全覆盖”。因此,在地方立法过程中贯彻落实民主立法原则，就是要将全过程人民民主的要求体现在地方立法的具体实践之中。首先，地方立法要体现“全方位”民主立法的要求，将民主的原则贯穿于各个方面，包括制定条例、实施办法、决定、规定等。其次，地方立法要体现“全链条”民主立法的要求，将民主的原则贯彻到涵盖立法规划制定、法规起草、审议、备案审查、立法后评估等各个环节。最后，地方立法要体现“全覆盖”民主立法的要求，扩大人民群众立法参与的范围，凡是地方立法涉及的利益相关方，都应囊括其中。

二、民主立法应遵循的原则

（一）以人民为中心原则

民主立法原则要求，地方立法在实践中要坚持“以人民为中心”的工作理念，坚持地方立法为了人民、依靠人民。这既是我们的立法制度优势，也是中国立法取得历史性成就的根本保证。习近平总书记深刻指出，“人民群众对立法的期盼，已经不是有没有，而是好不好、管不管用、能不能解决问题；不是什么法都能治国，也不是什么法都能治好国”。要制定出人民群众满意、管用、能解决问题的法规，就必须抓住最广泛、最真实、最管用的“全过程人民民主”立法这个关键。唯此才能在立法的全部过程和各个环节听取各方面意见，才能不断创新民主立法的工作形式，发挥中国特色全过程人民民主的立法优势，推动形成关于某些重大立法决策的社会共识，推动新时代中国立法的高质量发展，使我们各项立法整体上代表最广大人民的根本利益，不断满足人民日益增长的美好生活需要。

（二）人大主导立法原则

所谓人大主导立法，就是要求有立法权的各级人大对立法选项与规划、立法过程、立法结果具有真正实质意义上的决定权。有立法权的人大不仅要成为立法程序上不可或缺的立法主体，也要成为对立法实体内容具有最终决定意义的立法主体。人大在立法工作中的主导作用，并不意味着人大对立法的所有环节事无巨细、大包大揽，而是强调将人大主导的理念、思路、工作方法贯穿于立法项目的确定、立法议案的审议、修改和表决等环节。“主导”意味着，主导者在立法中组织、协调、引导、推动参与立法活动的各方，努力实现立法的意图，达到某种立法目的。地方立法实践中，那些综合性、全局性、基础性的重要法规草案，需要人大主导；某些重大改革事项，需要人大主导达成共识，守住底线，避免产生严重裂痕和分歧；部门争利益、争权、诿责、边界不清、难以配合协调的倾向或现象，需要人大主导；提高立法效率、节约立法资源，需要人大主导；防止部门利益和地方保护主义，需要人大主导。人大能不能主导立法、主导立法的质量如何，从根本上说，主要取决于审议和表决的质量，人大主导立法的关键，应放在审议和表决两个环节。

（三）优先保障公民权利原则

贯彻民主立法的原则，要求地方性法规在内容上，能够把公民权利保障放在优先位置加以对待，加快完善权利公平、机会公平、规则公平的法律制度，科学合理地规定公民、法人和其他社会组织的权利义务，积极回应社会各界关注的食品药品安全、疫苗管理、传染病防治、环境污染等立法热点问题，加强对行政权力的规范与控制，防止公权力对私权利的侵害。要注重以立法形式解决人民最关心、最亟须解决的民生问题，注重尊重和保障人权、关注民生，以法治思维和法治方式维护人民的根本利益，不断增强人民群众获得感、幸福感、安全感。在立法对象上，要突出对社会弱势群体、边缘群体的公平对待和特别保护，以立法形式保障这些群体的生命安全、最低生活保障、经济收入等各项基本权益。此外，还要特别注重从体制和机制上解决弱势群体、边缘群体、立法信息不对称群体的意见表达和利益诉求问题。

（四）构建高效民主程序原则

“全过程人民民主”不是一句口号和空话，它通过整体的立法过程安排以及前后贯通、环环相扣的立法程序链条得以体现和保障。“全过程人民民主”的理念应被贯彻在法案起草、审议、通过与公布的各个环节，通过立法决策、立法规划、立法评估、立法回避、立法的公众参与、立法公开、立法审查、立法质量评估等一系列程序制度的建立和完善予以实现。立法程序的重要意义在于，通过完整的程序链条来保证立法的实质民主。在立法规划阶段，通过公开征求多方意见保证立法工作的“任务表”和“路线图”，能够积极回应人民群众关注的重大民生与发展问题、不断满足改革开放和社会治理的需要。在法律起草阶段，通过开展立法调研、立法论证、立法座谈等活动，通过“基层立法联系点”“网上直通车”等多种形式收集民众诉求，建立立法机关与各利益相关方的沟通与对话机制，增强法规内容的可操作性和社会认同感。在法案基本完稿之后，通过向全社会公开征求意见等工作机制，收集和汇总各种立法信息和批评意见，及时回应社会各界提出的困惑和疑问，最大程度凝聚全社会的立法智慧和达成共识。

三、民主立法的具体规则

（一）坚持以人民为中心

民主立法原则的核心要义就是立法工作应坚持以人民为中心。做到以人民为中心，需要从如下几个方面着手：一是列入地方人大常委会会议议程的法规案，法制委员会、有关的专门委员会和常务委员会有关工作机构应当听取各方面的意见。听取意见可以采取座谈会、论证会、听证会等多种形式。二是起草政府规章时，应当广泛听取有关机关、组织、企业、行业协会和公民的意见。听取意见可以采取书面征求意见、座谈会、论证会、听证会等多种形式，除依法需要保密的外，应当将政府规章草案及其说明等向社会公布，广泛征求意见。向社会公布征求意见的期限一般不少于30日。三是在地方立法过程中，政府法制机构认为必要时，可以采取召开座谈会、论证会和书面征求意见等形式征求有关部门、组织、专家和下级人民政府的意见。四是起草规范性文件，应当采取书面形式或者召开座谈会、论证会、听证会等多种形式广泛征求意见。涉及公众重大利益、公众意见有重大分歧、可能影响社会稳定,或者法律、法规、规章规定应当听证的规范性文件,应当进行听证。五是司法行政机关应当就政府规章送审稿涉及的主要问题,深入基层开展实地调查研究,听取基层有关机关、组织、企业、行业协会和公民的意见。六是规范性文件起草部门应当采取召开座谈会、听证会、论证会以及公开征求意见等方式,广泛听取各方面意见和建议。在规范性文件起草过程中,相关方面意见不一致的,起草部门应当进行充分的协商沟通。未协商一致的事项,原则上不在规范性文件中规定,确需规定的,起草部门应当在起草说明中说明各方意见及理由。

(二)确保人大主导立法

一是优化和调整立法工作人员结构,建设相对固定的高素质专门立法工作队伍。要探索扩大法制委员会与其他专门委员会乃至政府有关部门之间的人员交流,探索法制委员会、全国人大常委会法工委一线立法工作人员的业务能力培训制度。探索通过立法助理等制度,协助人大代表提升立法审议工作质量。帮助人大代表化解法律知识相对不足的现实困难,充分发挥人大代表的专业能力。

二是促使政府通过更加细致深入的工作,帮助人大更全面、更深入地把握立法中的重要信息和情况,使人大能够就立法中的重大事项作出更加准确的决定。通过完善立法论证工作机制,促使政府部门把立法项目的立项论证工作做得更扎实;通过细化立法技术规范,促使政府部门提升地方性法规草案的文本质量;通过将立法后评估工作制度化,加强人大在立法修改工作方面的主导作用。

三是在党的领导下发挥主导作用。人大立法工作坚持党的领导,核心要求就是人大在立法工作中坚持正确的政治方向。党对立法工作的领导,主要是抓重点、抓方向。事关政治方向、政治原则的重大问题,要及时向党委报告;遇到重大立法决策事项及时向党委请示;立法规划、立法计划报请地方党委批准；重要法规的制定或者修改及时向党委报告。有些问题虽不涉及重大体制和重大政策调整，但社会高度关注、各方面意见分歧较大、无法协调达成共识、利益博弈难以平衡的，也应由人大常委会党组向党委报告，由党委决策。

四是把握好法规立项环节的主导作用，要形成"短平快"的立法机制。所谓短，就是在立法模式和体例上，不求大而全，而是要做到需要几条就规定几条，有几条立几条，重在管用、重在实施；所谓平，就是立法中要深入研究法规所调整的社会关系，科学严密地设计，能具体就具体，能明确就明确，在解决问题中切实平衡各方面的利益，使出台的法律法规具有较强的实用性和生命力；所谓快，就是增强立法的及时性，针对本地区在改革过程中急需解决的问题，必须反应灵敏，及时启动立法程序，以此来增强人大在立法中的主导作用。

五是把握好法规起草阶段的主导作用。人大要提前介入、参与法规起草。但这里的提前介入不是由人大"独家起草"，只是一些"综合性、全局性、基础性的重要法规草案"可以由人大组织起草。对那些管理困难、责任重大的事项，人大要进行主导，做到管理范围全覆盖、管理责任严落实。

六是把握好法律法规审议环节的主导作用。要针对各种不同意见进行科学取舍，解决好是否与上位法相抵触、是否与其他法律法规相协调问题，从而维护国家法制统一。改变过去只重领导意见与利益关联部门意见的局面，充分考虑利益关联群体的广泛性和利益诉求的真切性，通过调查、听证、座谈等形式，使有利益关联的主体参与到法规草案的论证过程中，保证他们的诉求得到反映。

七是发挥好人大代表的作用。在编制立法规划和年度立法计划、审议法律案、立法调研等立法活动中，都要强调代表参与、代表意见、代表作用的发挥。要重视人大代表的立法议案和相关意见建议，在制定立法规划、立法计划过程中，综合分析代表议案和建议，尽可能地将议案建议予以吸收，反映到立法规划、立法计划中；要将立法规划和计划草案、法规草案通过电子邮件等方式发送给人大代表，书面征集意见；立法的审议、修改、论证、调研等各环节都可邀请熟悉相关业务工作的人大代表参加，听取代表对法规条款的意见建议。

（三）优先保障公民的合法权益

贯彻民主立法原则，坚持以人民为中心，要求在制定地方性法规时，要优先保障广大人民群众的根本利益，将是否有利于人民群众权利的保障作为衡量地方立法工作的根本标准。要在地方立法程序上保障人民群众的利益诉求能够被立法者倾听，人民群众的利益呼声能够达至立法的各个环节。要建立听取人民群众利益诉求的程序保障机制。一般而言，如果地方性法规对本行政区域经济社会发展有重大影响，涉及重大利益调整或者存在重大意见分歧，对公民、法人或者其他组织的权利义务有较大影响，人民群众普遍关注，就需要举办立法听证会。法规草案的起草单位应当举行听证会，听证会依照下列程序组织：一是听证会公开举行，起草单位应当在举行听证会的30日前公布听证会的时间、地点和内容；二是参加听证会的有关机关、组织、企业、行业协会和公民对起草的政府规章，有权提问和发表意见；三是听证会应当制作笔录，如实记录发言人的主要观点和理由；四是起草单位应当认真研究听证会反映的各种意见，起草的政府规章在报送审查时，应当说明对听证会意见的处理情况及其理由。

（四）构建高效的民主立法程序

当前，地方立法实践中民主立法的原则愈发受到重视，在地方立法过程中贯彻全过程人民民主、坚持以人民为中心等，基本上成为地方立法实践的共识。但民主立法原则并非近年来出现的新事物，有关民主立法的要求早就已经提出，但贯彻民主立法存在一定的难度。民主立法原则容易流于形式、蜕变为口号。因此，构建高效的民主立法程序，才能保障民主立法原则落到实处。为此，地方性法规的起草单位应当按照立法工作计划,组织开展下列工作:一是成立起草工作组,制定工作方案,加强保障和督促、指导。二是广泛收集资料,深入调查研究,听取各方意见,全面分析论证,借鉴省外、市外先进经验。三是在本单位网站和有关媒体公布立法草案内容,书面发送各地、各有关部门征求意见。四是立法草案涉及重大利益调整或者存在重大意见分歧,对公民、法人或者其他组织的权利义务有较大影响,人民群众普遍关注,需要进行听证的,应当依法听证。五是对立法草案有重大意见分歧的,应当进行协调;协调不能达成一致意见的,应当在起草说明中载明理由。

第四节　公开立法的技术规范

一、公开立法的概念

所谓立法公开,是指将立法程序的整个过程及其立法成果向社会公开。立法公开是我国一项重要的立法制度,是立法机关公布立法议程、接受群众旁听和发表意见等各种制度的总称。从属性上看,立法的公开性与民主性是相辅相成的。民主性是立法公开的宗旨和目标,立法并非为了公开而公开,立法公开具有明确的指向性,而民主则为立法公开提供明确的目标指向。有基于此,立法民主与立法公开是目的和手段的关系。立法民主是立法公开的目标,而立法公开则是立法民主的手段和保障。缺少立法公开的保障,立法民主容易流于形式。

从技术的角度看,公开立法原则也称为公开透明原则,这里主要强调立法信息在立法主体和广大人民群众之间的对称性。而信息不对称则是地方立法过程中存在的一个重要难题。这主要是地方立法的技术性、专业性等原因造成的,也与地方立法过程中公开立法机制不健全、落实不到位有关。因此,公开立法具有双重属性:一是政治属性,强调公开立法与民主立法之间的内在关联。二是技术属性,强调地方立法过程中信息的对称性。

二、公开立法的形式

目前，地方立法实践中立法公开主要有以下几种形式：

一是书面征求意见，就是将法规草案及其说明等印发有关政府及其部门、社会团体、企业事业单位、人大代表、专家学者和各个地方，请他们研究并提出书面意见的制度。书面征求意见已经成为国家和各地立法的必经程序，一般是在草案的一个审议环节结束后进行。当然，实践中也可根据需要随时印发特定主体书面征求意见。

二是立法座谈会制度，就是在法规起草或者审议过程中，邀请有关方面的代表，对草案发表意见的制度。这是最常见的一种形式，广泛运用于法规制定的各个环节，根据需要可随时召开座谈会。立法座谈会可以针对整个法规草案文本，也可针对草案中的某个或者某些问题；可以一并听取不同利益群体的意见，也可以分别听取不同利益群体的意见。

三是立法听证制度。所谓立法听证，是指立法机关在立法活动中，对重要法律草案中涉及多数公民利益、意见分歧较大的复杂问题，给予不同利益主体当面发表意见和展开辩论的机会，由立法机关听取意见的制度。

四是公开听取意见会制度。公开听取意见会，简称为“公听会”。公听会是一种公开的立法座谈会，其突出的特点是“公开”，与一般的座谈会不同，公听会的议题要广而告之，并公开选取会议的参加人，同时会议过程也是公开的，允许新闻机构报道。公听会是在借鉴和吸收立法听证会优点的基础上形成的。

五是专家论证会制度。所谓专家论证会，是指立法机关邀请专家学者对立法中的专业性问题或者技术性问题进行论证的活动。专家论证会选定的议题一般具有专业性或者技术性。只有立法中涉及相关专业性或者技术性问题时，如某一制度的合法性或者某个文字表述的准确性，才需要召开专家论证会予以解决。专家论证会参与者具有专业性。被邀请参加专家论证会的都是某个专业领域的专家，如法学专家、经济学专家、语言文字专家等。

六是网络征求意见制度。随着网民数量的增长和互联网普及率的提高,网络征求意见已经成为征求意见的一种重要形式,其显著特点就是征求意见的覆盖面广。从各地情况看,做法也基本一致,大都是将法规草案及其起草说明在立法机关的门户网站或者立法机关开设的其他专业网站上公布,公开征求社会各界的意见。

七是法规草案登报征求意见制度。这是指选取社会普遍关注的法规草案,在主要机关报上全文刊登征求意见的一种形式。对此,各地的做法也是大同小异,基本上是将法规草案及说明全文刊登在主要机关报上。考虑到机关报受众方面的限制,有些地方也会采取一些其他配套措施,主要的做法是要求在人民群众中知晓度高、参与度高的其他媒体就法规草案的相关问题、热点问题进行宣传报道。

八是公民旁听常委会会议制度。这是指邀请公民旁听常委会会议,听取法规审议的制度。对于公民旁听会议的范围,各地的做法不尽一致。有的地方只允许旁听人大常委会的全体会议,不允许旁听联组会议和分组会议;有的地方允许旁听全体会议和联组会议,不允许旁听分组会议;有的地方规定由主任会议根据常委会会议议题来决定是否允许旁听分组会议。

九是新闻记者旁听法制委员会会议制度。该项制度系安徽省首创。该项制度的宗旨在于,使新闻媒体更多地了解相关法律、法规出台的背景和审议情况,更准确地进行报道。通过新闻宣传,更好地引导社会舆论、凝聚各方共识,扩大公民对立法工作的有序参与,增强公民对法规的认同,为法规的实施创造良好的舆论环境。

三、公开立法的原则

(一)公开对象的限定性

公开立法并非完全公开透明、不设防,立法过程中有些不适合公开的信息不在公开的范围。在地方立法过程中,要有效处理好公开立法信息和保守国家秘密的关系。因此，立法公开也应坚持“以公开为主，以保密为辅”的理念，要科学把握立法公开的“度”。“可公开性”是立法公开在对象选择方面所应坚持的一项原则，即除了涉及国防、外交、军事、国家秘密、商业秘密和个人隐私等不能或者不宜公开的信息外，其他立法信息应一并向社会公开。这就要求，立法主体在充分考虑、仔细甄别立法信息本身特征、实际价值、公开依据、公开时机等条件的基础上，有选择地向社会公开相关立法信息。

（二）公开内容的全方位性

全面准确贯彻公开立法的原则，要求建立全链条的公开立法机制。具体包括：一是立法前的信息公开，包括立法工作机构、立法工作机制、立法人员情况、立法调研情况、立法座谈会、论证会、协调会等信息的公开；二是立法过程的公开，包括草案审议的时间和地点、提案人对提案所作的说明、代表的发言情况、审议时的重要意见、争议的焦点和处理结果等信息的公开，以及允许公民旁听、进行新闻媒体采访报道和电视转播直播等；三是立法结果的公开，包括法律公布、法律公告、条文释义的公开，以及立法背景资料、立法决策事实、立法决策理由等产生该法律文本所依据的信息的公开。

（三）公开方式的多渠道性

在立法公开方式的选择上，应坚持多渠道并行的原则，以保障民众及时、准确和全面了解立法信息为宗旨，以实现立法机关与民众之间信息对称为目标。包括：一是建立法规草案公开征集意见机制。二是强化立法旁听机制。三是创新媒体报道渠道机制。除了传统的媒体采访、报纸报道、电视直播转播外，应注重微信、微博等新媒体的作用，扩展立法信息传播的途径和方式。四是规范法律文本刊载方式。目前，我国中央和地方也均以正式的出版刊物刊载法律文本，如《全国人大常委会公报》《国务院公报》《光明日报》《人民日报》《法治日报》以及县级以上地方各级人大常委会公报和政府公报等。五是落实法律文本网上公布机制。法律在中国人大网刊载，行政法规、地方性法规、部门规章和地方政府规章在中国政府法制信息网刊载，地方性法规、自治条例、单行条例在中国人大网、本地方人民代表大会的网站刊载。

四、公开立法的规则

（一）立法公开的法定性规则

立法过程中立法信息的公开，必须是享有立法公开权的主体，按照法定的公开程序，在法律规定可以公开的范围内进行。立法公开的法定性主要体现在公开权限的法制性、公开程序的法定性和公开内容的合法性三个方面。一是公开权限的法制性。公开权限的法制性要求立法公开权的归属和界限都应当由法律予以明确规定。在地方立法过程中，坚持立法公开权限的法制性，可以有效避免立法公开过程中无法可依、盲目随意公开现象的发生。二是公开程序的法定性。只有在法定的立法公开程序中才能保证公开权限不被滥用，净化立法公开的环境和过程，使立法公开按照人们的意愿和法治的要求运转。三是公开内容的合法性。立法公开内容的开放性也是有限度的，必须符合法律的规定。在某些特定情况下，立法程序奉行不公开的原则，如涉及国防、外交等国家重大利益的议事记录就不宜公开。立法公开应以公开为原则、不公开为例外，对公开的内容进行慎重的甄别，而不能盲目地扩大公开的范围，涉及国家秘密、商业秘密和个人隐私的立法信息应当保密。

（二）立法公开的公正性规则

立法公开程序应涵盖社会的基本公正价值观，这是立法公开政治属性的基本要求。立法公开的公正性主要体现在机会均等和说明理由两个方面。一是机会均等。机会均等要求立法机关在立法公开的过程中，应为每位公民参与其中提供均等的机会。每个人都应有得到必要的情报资料的平等权利，立法机构不能有选择地通知某些个人或组织。当然，信息资料的公开，不仅包括向社会的公开，更应该包括立法机关内部的公开，即立法机关的所有成员对研究成果和信息可以自由分享。为此应采取多种公开方式，如报纸、电视、政府网络、各种座谈会、听证会、论证会等，为民众广泛参与立法提供畅通的渠道，使社会公众均可以通过各种方式向立法机关提出立法建议。二是说明理由。由于民众对立法机关享有的权利属于终极意义上的所有者权利，遇到公民向立法机关申请公开立法信息的，立法机关应及时给予答复，如果政府作出拒绝提供相关信息的决定，则有义务说明拒绝的理由。公民申请立法公开遭到拒绝时，立法机关有义务说明拒绝的理由。说明理由的途径、方式可以是各种各样的，立法公开说明理由可以通过向人大报告或通过政府刊物、新闻媒体发布。

（三）立法公开的人民性规则

立法公开也要讲究效率，要以最低的成本获取最大的效益。立法公开的直接目的就是方便民众的生产、生活，减少信息封闭给民众生产、生活带来的负面影响。在立法公开实践中，立法公开的人民性原则主要体现在信息免费、及时公开和信息整合三个方面。一是信息免费。信息免费，即立法机关不得凭借手中的信息牟取利益，不能根据信息本身的价值收费，立法信息成本费的收取标准应由国家或省级价格、财政主管部门统一确定。申请人只需要承担检索、复制与寄送信息的成本费用，对于经济特别困难的申请人，可以按规定减轻或免除费用。二是及时公开。信息的本质之一就是时效性，缺乏时效性的信息是毫无价值的信息。立法信息及时公开，可以使群众及时了解制度的内容，以规范自己的行为，指导自己的实践，方便自己的生活。在公告程序中，立法者可以在公告草案之前公布其立法日程安排，公众可以通过事前留下电子邮件的方式预定草案、立法听证等内容；到草案公告之日，立法者可以通过主动通知程序告知那些订户。这样就能使那些真正的利害关系人参与到立法中来。公开立法会议一般应在一周前发出通告，说明会议的时间、地点、讨论主题等事项。三是信息整合。为了提高立法机关信息公开的效率,许多国家都采取了信息整合措施,对立法信息和公众意见都要认真阅读、分析、归纳、整理。分类归纳整理后,作出统一的说明,特别是要对直接利益关系人或组织提出的意见给予回复。我国在立法公开的过程中也应充分发挥中介组织在信息整合方面的作用,提高立法公开的效率。

(四)立法公开的技术性规则

立法公开的推行是经验、知识和操作技巧综合运用的过程,必须重视技术性。立法公开的技术性主要体现在公开语言的规范性、公开方式的多样性和公开内容的全面性三个方面。一是公开语言的规范性。公开语言的规范性是准确性、专业性和通俗性的结合。如语言表达欠缺规范、准确和精练,或表述不清、指代混乱,有的甚至出现法律常识性错误,容易造成歧义和误解。因此,立法公开语言必须明了、准确、通俗易懂,甚至要有形象化的解释,而不能完全出自专家之手,只有业内人士才能看懂。如公开立法信息的语言过于专业化,只会导致将大多数民众排除在参与之外或民众对立法参与主动排斥现象的发生。二是公开方式的多样性。立法公开应采用主动公开和被动公开相结合的方式,建立公民与立法机关之间的互动机制。三是公开内容的全面性。在保障立法公开内容合法性的同时,还要考虑到在具体的公开程序中全面、彻底地公开可以公开的内容。从历史上看,我国部分法律草案在公布之后,立法机关通过媒体及时通报了征集意见的情况,但仅仅是简单地归类和列举,并没有详尽地展示民意,至于一些意见为什么被采纳,为什么不被采纳,更是缺乏有说服力的解释和说明,使公布法律草案的效果打了折扣。因此,立法公开的内容要具有全面性,立法规划、立法计划、法规草案的起草、法规草案的审议、征求意见的情况、立法文件和资料等都要公开。

(五)立法公开的共识性规则

提升对立法公开的法治意义和必要性、重要性的认识,不仅仅是立法者的职责,也应是全社会都应达成的共识。因此,一方面,立法者应充分认识到立法公开对于提高立法质量的意义,坚持立法公开就是在推进科学立法、民主立法、依法立法,就是促良法、保善治,坚持立法公开就是在听民意、赢信任、避风险和免失误,坚持立法公开就是在践行自己的法定职责、法律义务和法治信仰。另一方面,社会公众应充分认识到,要求立法机关公开立法信息是自己的一项民主权利,是行使立法知情权、参与权、表达权和监督权的基本途径,也是为国家奉献立法智识、推进立法公正和强化利益均衡的主要方式。

第五节　比较立法的技术规范

一、比较立法的概念

地方立法是一种聚集性的活动,同一个时期内可能会有很多地方都在进行类似的立法。地方立法也是一种开放式的活动,不同地方可能会遇到类似的问题,地方之间应相互交流借鉴,不能闭门造车。实现不同地方之间立法经验的交流、互动,就要运用到比较立法的方法。所谓比较立法,是指在地方立法过程中,通过横向认识不同国家和地区就特定问题进行立法时所秉持的理念、思路、原则、规范、制度等要素,对比和参照不同法律制度的异同,以期理解和借鉴其他国家和地区的立法经验和法律制度,推动自身立法工作和法律制度建设的立法方法和原则。

当前,比较立法在地方性法规起草中的重要性越来越凸显。全面的比较立法研究会激发创新的思路,找到良好的改革模式,从而制定出一部运行良好的立法。在现代社会,立法起草并不是一项容易的工作,建构立法框架有多重进路,还有许多不得不时刻考虑的因素。立法者并非凭空想象进行立法,立法前充分借鉴他人的成熟经验和做法是提高自身立法质量的重要途径。地方立法过程中所依凭的经验,既包括直接经验,即立法者自身实践所获取的知识,还包括间接经验,即通过学习他人实践经验来获得知识。地方立法中所进行的创新创造,也并非在真空中实现的。它需要在与其他地方的立法实践进行参照、比较的过程中，激发自己的创造灵感。地方立法中的创新并非突发奇想，而是在学习、借鉴他人相关经验的过程中实现的。因此，比较立法在当前是起草一部高质量地方性法规的先决条件。当然，比较立法在立法起草中的运用有利也有弊。一方面，全面的比较法研究会激发创新的思路，可能会提供不同的改革途径作为参考，从而最终制定出一部运行良好的法规。另一方面，不成熟的比较立法研究则会提供不恰当的改革模式，以及对其他地方立法的错误解读，这一切又将导致一部无法发挥其应有功能的法规的出台。与此同时，地方立法还要警惕借比较立法之名，对其他国家、地区的立法照抄照搬，采取"拿来主义"的立法策略，而不顾域外立法能否适合本地的实际。

二、比较立法的原则

（一）相似性原则

在地方立法过程中，立法者面对的实际情况各不相同。特别是在中国这样一个大国，各地方的地域差异比较大，不同地区形成各自独具特色的传统、文化、习惯、经验等。地方立法的一个重要原则是"有特色"，这要求立法者依托本地实际进行地方立法。因此，在进行比较立法的过程中，立法者要从客观实际出发，全面、细致地识别、遴选与本地实际情况类似的地方立法作为比较的对象。对于与本地实际情况差异巨大的地方立法，在地方立法过程中进行比较的价值则不太大。例如，在设区的市的地方立法过程中，进行比较立法的对象最好也是设区的市。因为在立法层级上同为设区的市的立法，在处理与上位法的关系等方面会面临着类似的问题，相互之间可以借鉴。相对而言，设区的市的地方立法与省级的地方立法比较，则借鉴的意义不大。因为二者在地方立法过程中面临的问题、处理的主要矛盾是不同的。

（二）客观性原则

在地方立法中进行比较立法，要秉持客观性原则，对比较对象的立法水平和地方性法规的质量进行正反两个方面的评价。要找出比较对象的优点，通过总结优点来为本地立法提供借鉴；也要发现缺点，通过总结缺点为本地立法提供警示。不能不加区分地将精华和糟粕全盘吸收，这必将为本地的立法带来隐患。比较立法时，要破除迷信先进、崇拜发达地区的简单想法，对于某些发达地区的地方立法，如国内某些一线城市的地方立法，在保持谦虚的学习、借鉴心态的同时，也要进行仔细地识别，取其精华弃其糟粕。对于一些欠发达地区的地方立法，也不能抱有歧视、轻视的想法，要认真仔细地比较研究，充分吸收其中蕴含的宝贵经验。

（三）优选性原则

在地方立法过程中进行比较立法，要注意比较对象的优选性问题。不同地方的立法水平参差不齐，这导致不同地方的地方性法规质量存在优劣之别。在确定比较对象时，首先要对比较的对象进行识别、判断和取舍。要坚持优选法，优先选择立法技术水平高、地方性法规质量好的对象进行比较，淘汰那些立法技术水平低、地方性法规质量不高的比较对象。在比较立法中坚持优选性原则，这主要是由比较立法的目标所决定的。通过比较立法，达到提升自身地方性法规质量的目标，而只有与高水平的地方立法进行交流互动才能实现这一目标。实践中，要防止为了比较而比较的做法，比较是手段，通过比较达成高水平的地方立法才是目标。因此，提高比较立法的效能，要求立法者具备判断、识别地方立法质量高低的能力，掌握衡量地方立法水平高低的标准。

（四）抽象性原则

在地方立法过程中进行比较立法，比较对象的选择要满足一定的数量要求。换言之，应在众多比较样本的立法经验中进行提炼，抽象出可供借鉴、吸收的一般性立法经验。这也是比较立法中的吸收、借鉴与抄袭、移植其他地方立法的重要区别所在。地方立法经验属于地方性知识,在“有特色”立法原则的指导下,不同地方的立法经验实际上是本体特殊经验的体现。这种立法经验的特殊性表现在,这一经验只适用于当地,换个地方就会失灵、失效。“橘生淮南则为橘,橘生淮北则为枳。”只有那些具有普适性的地方立法经验,才具有借鉴的价值和可能。这要求在比较立法过程中,比较对象的选择要满足一定的数量要求,需要在诸多的不同地方立法经验中进行抽象,总结出具有共通性、普适性的经验做法,作为本地立法的参考、借鉴。只有这样方能借助于比较立法提高本地立法的技术水平和地方性法规的质量。

(五)以问题为中心原则

在地方立法过程中进行比较立法,应坚持以问题为中心的原则。这也是比较法研究中重要的比较研究方法。不同地方之间的立法比较,不能泛泛而谈,也不能各个方面都进行比较。要坚持问题导向的原则,首先总结出本地立法过程中可能会遇到的问题、难题,之后带着问题去进行比较,去梳理其他地方运用立法技术解决此类问题的方法。这其中的关键是找准问题所在。一方面要找准自身的问题,另一方面要找准作为比较对象的地方所要解决的问题。只有立法者所要解决的问题与比较对象所要解决的问题相契合,比较立法才是富有建设性的,才能够达到通过立法比较提升自身地方立法质量的目标。要警惕比较立法中存在“驴唇不对马嘴”的情形,出现这种情况的原因就在于没有找准问题,背离了以问题为中心的原则。

三、比较立法的规则

(一)地方立法项目选择的比较

地方立法活动具有周期性,一般而言,地方立法的周期往往与每届人大及其常委会的任期保持一致,即五年一个周期。在每个立法周期内,都要制定立法规划,而每个年度则会制定立法计划。在制定地方立法规划和年度立法计划时,如何选择地方立法项目是地方立法规划和年度立法计划成败的关键所在。在制定地方立法规划和年度立法计划时，一方面，要根据本地实际合理选择适合自己的立法项目，要秉持因地制宜、因时制宜的原则。另一方面，由于地方立法的规律和特点，很多立法项目的选择往往是围绕着国家重大战略和中央的中心工作展开的。因此，不同地方在制定五年立法规划和年度立法计划时也有一些共同之处。有基于此，在拟定地方立法规划和年度立法计划时，要充分运用比较立法的方法，吸收、借鉴其他省市先进的经验和做法是有必要的。通过在立法项目选择上进行立法比较，可以对立法项目进行优选，这样可以更加准确地把握地方立法的规律，紧紧围绕着国家重大战略和中心工作进行立法，实现全国一盘棋。具体而言，对地方立法项目选择的比较，主要围绕如下问题：一是贯彻国家重大战略的立法项目选择比较。二是落实国家中心工作、重点任务的地方立法项目选择比较。三是回应民生领域群众重大关切的地方立法项目选择比较。四是将社会主义核心价值观融入法治的地方立法项目选择比较。五是实现治理体系和治理能力现代化的地方立法项目选择比较。

（二）地方性法规要素的比较

第一，地方性法规体例结构的比较。主要是比较不同地方性法规在体例结构上的差异。在地方立法过程中，首先要解决的问题是地方性法规的体例结构问题，具体包括：体例的选择、法条的数量规模、章节的结构安排、法条之间的逻辑结构、总则和分则的对应关系等。围绕前述问题，合理选择比较的对象，开展地方性法规要素的立法比较。要找出地方性法规在体例结构上的共性，这要求作为比较对象的域外法规的数量要符合一定的基数。太少的话则无法发现共性、总结规律，容易犯以偏概全的错误。太多的话则无法驾驭，“乱花渐欲迷人眼”，容易迷失在海量的法规之中而无法进行归纳总结。

第二，地方性法规的制度比较。制度比较是地方立法时比较研究的重心，这一部分的比较难度最大、含金量最高。这要求立法者要耐心细致，在不同的地方性法规中寻找最具特色的制度模式。在地方立法过程中，法规草案往往带有所谓的“条旨”，即在每一个法条之前对该条文内容进行概括的术语。“条旨”可以为立法比较提供助力，减少寻找特色制度的精力和时间。在进行制度比较时，需要注意不同制度的功能，必须将该制度放到地方性法规整体之中去把握，要避免断章取义。地方性法规草案说明往往也会对该法案的特色制度进行总结和说明，这也是进行制度比较的重要助力。

第三，地方性法规的规范比较。地方立法中进行立法比较的方式，比较常见的就是规范比较，即比较不同地方性法规的条文内容。实践中，可以围绕如下问题进行规范比较：其一，对法律责任设置条款进行比较，包括是否将法律责任条款单独成章，实践中有些地方性法规对法律责任的规定不再专设单章；法律责任条款是否规定具体的罚则；是否规定执法主体等。其二，对权利义务设置条款进行比较，包括地方性法规的规定是否限制公民的基本权利，权利和义务是否对应，义务和法律责任是否对应，是否就权利实现的保障条件进行规定等。其三，对倡导性条款和强行性条款的关系进行比较，包括倡导性条款与强行性条款是否搭配，即所谓的“文武之道，一张一弛”，两种类型的法条是否张弛有度、比例失调等。

（三）地方性法规实效的比较

在地方立法中，对地方性法规的实效进行比较，是不容忽视的重要内容。立法比较是为了借鉴有益的立法经验来提高自身的立法水平和地方性法规的立法质量。立法经验是否先进并非由立法者进行主观判断，而是要由实践来检验。只有经过实践检验的地方性法规，才是值得借鉴、参考的比较对象。因此，在选择比较对象时，尽量避开那些刚刚通过尚未经过实践检验的地方性法规，选择那些已经取得一定实效，并受到一定好评的地方性法规作为比较立法的参照。目前，地方性法规生效1～2年内会进行立法后评估。在进行比较立法时，尽量选择经过立法后评估的法规作为参照。立法后评估所形成的评估报告也是进行比较立法的重要参考资料。具体而言,进行地方性法规的实效比较,主要围绕如下问题展开:其一,地方性法规在落实国家重大战略上的实效。其二,地方性法规在保障国家中心工作上的实效。其三,地方性法规在回应民生领域群众关切上的实效。其四,地方性法规在可操作性上的实效,即执法适用性和司法适用性。其五,地方性法规在守法上的适用性。

四、比较立法的违反情形

(一)抵触上位法

在地方立法过程中进行比较立法,参考、借鉴其他地方的立法经验和做法的前提条件是,不能与上位法发生冲突。不同地方的立法活动都具有各自的语境,是在各自的地方性法规体系中进行的。当通过比较立法吸收域外的经验、做法时,一定要注意所移植的制度或规范是否违反本地的上位法规定,特别是设区的市一级的地方立法更要注意这个问题。同时,还要注意所移植的制度或规范与本地同位法之间的协调问题。

(二)盲目照搬照抄

立法比较的目的是通过借鉴吸收先进地方的成熟经验和做法,提高本地地方性法规的质量。但立法比较不同于照抄照搬,二者之间存在本质的区别。基于立法比较而进行法规制度或规范之间的移植,是有限定条件的,是建立在优选的基础上的。同时,基于立法比较而进行的法规移植,也有特定的程序性要求。一般而言,基于比较立法的法规移植,是在鉴别、认同、调适、整合的基础上,引进、吸收、采纳、摄取、同化其他地方的地方性法规,包括概念、技术、规范、原则、制度等,使之成为本地法规体系的有机组成部分,提高本地立法的质量和水平。

第六节　法规修改、清理的技术规范

一、法规修改的技术规范

(一)法规修改的定义

所谓法规修改,是指通过对现行有效法规进行变动以达成法规成长与社会变迁之间的良性互动。从更深的意义上来说,法规修改旨在通过法规的变动,完成法律体系内部的自我更新与促成社会结构的良性转型。法规修改应恪守审慎立法原则,除需要立法者养成审慎的立法德行、掌握审慎的立法技艺,以及设置审慎的立法制度外,尤其是要履行审慎的法律论证义务。

法规修改的形式包括:一是法规修订。法规修订是立法机关全面修改法规所采用的方式。之所以称为全面修改,一方面是因为在形式上,法规修订所涉及的法规条文的数量通常较多,修改的范围和幅度较大;另一方面从内容上来看,法规修订往往还涉及法规的主要目的、基本原则、主要制度等重要实体内容的修改。二是法规修正。修正是我国法规修改最基本、最重要的形式。实践中,立法机关修正法规,既可能一次只修正一部法规,也可能一次性“打包”修正多部法规。

(二)法规修改的原则

第一,必要性原则。法规修改的必要性,一言以蔽之,即是为什么要修改法规,主要解决法规修改的目的和意义问题。具体可从两个角度详述:一是要解决什么问题,如法规自身存在瑕疵,因出现新情况新问题导致现有法规出现不适应性问题,现有法规规定落后于实践而客观上成为经济社会发展的阻碍等;二是要实现什么目标,最典型的是在强调凡是重大改革都要在于法有据的背景下,通过主动的法规修改,将政治决策转化为立法决策,引领和推动改革目标的实现。围绕法规修改进行必要性的论证，就是要在解决社会问题、实现特定目标的现实需求与法规修改的启动以及法规草案的具体内容之间，构建起有足够说服力的逻辑关联。

第二，可行性原则。所谓法规修改的可行性，是指修改后的法规能否行得通、管用，是否达到应有的效果，包括能否与现行法规体系有机衔接、实施后能否达到预期效果等。法规修改的可行性属于实践理性的范畴，侧重于在实践中审视立法决策。法规修改的可行性，主要关注修改后的法规管不管用的问题，其具体内容也可以分为两个方面：一方面要考察修改后的法规正式实施需要哪些条件，已经具备哪些条件，以及还需要创造哪些条件。另一方面要对法规实施效果进行预先评估，对影响法规实施效果的因素进行充分认识，对法规实施效果进行科学预判。法规修改的可行性论证，要求起草者不能满足于对草案内容的逻辑推演和理性建构，还应将目光移向实践，对法规草案的一些制度设计能否得到顺利推行、拟解决问题能否有效解决、预设目标能否如期实现、修改后的法规对经济社会的运行和发展会有什么样的影响等涉及法规实现的问题，进行充分地分析和预判。〔1〕

（三）法规修改的技术规则

第一，关于打包修改的技术。地方性法规的打包修改，是指基于特定目的，在地方性法规清理的基础上，将两部以上地方性法规放置于一个“包裹”一并修改的立法机制。地方性法规打包修改，是地方人大的一项重要立法活动，必须符合科学修改、民主修改和依法修改的原则。其一，“修改”与“废止”是两项并行的地方性法规变动机制，两者之间不存在包含与被包含的关系。地方性法规打包修改不应包括地方性法规废止的情形。其二，完善地方性法规打包修改决定的标题，形成一套标准的设置方案。其三，“包裹”的容量适中，如果“包裹”太大，内容过多，

---

〔1〕 参见孙晋坤：《法律修改论证的结构、要素与路径优化》，载《人大研究》2022年第5期。

各条款之间缺乏逻辑联系，致使“包不拢”“裹不住”“拎不起”，势必增加将来地方性法规的执行、遵守难度。其四，打包修改是小改而非大动的地方性法规修改技术，应当在地方性法规的基本原则、结构框架不变的情况下，只针对其中少数条文进行修改，调整的幅度不宜太大。[1] 其五，打包修改应基于同一理由、实现同一目的，如果打包修改的议案同时涉及多个方面内容，则需要“拆包”，分别进行表决，避免搭车解决其他问题。

第二，关于修法形式选择的立法技术。长期以来，法规修改采用修正还是修订形式的标准一直不明确。从原理上讲，修正是对部分条款的局部修改，修订是对多数条款的全面修改，但具体到实际工作中，这个区别又变得模糊，弹性很大。在地方立法实践中，可以采用两项标准：一是规定基本的重要制度，应当从立法技术上体现法规的连续性、稳定性，原则上应当采用修正（案）形式进行修改。当然，在有些领域，特别是经济、行政管理等领域，一些重要的法规随着情况变化，需要进行全面修改，采取修正方式不便于操作，也难以体现法规结构和制度的连续性，可视情况选择修订方式。二是一般性的法规，建议以修改幅度为标准，不足特定比例的，采用修正形式；超出特定比例的，则可以采用修订形式。

第三，关于反映法规延续性的立法技术。随着法规存续时间不断延长，越来越多的法规经历多次修改，特别是交替使用修订和修正的修改方式。通过立法技术准确反映法规和法规条文的发展演变过程，保障法规正确适用，越来越重要。因此，首先，应通过有关题注提供法规发展演变的线索。题注需要载明制定机关、通过日期，按修改时间顺序依次载明修改机关、修改日期。其次，废止条款应当一直保留。由于新法的题注中无法体现旧法的情况，因此废止条款是唯一记录了这一法规发展演变重要信息的载体，在对新法进行修改时，废止条款应当保留，否则相关信息就会被截断。最后，可以将有关修正案的立法技术扩大到一些重要法规的修改。修正案形式具有修法不改变原法章节、条文顺序，可以较

---

[1] 参见刘风景：《行政法规打包修改的原理与技术》，载《地方立法研究》2021 年第 3 期。

好地展现法律条文的发展变化情况等优点。随着法规体系不断完善、成熟，修正案的立法技术可以扩大适用到一些基本的、重要的、框架结构相对稳定的法规中。

第四，关于保障法规实施的立法技术。修改后的法规文本及时向社会公布，是保障法规实施的重要举措。以修订形式修法的，审议的就是新的法规文本，因此公布新的法规文本是应有之义，不存在问题。以修正案和修正形式修法的，审议的修正案草案和修正草案，表决的是修正案草案和修改决定草案，除了公布修正案和修改决定外，还需要公布根据修正案和修改决定调整的新的法规文本。

二、法规清理的技术规范

（一）法规清理的定义

所谓法规清理，是指地方立法机关根据实际情况运用多种方式，对现有的地方性法规进行系统地收集、分析、分类和处理，提出修改和废止地方性法规意见和建议的活动。地方性法规清理、修改、废止三者之间既有联系，又有区别。三者的联系是，地方性法规清理的最终结果大多会直接导致法规的修改或是废止。不同之处在于，通常情况下地方性法规修改、废止只是围绕具体的某一部法规开展，而地方性法规清理导致的修改、废止针对的往往是“一批”法规。

法规清理的目的是通过评估、修改、废止法规来完善立法，功能是维护法制的统一，表现为在上位法新制定、修改的情况下，对下位法的一致性进行对照、梳理，其中包括对不符合国家政策、要求的下位法进行修改或者废止，对于不协调、相冲突等问题进行全面解决，使地方性法规在实际运用中确保有效性、严肃性。法规清理不仅可以提高立法质量，而且对于完善立法的科学性，维护法制的统一性，检验法规的有效性有重要意义。法规清理作为立法的重要组成部分，是立法评估的主要手段，更是立法机关进行自我反思与监督的方式。法规清理，相比于立法前的立法规划编制和计划制定等，是立法后的评估与完善，但又不止于立法后，它也指向新的立法活动,为新的立法提供导向。同时,可以借助此次地方性法规清理,加强法治意识宣传和法治文化建设,让整个法规清理过程变成尊法学法守法用法过程。通过法治宣传,在全社会培育法治信仰,倡导契约精神,树立规则意识,弘扬公序良俗,促进依法行政、公正司法、全民守法,为推进依法治理营造良好氛围。

(二)法规清理的条件

法规清理并非常规性的立法工作,只有符合一定条件时方可启动法规清理程序。这些条件具体包括:一是地方性法规与上位法冲突。上位法作出了调整,然而某些地方性法规因其修改不及时而导致相对滞后,出现与上位法冲突的现象,如果继续实施该法规显然是违法的,此时需要启动法规清理程序。二是国家政策作出重大调整。国家基于深化改革考量,会适时对相关政策作出重大调整,出台新的改革措施,而此时地方性法规必须根据现实的需要以及政策的执行对相关地方性法规进行评估、清理,以保证立法与改革相配套,使改革与立法精准衔接,实现重大改革于法有据,也通过改革来推动立法。三是地方性法规无法适应社会需求。过去制定的法规无法适应当前经济社会发展的需要,严重脱离实际,或者法规刚刚实施,就发现核心条款与实际情况不符,难以执行,存在适用性差、效果欠佳等问题,这时就应该启动法规清理程序。四是地方性法规与同位法不协调。这又包括两种情况:一种是与其他地区制定的法规相比存在明显的不协调,另一种是与同一立法主体所制定的其他法规相冲突。后一种情况下可以启动法规清理程序。

(三)法规清理的技术标准

一是合法性标准,按照法制统一原则,对地方性法规与上位法是否抵触进行审查;二是合理性标准,规定内容是否符合实际情况,是否科学合理,有关规定与中央的重大决策和部署是否相符,规定的内容与国家重大改革方向和政策是否相符;三是可行性标准,主要考察法规的贯彻执行情况，审查其是否具有可操作性，规定的措施是否有效及可行，程序是否便民、正当，设立的法律责任是否与违法行为的事实、性质、情况和社会危害程度相当，法规是否已过适用时效，实际任务是否完成；四是协调性标准，对于同一位阶的地方性法规，要审查它们之间是否存在矛盾和不一致的地方，相关规定是否与该地区的其他地方性法律法规相一致，法律法规所要求的配套制度是否健全、完整；五是技术性标准，对地方性法规的立法技术进行审查，看其是否符合立法技术规范。

（四）法规清理的工作要求

一是明确法规清理的主体。可以根据地方性法规的不同性质确定清理主体，明确工作责任，从源头上保证法规清理工作的实际效果。二是建立定期循环清理机制。经济社会发展是一个动态过程，要与之相适应，就应该使立法清理体系化、规模化，定期进行循环清理，使立法清理有序进行。三是推行阳光清理与开门清理。扩大社会和公民参与清理工作的渠道，激发公民、组织参与清理的积极性，确保清理活动在充分听取和采纳公民、法人和其他组织意见和建议的基础上进行。四是落实相关责任。清理主体在规定期限内未对地方性法规规章进行清理，或者清理内容存在疏漏或缺失错误的，应当承担相应责任。五是与立法规划、计划相衔接。法规清理最终要形成书面报告，对清理法规提出具体立改废建议，为编制立法规划和年度立法计划提供有效参考。六是合理设置清理的周期。周期太短，频繁清理，不利于法律的稳定性；周期太长，使得一些明显失去效用的法律长期存在，则有损于法律的严肃性和权威性。只有定期的全面清理和及时的专项清理相结合，才能更好地发挥法规清理的效用。七是要注重清理成果的运用。要做好法规清理报告和清理后的法规汇编工作，以及清理工作经验的总结和提炼工作，供其他地方学习和参考。

第七节　立法规划的技术规范

一、立法规划的概念

《立法法》第56条规定："全国人民代表大会常务委员会通过立法规划和年度立法计划、专项立法计划等形式，加强对立法工作的统筹安排。编制立法规划和立法计划，应当认真研究代表议案和建议，广泛征集意见，科学论证评估，根据经济社会发展和民主法治建设的需要，按照加强重点领域、新兴领域、涉外领域立法的要求，确定立法项目。立法规划和立法计划由委员长会议通过并向社会公布。全国人民代表大会常务委员会工作机构负责编制立法规划、拟订立法计划，并按照全国人民代表大会常务委员会的要求，督促立法规划和立法计划的落实。"所谓立法规划，是指一定的国家机关，依照一定的职权，在立法政策与原则的指导下，根据一定的方式、程序与技术，对立法及其进程进行的系统安排与设计。立法规划一般以科学的立法预测为根据，目的是使立法工作有条不紊地进行，充分发挥立法机关的工作效率。避免立法因无计划进行所造成的各种缺陷，从而做到全面规划、统筹安排、明确重点、集中力量，有计划有步骤地制定各种地方性法规。

立法规划的对象通常是社会所急需而立法时机比较成熟、有一定可行性的立法项目。对规划对象的确定建立在对相应社会关系的深刻把握与科学预测的基础上。规划对象不仅在于制定新的法规，也包括对已有法规的修订、补充，以及对现有法规的清理以及相应的法的废止。立法规划并非规划对象的简单罗列，而是对法规体系内在逻辑完整性进行的梳理。

二、立法规划遵循的原则

（一）可行性原则

立法规划的可行性原则，是指编制和实施立法规划，要充分考虑到规划的未来前景,亦即规划在未来实践中实现的程度。立法实践证明,对于发展中的一些新情况新矛盾,若在条件不成熟的情况下通过立法手段来解决管理问题,未必能起到良好的调适效果,立法的严肃性、适当性和实效性也无从保证。因此,要正确把握新时期地方立法的特点、定位、趋势和规律,既要看到管理的需要,又要顺应普遍的民意,改变原有立法规划项目来源偏窄、以政府申报为主的单一模式,多听取人民的心声,人民所期待的立法项目,尽早写入规划,立法条件不成熟的项目,不要写入规划来"凑项"。既要正确把握立法的方向,又要聆听人民的心声,把立法工作做到"人民期盼"之前,不脱离本地区实际,做到切实可行。

(二)科学性原则

立法规划的科学性原则,是指编制和实施立法规划,要合乎客观规律的要求作出最佳选择。充分的立法项目调研和论证是提高地方立法规划编制质量的关键。首先,在时间安排上给予立项提出主体较充分的准备时间,这对于充分开展立法选项的基础工作,做好调研、文件汇编、理论研究、法规草案建议稿起草、专家论证等各方面准备,为下一步申报立法计划工作提供基础。其次,应当严格规范调研和论证程序。调研和论证应当成为立法规划立项的必经过程,这是判断立项必要性、可行性的必要手段。可以适当拓宽调研方式和范围,在召开传统座谈会、论证会的基础上,深入基层开展调研。发挥基层立法联系点的沟通功能,以深度访谈、调查问卷等统计学方式为工具,建立更为科学的调研模式。

(三)严肃性原则

立法规划应具备严肃性,须严格遵守立法程序,必须经过慎重理论探讨才能够通过。在设定立法规划时,应尊重立法规划的严肃性,避免在立法实践中产生"插队式"立法的问题,应严格按照预定的立法规划进行"循序渐进""一步一脚印"的立法活动。"插队"插多了既使得立法规划缺乏应有的严肃性,同时也使得地方立法的延续性大打折扣,延续性不足就必然影响稳定性。因此，在进行立法规划时应以尊重立法规划的“严肃性”为标尺，少“随意”立法，不“无故”立法。凡被列入立法规划的立法项目要附有立法理由和意向性内容，凡被列入年度计划的立法项目，应附有较为详尽的法规草案。

（四）必要性原则

在制定立法规划时，注意研究国家的立法现状和立法计划动向，国家相关法律已经规定得较为完备、具体，完全适用于地方的则不宜立项；对于某些事项，国家正在制定立法计划或者近期即将出台相关法律，地方也不宜匆忙立项。应纳入立法规划、计划的情形主要包括：一是为实施国家和本地区改革发展稳定的重大决策，需要通过立法提供法规支撑；二是法律规范明确要求省、设区的市人大进行立法；三是民众立法需求较高，能解决实际问题；四是立法条件基本成熟且急需立法。

三、立法规划的具体规则

（一）严把法规立项关

当前，立法需求旺盛而立法资源有限，科学确定立法项目可使有限的立法资源用在急需必要的立法项目上。如果立法项目选择不好，可能导致立法难度增加、立法效果不佳、浪费立法资源等问题。提高法规立法的质量，需要从如下几个方面着手：一是广开渠道征集项目，建立完善多元化的立法项目来源渠道。立法项目的来源包括：人大代表提出的议案建议、政协委员的提案、各有关部门提出的立法建议、专家学者和社会公众提出的立法建议等。二是加强研究论证。深入研究各方面提出的立法项目，对重要的特别是有不同意见的立法项目加强论证，突出对实践中存在的问题、立法必要性、解决问题的主要制度设计与可行性、起草过程中可能存在的问题、立法的理论和实践基础、文献支撑等进行研究论证。三是确保重点立法项目。要突出优先安排贯彻落实党中央决策部署、国家法律行政法规和政策所需的立法项目。要注意将立法项目确定与党委、政府的各项工作安排结合起来。四是统筹考虑安排。科学合理确定整体立法目标任务,从制度建设的系统性、整体性、关联性等方面整合立法项目,吸纳融合相关立法建议的内容,区分轻重缓急,统筹考虑立法项目安排。要防止叠床架屋、交叉重复立项,避免立法对象、调整关系不清晰以及过于碎片化的项目立项。

(二)发挥人大的主导作用

在制定地方立法规划时,地方人大的主导,不是要大包大揽地承担所有立法工作,而是对立法的发展方向、具体环节及制度设计发挥决定性的作用,防止出现“谁愿意立谁立”“谁有积极性谁立”的现象,克服在选题立项方面存在的随意性和受利益驱动安排立法项目的偏向。人大要坚持以问题为导向、急用先立的原则,对立法思路、框架和重点、难点进行规范引导,紧紧围绕党委中心工作统筹谋划立法工作,编制立法计划。要通过项目库制度、适时调整制度、提前编制制度、循环递补滚动对接制度等,解决被动立法、随意立法和立法规划、计划执行性差等问题。对一些条件尚不成熟的立法项目先不予立项,对社会急需的项目认真组织论证。对政府部门上报的立法提案或项目,如果发现确实具有部门利益倾向并明显有损于其他部门或整体利益的,要敢于说“不”,毫不迁就,果断予以否决或变更;对某些急需的立法项目,即使有关部门没有及时提出,或出于保护部门狭隘利益的需要而不愿提出,地方人大应主动立项;对于已经制定好并经常委会会议通过的立法规划与计划,除确实需要调整的以外,不能任意变更。

(三)扩大立项论证参与

在制定立法规划过程中,要面向社会公布立法规划、计划草案,认真征求和采纳广大民众对立法的意见,扩大公民参与立法的广度和深度。不仅应当听取政府部门的项目说明,更应当广泛听取人大代表、政协委员、专家学者、人民群众的意见,使立法更加科学、客观、全面反映民意。

立法规划制定的听证会、论证会或座谈会应当常态化，所邀请的人应当是研究立法问题的专家学者、关注法律问题的代表委员、涉及法规调控领域的相关部门人士。要提供自由宽松的对话平台，广泛听取意见，要避免简单作出"没意见"的承诺或"赞同"的结论性表态。对于申报项目，除了听取有关部门的汇报外，对于其中难以把握的问题，还要进行必要的主动调研，保证列入计划的项目是必需的和最优的。

四、违反立法规划的情形

（一）插队式立法

所谓插队式立法，是指在制定立法规划时，对于拟纳入立法规划的项目在选择上过于随意，背离科学立法的原则。之所以产生插队式立法问题，其根源在于立法规划制定之时对本年度的实际发展情况预估不充分。这种插队式的立法如果大范围地出现，由于前期并未出现在当年的立法规划中，便会消耗有限的立法资源，使立法项目体现出一种"随意性"，导致规划中的立法"立不上""滞后立"，大大损害了地方立法的延续性和立法规划的严肃性。

（二）被动式立法

所谓被动式立法，是指编制立法规划的机构在编订立法规划时，片面关注焦点、热点，过度依赖广大人民群众通过社交媒体、官方论坛等方式进行的碎片化信息的反馈，简单化地根据这些单一来源的信息，不加以调查研究，不进行深入的科学论证，草率地编订地方立法规划。由于片面强调对所谓的"焦点""热点"问题进行回应，被社会现象所"裹挟"，使立法项目产生一种"被动性"，而人民群众生活中真正的急难愁盼问题无法充分得到回应。在制定立法规划时，要有效识别广大人民群众真实的立法需求，避免被新闻媒体的报道、网络媒体的舆论所牵制。要扎扎实实地开展调查研究，既要重视公共舆论中所蕴含的有价值的信息，也要基于科学的判断进行有效识别。

（三）冲动式立法

所谓冲动式立法，是指在编制地方立法规划时，好大喜功、不切实际，脱离本地经济社会民生发展的实际情况，不考虑自身的立法能力和立法资源局限，片面追求纸面上的数据漂亮，搞形象工程。虽然近年来地方立法数量呈现井喷式的增长，但有些地方对于立法数量的关注远超过了解决各地方实际问题的关注。在立法项目的确定上，哪些项目要立，哪些项目可以不立或者缓立，目前仍缺少统一的可操作的立项标准，三类立法项目在规划时虽有轻重缓急之分，但在实际操作中存在一类项目“完不成”，二类、三类项目“凑数完成”，没规划的项目“急速完成”的问题。这体现了各地的立法项目选题与立项的不科学，也是对立法资源的不合理使用。

第四章　立法文件撰写的技术规范

第一节　专家建议稿撰写的技术规范

一、专家建议稿的概念

（一）专家立法

《立法法》第57条第2款规定："专业性较强的法律草案，可以吸收相关领域的专家参与起草工作，或者委托有关专家、教学科研单位、社会组织起草。"所谓专家立法，并非指专家享有立法权，而是指立法专家通过撰写专家建议稿的方式参与立法过程，使专家建议稿成为享有立法权的机关立法的起点和基础。有了立法专家起草的专家建议稿，立法机关的负担得以减轻，立法主体可以直接在专家建议稿的基础上进行立法，从而保证立法在高起点的基础上进行。这里的专家立法，也不同于专家学者对立法过程的一般性参与。当前，立法过程中越来越重视专家的作用，相关领域的专家对立法过程的参与越来越广泛，包括制定立法规划和立法计划、立法项目论证、立法调研、立法前评估、立法后评估、备案审查等，都有相关领域的专家参与其中。但专家立法特指立法专家通过起草专家建议稿的方式参与立法。

专家立法可以为立法机关提供比较全面和系统的

立法草案。也就是说，专家立法可以为立法机关确定某一个方面和领域的法律制度，提供最直接有效的参考依据。改革开放以来，为了适应社会主义现代化建设对我国立法工作的要求，全国人大常委会作为国家立法机关，就许多重大的立法项目委托法律专家起草立法建议稿，并在专家建议稿的基础之上，广泛听取社会各界的意见，最终交由全国人大及其常委会依据《宪法》和《立法法》所规定的立法程序予以通过，成为国家正式的法律。专家立法的最大优点是概念清楚、逻辑严谨，法律条文结构合理，价值较为中立，可以最大限度地体现立法的宗旨和目标。

（二）专家建议稿

所谓专家建议稿，是指在专家立法过程中，由相关领域的立法专家草拟的法律法规草案。专家建议稿是整个立法工作的基础和起点。专家建议稿在性质上属于纯粹的专家学者立法，该草案不具有任何的法律效力，完全体现了立法专家或立法专家组的意见或想法，立法机关可以采纳专家建议稿中的建议，也可以不采纳。具体而言，专家建议稿具有如下特点：

一是专家建议稿具有学术性。专家建议稿作为专家学者起草的立法草案，其完全是基于学术的视角和立场进行撰写，作为学术作品的专家建议，可以作为学术成果进行发表。尽管有些专家建议稿的质量非常高，草案具有坚实的实践基础，但这依然无法改变专家建议属于学术作品的属性。从著作权的角度看，专家本人对专家建议稿具有著作权。有时候立法专家会基于专家建议稿申报课题，也会将专家建议作为学术著作予以出版。

二是专家建议稿具有技术性。一般而言，专家建议是由相关领域的立法专家起草的，有时候还会由多个专家成立课题组集体攻关。由于立法专家并非立法机关的工作人员，也不具有立法权，因此由立法专家所起草的专家建议稿，在价值立场上往往比较中立。专家更加注重专家建议稿是否符合立法技术规范要求，是否具备较高的立法技术水平。因此,专家建议稿一般呈现出技术性的特征。

三是专家建议稿具有中立性。受起草专家建议稿的立法专家或专家团队立场、视角所限,专家建议稿在价值立场上趋于中性。立法专家不同于立法机关,由于立法专家不享有立法权限,也不承担相应的责任,因此能够从旁观者的视角进行立法。“旁观者清,当局者迷”,立法专家作为旁观者可以从更加中立的立场看问题,寻找解决问题的技术性方案,而不受官僚体制内各种规则的束缚。在价值追求上,由于处于旁观者的立场,专家建议稿的内容更偏向于理性。立法专家也不同于政府部门。在地方立法过程中,政府部门是重要的参与者,地方立法本身也与政府部门的利益息息相关,因此在地方立法过程中可能会滋生部门保护主义和地方保护主义。作为旁观者的专家学者,在起草专家建议稿的过程中,则不受部门利益或地方利益等狭隘利益的左右,这也决定了专家建议稿具有明显的价值中立色彩。

四是专家建议稿不具有约束力。尽管专家立法和专家建议稿在立法过程中发挥着不可替代的作用,各地的立法实践愈发重视专家立法和专家建议稿。但一个不争的事实是,立法专家不享有立法权,专家建议稿不具有约束力。同时,专家建议稿没有经过立法程序,没有征求多方面的意见,其仅仅代表专家学者的观点和立场。因此,专家建议稿还不具有程序的合法性。立法具有技术性和政治性,其中专家立法代表的是立法的技术性特征,而民主性则代表了立法的政治性特征。这也决定了具有明显技术优势的专家建议稿并非立法案的终稿,专家建议稿作为立法活动的起点,还需要经受多重的考验、经历多次修改,专家建议稿仅仅是立法万里长征的第一步。

二、专家建议稿的撰写流程

一般而言,在专家立法时,立法专家按照如下步骤开展专家建议稿的撰写工作:第一,收集相关资料,主要是与立法项目直接相关的资料,包括著作、论文、法律法规等,编订法律法规汇编,作为立法的资料基础和进行比较立法的参考。第二,开展立法比较,运用比较的方法对当前的立法例进行细致研究,寻找到当前立法的共性和规律性,总结出相关立法的模式和特点。在进行比较立法的过程中,要逐渐形成立法项目的框架思路、体例结构、法条规模等宏观构架。第三,开展实践考察,奠定立法项目开展的实践基础,查找当前法律实践中存在的问题,分析问题产生的原因,并初步提出解决问题的对策,即按照问题导向进行实践考察,遵循"提出问题—分析问题—解决问题"的思路。第四,结合比较立法的研究成果和实践考察的研究成果,以二者为基础,运用立法技术,拟定专家建议稿的法律条文,并最终完成专家建议稿的起草。第五,召开专家论证会,发挥集体智慧,由多个立法专家对专家建议稿进行会诊,进一步打磨完善专家建议稿。

三、立法专家建议稿撰写的原则

(一)注重先进性原则

专家建议稿具有鲜明的技术性特征,因此专家建议稿要保证立法技术的领先性。在撰写专家建议稿时,要运用当前最先进的立法技术,要打破因循守旧的藩篱,勇于创新,敢于突破,将国内最新、最成熟的立法技术引进来。"工欲善其事,必先利其器",先进的立法技术是高质量专家建议的保障。当然,专家建议稿注重技术性也会产生一些副作用,有过于冒进之嫌,背离了稳健的立法原则。但对于专家建议稿而言,其自身的鲜明特色就是技术先进,这一突出特征会在后续的立法活动中逐渐消退,逐渐被其他立法环节所中和,最终达到合理的程度。

(二)预留修改空间原则

专家建议稿仅仅是立法工作的起点,在撰写专家建议稿时,真正的立法工作尚未启动,这只能算作立法前的准备工作。因此,在撰写专家建议稿时,要为后续立法程序的启动创造条件。在起草过程中,要为后续的修改和完善预留出一定的空间。无论专家建议稿如何高质量、如何完备无缺，都仅仅是立法工作的起点，在后续的立法环节中，各种修改建议、利益诉求会逐渐融入法规草案之中。如果专家建议稿起草过于详细，无法有效接纳后续的立法修改建议，不能灵活应对后续立法中的各种诉求，则会使专家建议稿面临被推倒重建的风险，造成立法资源的浪费。因此，立法专家要提前着手，在撰写专家建议稿的过程中就提前为后续修改预留出空间和余地。一份合格的专家建议稿，能够有效容纳各种修改意见而不至于"伤筋动骨"，能够吸收各种利益诉求而不至于牺牲技术底色。

（三）注重说明理由原则

专家建议稿仅仅是地方立法的前期准备，专家建议稿中的制度规定、条文内容也仅仅是专家学者提出的建议。一定要把握住专家建议稿中"建议"二字的内涵。所谓建议，即立法机关可以接受，也可以不接受。专家建议稿想要得到立法机关的认可，就需要对每一条建议进行充分的论证，作出详细的理由阐释。换言之，专家建议稿要注重说理，对体例结构的选定、制度的安排、条文的内容、法律责任的设定、权利义务的安排等，进行论证和说理。论证和说理不仅能够证明专家建议稿自身的质量品质，也容易说服立法者采纳专家建议稿。同时，在专家建议稿中加入论证和说理，也能够让立法机关对于立法项目的了解更加深入，使立法者既知其然，也知其所以然。这样专家建议稿中的立法建议更容易被立法者所接受，从而为高质量的地方立法奠定坚实的基础。

（四）比较立法原则

专家建议稿是地方立法工作的起点，也是高质量地方立法的坚实基础。因此，保证专家建议稿的质量和水平至关重要。不仅要保证专家建议稿所体现的立法技术和立法水平，稳稳居于国内前列，还要保证专家建议稿站在高起点之上。这要求起草专家建议稿的立法专家充分、有效运用比较立法的方法，梳理、总结出相关领域立法的特征、规律，提炼出相关问题立法的共性和规律性，并将此类立法的特征、共性、规律融入所起草的专家建议稿中。专家建议稿在属性上呈现出学术性，也是由于运用了比较立法的方法。一位合格的立法起草专家，必然同样是比较立法领域的翘楚。

（五）客观中立原则

从认识论的角度看，撰写专家建议稿要秉持旁观者认识论。所谓旁观者认识论，是指撰写专家建议稿的专家学者，要站在旁观者的立场，从外部视角出发，运用“主体—客体”的认知模式，采取理性的方法，客观中立地起草专家建议稿。这种旁观者认识论也称为“上帝视角”，其突出特征是客观、中立、理性。而这正是对起草专家建议稿的专家学者提出的要求。在专家建议稿起草过程中，要克服立法可能存在的偏向性，在摒弃地方保护主义、部门保护主义的同时，还要将个人保护主义的利害得失考量排除在外。一旦丧失了客观中立的属性，专家建议稿也就失去了自身存在的价值。单纯依靠立法技术上的优势，尚不足以使专家建议稿得到立法机关的采纳背书。而随着地方人大立法技术经验的日益丰富，其立法技术水平也在不断提高，这也会逐渐削弱专家建议稿在立法技术上的优势，唯有客观中立性是地方立法机关无法替代的。

四、专家建议稿起草的方法

在起草专家建议稿的过程中，专家学者会遇到作为立法例的现行法规，这是起草专家建议稿必然要面对的客观状况。当前的地方立法多数为后发的立法，属于首个“吃螃蟹”的纯粹创新性的立法非常少，进行创制性立法的机会也是可遇不可求的。因此，立法专家经常面对的并非进行制度创新的难题，而是如何有效处理现行立法例，确保自己所草拟的专家建议稿具备高起点，能够发挥后发立法的技术优势。具体而言，处理现行立法例的方法包含如下步骤。

(一)分解和重组

面对数量众多的与立法项目相关的地方性法规,起草专家建议稿的专家学者首先要做的,就是对这些地方性法规进行分解和重组。所谓分解,即是运用分析的方法,将现行的立法案进行分解,这项工作类似于"庖丁解牛"。这项工作的主要任务就是将作为整体的现行地方性法规分解为局部和要素。要对每一个立法例的构成要素进行标注,为后续进行立法比较奠定基础。在分解并进行有效标注的基础上,比较不同的立法例的构成要素,从而寻找到所有现行立法例的共同构成要素,即所谓的共性,而这些现行立法例的共性或共同之处,就是立法专家起草专家建议稿作为依据的规律性。

在进行有效分解、标注并发现共性或规律性的基础上,需要将先前所发现的规律性内容进行重组,使得各种经过优选后的要素重新组合成一个全新的地方性法规。这一新诞生的立法例,是先前所有现行立法例的后代,并继承了先前立法例的所有优点。从遗传学的角度看,通过基因重组的后代,应该具备先辈们所不具备的优势。这就保证了经过分解和重组后所获得的立法草案具有先天的技术上的优势,从一诞生开始,这一立法草案就站在国内相关立法的最高点。

(二)整合和优化

虽然分解和重组,使得新产生的专家建议稿初稿具有了一定的技术优势,但其依然具有自身难以克服的弊病。地方立法是项系统工程,基于地方立法所制定的地方性法规,也呈现出系统性、体系性的特征。地方性法规内的各种要素有机组合构成了一个整体,各个组成部分紧密结合,相互支撑,对外作为一个整体发挥功能作用。而分解和重组这些地方性法规,必然会破坏法规自身的整体性,斩断了法规内不同部分之间的内在联系。这导致基于分解和重组而形成的专家建议稿初稿,虽然具有技术性的优势,但在整体性、系统性、关联性等方面还存在诸多问题。

重组后的法规草案不同部分、不同要素之间的关联并不密切,法规草案内会存在体系性和结构性的问题,需要继续对专家建议稿初稿进行打磨,打通存在其内的堵点、障碍、阻塞。要对基于重组而联系不够紧密的各个部分进行整合,使其融为一个整体。要对重组后的结构进行必要的优化,去除不同要素、不同部分之间的重叠、矛盾之处,使得专家建议稿能作为一个系统运转顺畅。

(三)提升和论证

专家建议稿的撰写仅仅停留在分解和重组、整合和优化阶段,虽然能够保证专家建议稿具有时代先进性和技术领先性,但难免会缺少特色,其在创新性上也存在致命的缺陷。通过继承和移植而获得的先进性必然不能够持久,也无法实现对前人的超越,更会丧失自身的特色。因此,撰写专家建议稿不能止步于此,还要更进一步,在分解重组、整合优化的基础上,进一步提升、论证。所谓提升,即在既有的基础上进行一定程度的创新,在专家建议稿中加入一定程度的创造。所谓论证,即对所草拟的专家建议稿进行学理上的论证,保证立法草案具有坚实的法理基础。通过夯实专家建议稿的法理基础,保障专家建议的先进性和创造性。

第二节　立法草案说明撰写的技术规范

一、立法草案说明的概念

(一)立法草案说明的定义

立法草案说明作为一份文件,在立法过程中的诸多环节,如征求意见、论证评估、审议表决等活动中均发挥不可替代的作用。无论是修订性的立法活动还是狭义的法的创制活动,在所提出的法律、法规、规章草案正式通过并公布前,都会产生相应的草案说明。所谓立法草案说明,是指草案起草者对该草案起草背景、立法目的、立法思路、立法过程、立法体例框架、重点内容和重大争议问题等所作的说明。《立法法》第58条规定:“提出法律案,应当同时提出法律草案文本及其说明,并提供必要的参阅资料。修改法律的,还应当提交修改前后的对照文本。法律草案的说明应当包括制定或者修改法律的必要性、可行性和主要内容,涉及合宪性问题的相关意见以及起草过程中对重大分歧意见的协调处理情况。”由于立法草案条文具有一定的专业性,因此无论是立法者还是普通公众,在阅读立法条文时都比较依赖草案说明,通过草案说明可以一目了然地了解到该部草案的立法背景、起草思路和主要内容。立法草案说明是说明性质的文件,这就限定了立法草案说明的内容一定要围绕着立法草案展开,主要说明的是立法草案中不便呈现、无法呈现但对审议来说又是必要的内容,如背景资料,过程性内容等,这也同时决定了立法草案说明的解释性特征。作为解释性质的文件,立法草案说明在功能上具有辅助性质,其依附于立法草案,没有立法草案就没有立法草案说明。虽然是辅助性文件,但立法草案说明并非可有可无的,而是无法替代的。立法草案说明具有独立的意义、重要性和地位,其本身具有相对的独立性,应区别于立法草案本身。除此之外,与立法理由说明不同,立法草案说明属于立法过程的总结,其不涉及草案的实质内容,立法草案说明中对立法理由的阐释,不能简单等同于立法启动时的理由说明。

(二)立法草案说明的性质

关于立法草案说明的性质,可以从如下几个方面把握:一是程序性或过程性。立法草案说明是对立法过程的程序性问题进行的解说,其说明的对象仅限于程序性的内容,并不涉及实体性的内容。这使得立法草案说明区别于立法理由说明。二是相对的独立性。立法草案说明虽然依附于立法草案本身,但却具有独立意义、重要性和地位。这使得立法草案说明区别于立法草案本身。虽然立法草案说明在作用上是辅助性的,但在重要性上是不可替代的,也不是可有可无的。三是衔接性。立法草案说明主要的功能是衔接立法过程中前后两个不同的阶段或环节。这两个阶段或环节即法规的起草和法规的审议。实践中,法规的起草主体和审议主体并非完全一致,对于那些没有参加法规起草的立法主体而言,仅仅为其提供立法草案是不够的,还要有对立法草案的解释性资料作为立法者研读立法草案的辅助。而立法草案说明正是发挥这样的作用,它是连接立法起草阶段和立法审理阶段的桥梁。四是公开性。立法草案说明虽然是立法过程中产生的辅助性材料,但仍应该属于立法公开的范畴。一般而言,凡是需要阅读立法草案,并且需要读懂立法草案并了解立法过程的,都具有阅读立法草案说明的需求,这就决定了立法草案说明应该属于立法公开的内容。五是解释性。立法草案说明是对立法草案的解释性说明,呈现立法草案自身无法呈现、不宜呈现的信息,是对立法过程合法性的一种证明。六是辅助性。从功能作用的角度看,立法草案说明是无法独立存在的。脱离了立法草案本身,立法草案说明也就无法发挥作用。在立法过程中,只有将立法草案和立法草案说明有机结合,才能够对立法内容和立法过程有一个更为清晰的认识。七是规范性。立法草案说明虽然是解释性质的文件,但其所呈现的内容是立法的过程。只有在立法严格遵守立法程序要求时,立法草案说明才能实事求是地撰写完成。立法草案说明是对立法过程的文字呈现,其本身也会倒逼立法过程遵守相关的程序性规定,从而对立法实践产生规范性,倒逼立法过程更加符合民主性和科学性。

(三)立法草案说明的功能

首先,立法草案说明是对立法草案本身的说明,这种说明方式有助于人们一目了然地了解该草案的起草背景、起草思路和草案的主要内容,并进一步明确该立法的必要性和可行性。其次,立法草案本身具有一定的技术性和专业性,若想在审议期间了解立法草案的内容,就需要在一定程度上简化对立法草案的理解过程。再次,立法草案说明在很大程度上是对草案的整体解释,降低了人们对抽象规则认知的难度,也有助于对规则制定原意的理解。具体而言,立法草案说明在实务方面的功能体现在两个方面:一是作为立法草案的说明,通过论证立法的必要性,即为什么要立法,来说服审议主体将立法草案纳入审议程序;二是要论证立法草案的可行性,即为什么要这样立法,来显示立法能够有效解决问题的信心。当然,由于在立法提案程序,审议主体也会对草案说明中的必要性和可行性进行审查,如果草案说明的阐述不够,或是阐述的必要性和可行性不足以说服审议主体,那么该项立法也会因此被暂停或中止。因此可以说,草案说明在某种意义上也承担着立法启动的论证功能。又次,从实务角度来看,法律草案的说明实际上就是法律的说明书。它反映了立法的过程和阶段成果,荟萃了前期立法起草、征求意见、修改完善而形成的诸多重要内容,其中有些是对立法背景和必要性的说明,有些是对立法原则的阐述,有些是对具体条文以及其可行性的解读,这对法律草案的审议起着说明、引导的作用,保障了法律审议工作的顺利进行。最后,在立法程序中连接了起草过程和起草结果。立法草案说明除了对草案自身的说明外,还承担着连接起草过程与起草结果的功能。立法草案的提出并不是提案者自行想象或一时兴起的结果,任何一个立法草案都需要经由大量的立法调研实践才能被“写”出来,是起草过程的结晶。立法过程实质上承载了立法的科学性与民主性要求;对立法过程的描述,就是对立法科学性和民主性的展示。一部草案能否获得审议主体的承认,关键在于这部草案是否对实践中的民主意志进行了充分的汇聚,是否对实践问题进行了充分的回应。立法草案更多的是作为一种结果意义上的呈现,草案本身无法充分展现立法调研过程和民意汇聚过程。因此,只有在立法草案说明中将其展示出来,才能充分证明作为调研与民意结果的草案的过程正当性。[1]

---

〔1〕 参见张婷:《立法草案说明的功能定位及其制度完善》,载《湖北社会科学》2020 年第 8 期。

（四）立法草案说明的内容构成

我国《立法法》对立法草案说明的内容作出了明确规定，包括制定或者修改法律的必要性、可行性和主要内容，以及起草过程中对重大分歧意见的协调处理情况等。地方立法条例则对立法草案说明的内容作了更为广泛的规定。《浙江省地方立法条例》第50条规定："提出地方性法规案，应当同时提出地方性法规草案文本及其说明，并提供必要的参阅资料。修改地方性法规的，还应当提交修改前后的对照文本。地方性法规草案的说明应当包括以下内容：（一）制定或者修改地方性法规的必要性、可行性和有关依据；（二）地方性法规草案的适用范围和主要内容；（三）起草过程中对重大分歧意见的协调处理情况；（四）其他应当说明的事项。"《甘肃省地方立法条例》第34条规定："起草的法规草案说明应当包括下列事项：（一）立法的必要性和可行性；（二）法规案的起草、论证和征求意见情况；（三）解决的具体问题和补充细化上位法的内容；（四）对涉及两个以上部门行政管理权限或者有分歧意见的其他重大问题的协调处理情况；（五）法规案设定行政许可、行政收费、行政强制以及涉及社会公众切身利益等内容的，应当具体说明依法举行听证会、论证会或者其他公开方式征求意见和意见采纳情况；（六）应当向省人民代表大会或者常务委员会说明的其他重要问题。"

各地地方立法中对于立法草案说明的规定，虽然大多重复《立法法》的规定，但也有部分省市对上位法作了一定的补充。综合《立法法》和部分地方立法的规定，可以大致归纳出立法草案的说明的内容。一是立法的必要性；二是立法的可行性；三是地方性法规的主要内容和主要制度；四是涉及合宪性问题的相关意见；五是起草过程中对重大分歧意见的协调处理情况；六是举行听证会、论证会或者其他公开方式征求意见和意见采纳情况；七是法规案的起草、论证和征求意见情况；八是解决的具体问题和补充细化上位法的内容。

二、立法草案说明撰写的原则

（一）全面性原则

立法草案说明应当全方位呈现立法起草的过程，立法草案所涉及的方方面面都应该事无巨细地在立法草案说明中进行解释、说明。具体而言，立法草案说明应当涵盖如下内容：一是立法背景，即对立法所针对问题的阐述；二是立法理由；三是立法的必要性和可行性；四是立法意义、指导思想与基本原则；五是立法的调研和起草过程；六是立法的体例结构；七是立法的重点内容；八是立法中的重大分歧等。

（二）简约性原则

立法草案说明的重要功能之一，即是对立法草案中的规定进行解释性说明，从而辅助阅读法案的人能够更加容易读懂立法草案。这要求立法草案说明本身符合简单、易懂、可读的要求，这些要求概括起来，即所谓的简约性原则。立法草案说明是一份便于立法审查机构对草案进行审查的书面材料，其作用相当于“说明书”。无论是立法审议者还是普通公众，在阅读立法条文时，都会比较依赖立法草案说明；通过这份“说明书”，可以一目了然地了解到该部草案的立法背景、起草思路和主要内容等。因此，在立法草案说明的撰写中就更要遵循简约性原则，简洁明了地为审查人呈现出重点，切忌长篇大论、主次不分。

（三）客观性原则

所谓客观性原则，是指撰写立法草案说明时，要秉持实事求是的理念，如实客观地呈现立法草案的内容和立法过程的全貌。撰写立法草案说明，首先，不能脱离法规草案的实际情况，要如实呈现、介绍法规草案的内容，不能过度地对法规草案进行“包装”或“美化”，更不能借助于立法草案说明误导、欺骗地方性法规审议的人员。其次，立法草案说明也要如实呈现立法的一般过程，以便审议者更好地对立法过程进行监督。

在撰写立法草案说明时,不能刻意掩饰立法过程中存在的程序性缺失问题,也不能刻意遮掩立法过程中存在的矛盾和争议。只有如此方能保证地方性法规审议的质量。总而言之,立法草案说明要全面展示立法过程的民主性,深刻呈现立法过程的科学性。

三、立法草案说明的规则

(一)明确立法草案说明撰写职责的归属

关于立法草案说明撰写职责的归属,目前还没有出台针对性的规范加以调整。以规章草案说明的撰写为例,虽然《规章制定程序条例》第28条规定了“审议规章草案时,由法制机构作说明,也可以由起草单位作说明”,但实际上这样一种选择性方案的设置对于规章草案说明撰写职责的界分是不清晰的。立法草案说明的撰写主体的确定,应该明确如下原则:在特定立法阶段,对立法草案文本的最终形成有实质性影响的机关或者组织负责撰写立法草案说明的工作,且负责与公开、保管立法草案说明的机关对接。

(二)强化撰写立法草案说明的体例要求

立法草案说明的功能定位,重点在于“说明”。它将立法草案起草者在立法草案起草过程中,进行的实地调研、公开论证、比较分析等活动予以简洁、清晰地呈现。在附随提出立法草案说明的制度设计下,立法草案说明的文本结构安排应当紧紧围绕说明的功能发挥展开。目前,地方立法实践中部分立法草案说明并未注意到形式安排对于功能凸显的支撑作用。立法草案说明并不是事无巨细一一加以说明,而主要是对立法原意、法律草案疑点难点和争议之处进行说明。立法草案说明正文内容体例的规范化,也可促进立法草案说明内容的完备性。在对相关需要说明的事项予以整合时,应当确立一定的撰写规则。要注意立法草案说明内容安排的层次化,从而更加明确地呈现起草者主要的说明意图,提升立法草案文本易于阅读和理解的程度。具体而言,可以对立法草案说明正文内容的模块作如下安排:一是整体上分为必要性与可行性、法律依据、立法活动的过程、主要内容的说明四大模块；二是在必要性与可行性模块中，按照存在的问题、出台后的功效、实施的可行性的顺位排列；三是在法律依据模块中，按照立法活动开展的明确上位法依据、立法条款设计不得与之抵触的已有上位法规定、法律草案需要与之协调的同等效力的在先规定这一顺位排列；四是立法活动的过程模块，按照起草法案前的准备工作、国内外相关经验的考查、法案具体条文起草的过程、立法程序的进度顺位排列；五是主要内容的说明模块，按照法律草案整体框架的介绍、复杂疑难条款的意见回应的顺位排列。

（三）强化立法草案说明文本的公开

立法草案说明的作用是辅助立法草案文本的阅读和理解，而此项功能作用发挥的前提即将立法草案说明进行有效的公开。当前，我国缺乏对于立法信息范围的界定，也没有针对性的立法信息公开的统一规定。实现立法草案说明文本公开，可以从如下方面着手：一是强化立法草案说明文本的公开，明确立法草案说明属于应当公开的文件范围。二是建议建设统一的立法信息公开平台。当前我国对立法草案说明的附随公开，主要零散地分布在各具体负责立法草案起草的政府部门官网上，当立法草案进入审议程序后，相应的立法草案说明则主要在对应机关的公报上予以公布，整体上呈现出零散分布的特点。可以考虑在省级层面建立统一公布立法草案说明的网络平台，将省内的各立法项目中的各类立法信息，包括立法草案文本及其说明的公布，都在此予以集中。三是加强立法草案说明文本的整理。在具体的立法项目中，待立法草案经过审议后，附随的立法草案说明便以立法史料的形式存在。建议在已有经验的基础上，在立法草案说明内容日渐规范化的情况下，逐步推进立法草案说明的整理、出版汇编工作。此外，立法草案说明也可与正式生效的法律文本一同收录于法律法规查询系统以及网络图书馆，实现电子化管理。这样可以方便对资料的管理和使用，而且还会优化资料的整体功能，充分发挥立法草案说明及其他立法资料的价值。

四、立法草案说明撰写的违反情形

就立法草案说明本身的表达方式是否能够充分展现立法过程进行分析，可以发现，在结构表达上，实践中的立法草案说明普遍存在以下三大问题：

一是必要性论证较为笼统，无法充分阐明立法理由。目前大多数立法草案说明对立法问题的说明都较为笼统和抽象，对于该问题是否客观存在、是否一定要通过立法来解决、本级立法主体有无权限来解决这个问题等，均不会作太多说明。

二是可行性论证普遍缺失，无法说明立法的科学性指向。当前，草案说明对于立法可行性的分析，仅仅是将作为结果的手段选择（立法的具体规定措施）展示出来，可能也会笼统地附带一些选择理由。但总的来说，缺乏对不同手段权衡与选择过程的描述，更缺乏关于这些手段的适用范围及限度的审慎思考。这可能会导致审议主体对该立法草案的现实可行性缺乏明确认知。

三是立法过程的概括表述，无法展现立法的民主过程和科学论证过程。绝大多数立法草案说明确实也对起草过程做介绍，但更多的是对起草中的流程类工作的交代，如法案起草经历了哪些时间阶段、各个时间阶段大致做了哪些工作或开展了哪些活动，却没有充分展示起草的慎思过程，更缺乏不同方案的权衡和选择的思量过程。[1]

第三节　立法依据撰写的技术规范

一、立法依据的概念

（一）立法依据的界定

在地方立法过程中，需要起草的过程性文件主要有立法草案、立法

〔1〕 参见张婷：《立法草案说明的功能定位及其制度完善》，载《湖北社会科学》2020年第8期。

草案说明、立法依据三个，俗称"三大件"。所谓立法依据，是指能够成为地方性法规具体条文依据的权威性规范。地方性法规的效力主要源于上位法。在一个国家的法律规范体系中，存在着不同位阶的法律规范，从而形成法律规范体系的金字塔结构。其中，位于金字塔顶端的是宪法，宪法是一个国家所有法律规范的效力的终极源泉。因此，从这个角度来说，所有的法律规范都是根据宪法制定的，并从宪法那里获得规范效力的源泉。就地方性法规而言，其合法性的效力源泉是上位法，包括行政法规、全国人大及其常委会制定的法律和宪法。但一般而言，宪法是地方性法规间接性的效力来源，而行政法规和法律则是更为直接的效力来源。地方性法规的效力依据，除了合法性依据外，还有合理性、正当性的依据，这时就需要寻找上位法以外的其他权威性规范作为依据。这些能够成为地方性法规合理性、正当性依据的权威性规范，主要包括比较法、党和国家的政策及法理。立法依据和立法草案说明不同，前者关注法规草案的实体性，后者关注法规草案的程序性，二者有机结合，实现对地方性法规草案的全面说明和论证。要准确认识、全面把握地方立法"三大件"之间的关系。立法草案是中心，围绕着这个中心的是两个支撑点，即立法草案说明和立法依据，从而形成"一个中心、两个支撑点"的立体结构。

（二）立法依据的价值面向

地方性法规的条文内容是否具有充分的依据，是衡量其合法性、合理性、正当性的主要尺度。所谓合法性，是指地方性法规的条文内容与上位法保持一致，符合"不抵触"的地方立法基本要求。所谓合理性，是指地方性法规的条文内容符合法的基本原理，契合其他地方立法实践的一般经验和做法。所谓正当性，是指地方性法规的条文内容符合党和国家的政策文件的精神、原则和要求。地方立法中的立法依据，主要强调的是地方性法规条文内容是否有依据，以此来衡量地方性法规条文内容的合法性、合理性和正当性。这不同于立法草案说明所强调的地方立法的程序性。

（三）立法依据的法理基础

在地方立法过程中，立法依据的法理基础是法的渊源理论。从立法中心主义视角看，法的渊源和立法者立法有关。根据周旺生教授的观点，法的渊源是由三项基本要素构成的综合的概念和事物。这三项基本要素分别为：资源、进路和动因。所谓资源，是指法和法律制度是基于何种材料形成的，是习惯、判例、先前法、外来法，还是道德、宗教戒律、乡规民约、政策、决策、学说之类。所谓进路，是指法是通过何种途径形成的，是立法、行政、司法，还是国际交往之类。所谓动因，是指法是基于何种动力和原因形成的，是日常社会生活、社会发展的需要，还是经济、政治、文化、历史的作用。一般来说，每一部法都是这三个要素综合作用的产物，削减这三要素中的某个要素，或是在这三要素的结构中增加何种要素，都不符合法的渊源结构或种类的基本事实。[1] 基于上述法理，立法依据实际上是对地方性法规产生要素的阐释和分析。撰写立法依据时，也要从资源、进路和动因三个角度进行。从立法依据中，要能够清晰阐明地方性法规的条款内容源自何种资源，基于何种原因和动力而形成。

二、撰写立法依据的原则

（一）准确性原则

所谓准确性原则，是指在为地方性法规的条文内容寻找依据时，要找到的依据和法条内容之间是一一对应的，不能发生错位、失位。换言之，要保证法条所规定的内容、宗旨、目标与所找到的依据能够准确对接，不能出现“驴唇不对马嘴”的错位情况。实践中发生立法依据不准确的情况，一个重要原因在于对法规条文的内容和精神把握不准确，还有可能是对作为依据的权威性规范的内容和精神把握不准确。在撰写

---

〔1〕 参见周旺生：《重新研究法的渊源》，载《比较法研究》2005 年第 4 期。

立法依据时，一旦发生所列依据不准确问题，会大大降低法规草案条文内容的合法性、合理性和正当性，最终降低法规草案的科学性。

（二）针对性原则

所谓针对性原则，是指在撰写立法依据时，为法规条文寻找的依据要具体、明确，尽量选择具体的规则作为依据，避免将原则性的规定作为依据。原则性规定本身过于宽泛、抽象、概括，其作为依据还需要进一步地解释，这容易降低立法依据自身的说理性。地方性法规的条文内容尽量不要采用宪法的条文作为依据，尽量选择直接的上位法中的条文作为依据，必要时也可以考虑间接性的上位法。在援引党和国家政策作为依据时，要对政策的内容作出具体的说明或描述。总而言之，在为地方性法规寻找立法依据时，要尽量具体化、有针对性，避免将空泛的原则性条文作为依据。

（三）权威性原则

所谓权威性原则，是指在为地方性法规条文内容寻找依据时，在存在多种依据可供选择时，应选择最具权威性的规定作为依据。要避免将在效力位阶上低于地方性法规的规则规范作为合法性的依据。在寻找合理性和正当性依据时，首先要选择中央和国务院的政策文件，其次才选择省委省政府的政策文件，尽量不要选择设区的市的政策文件。在寻找法理依据时，也要注意法理本身的权威性，要尽量选择那些已成为通说或共识的法理，或者习近平同志在重要文件中曾经援引过的法理作为依据。

（四）全面性原则

所谓全面性原则，是指在撰写立法依据的过程中，地方性法规中每一个法条的每一部分内容都要找到相应的依据，而不能有所遗漏。不能仅仅针对法条中的主要、核心部分寻找依据，而忽视次要或非核心部分。

特别是当一个法规条文规定的内容比较多时,每一部分的内容都要寻找到相应的依据,而不能有所取舍或避重就轻。此外,全面性原则还要求在为法规条文寻找依据时,兼顾合法性、合理性和正当性,要尽量为每一种情况都找到相应的依据。换言之,立法依据的内容范围要涵盖上位法、党和国家的政策、比较法、法理四个方面。

三、立法依据的基本形态

(一)上位法的依据

在地方立法中,所谓上位法依据,主要是指能够证明地方性法规条文内容合法性的上位法中的规定,包括行政法规、全国人大常委会制定的一般法律、全国人大制定的基本法律等。一般而言,上位法依据中尽量不要援引宪法中的相关规定。在多种可供选择的上位法依据中,尽量选择直接的上位法。在具体语言使用上,当援引上位法作为依据时,使用"根据"一词作为起始语。"根据"一词可以成为上位法依据的风向标,从而增加立法依据的可读性。

(二)党和国家的政策依据

所谓政策,是指国家或政党为了完成一定时期的任务而制定的活动准则。它包括国家政策和政党政策。在地方立法中,所谓党和国家的政策依据,是指作为地方性法规条文内容正当性依据的党和国家的政策文件中的内容或规定。这里的依据主要包括中国共产党的政策和国家的政策两类,由于发布这类政策的文件均以红色字体印刷封面,因此也称为"红头文件"。当前,由于党的领导、人民当家作主和依法治国之间是有机统一的,因此很多承载党和国家政策的文件往往以中共中央和国务院的名义联合发布。在援引这类权威性规定作为立法依据时,要使用"依照"一词,从而区别于作为上位法依据的"根据"。在援引政策性文件作为依据时,不能只援引政策文件的名称,还要援引该政策文件的具体相关规定。

（三）比较法依据

地方立法中的比较法依据，主要是指能够证明地方性法规条文内容合理性的其他先行立法地区的一般经验和成熟模式。当前的地方立法，除了个别地区的先行立法外，大多数地方的立法主要是后发的立法，即在进行地方立法时，其他一些域外地方业已进行了相关主题的立法，有比较丰富的其他地方立法经验可供借鉴参考。在运用比较立法的方法进行法规条文拟定时，该条文的合理性依据就是比较法。在援引其他地区地方性法规中的条文作为立法依据时，尽量使用“参照”一词作为起始语，从而区别于作为上位法依据的“根据”和政策文件依据的“依照”。

（四）法理依据

地方立法中的法理依据，是指能够证明地方性法规条文内容合理性的，那些已成为通说或共识的法理命题，以及国家主要领导人在重要文件中曾经公开援引过的权威性表述。选择法理作为依据时，要注意法理本身并没有明确的范围，要进行甄别后方能援引。并非所有的法律的一般原理都能够成为法规条文内容的依据，成为依据的法律原理要具备两个条件：一是该法律原则必须是通说或获得广泛的认同并达成共识。二是该法理被国家主要领导人在公开场合援引过。作为地方性法规条文内容的法理依据，这两个条件缺一不可。一般而言，在援引法律原理作为依据时，尽量使用“参考”一词作为起始语。

第五章　立法案起草的技术规范

立法起草是一项繁杂且重要的立法工作，也被称为法律起草，是指特定主体按照一定的原理与技术要求拟定，可交由有权机关、组织或人员审议、表决的法案原型的立法活动。这些起草法案原型的主体便是立法起草者。没有立法起草者的参与，立法者无法将泛泛的政策转换为具体可操作的法律。立法起草者将立法者的思想与意图带入法律体系，用文字描绘出法律“真善美”的品质。作为立法者的“代理人”，立法起草者应秉持立法者的美德，符合角色定位，坚守角色使命，强化责任担当，起草“良善”之法，成为立法意图的传递者、经验理性的运用者、治理规则的供给者、社会改革的保障者。[1]

第一节　体例结构安排的技术规范

一、体例结构的概念

（一）立法体例

所谓立法体例，是指一部法规的表现形式。立法体例的选择，从立法形式上体现了地方立法的针对性，对

〔1〕 参见杨铜铜：《论立法起草者的角色定位与塑造》，载《河北法学》2020 年第 6 期。

体现地方立法特色有独立的价值。在地方立法实践中,地方性法规常用的体例主要有条例、实施办法、规则、规定等。

第一,条例。条例在地方立法中适用最为广泛,一般是在国家没有直接上位法的情况下,由地方立法机关制定的,全面、系统调整特定社会关系,规范某一领域活动的地方性法规。条例的适用大致包括下述条件:一是国家直接上位法缺位;二是多数系创设性、自主性立法;三是法规内容体系完整、篇章体例全面。不过也有例外情形,有时虽然存在直接上位法,但立法实践中结合本地实际,在不与上位法基本原则相抵触的情况下,扩大了上位法调整范围,对上位法中没有规定的内容也作出明确、具体的实施性规定,这时也称为条例。但这种情况下,应注意将其与"实施办法"的适用相区分。

第二,实施办法。实施办法是为了贯彻、实施国家法律而结合当地实际制定的,具有执行性和操作性的地方性法规。相较于条例,实施办法具有两个特征:一是有直接上位法;二是只为细化、补充国家法律,其调整范围应等于或小于上位法。实施办法不同于实施条例和实施细则。实施办法是地方性法规;实施条例是国务院为贯彻实施国家法律制定的行政法规;实施细则是国家行业主管部门为贯彻实施国务院行政法规制定的部门规章,一般以部长令的形式发布。实践中,实施条例和实施细则的用法并不十分规范。

第三,规则。规则是对某一方面的工作程序作出规范的地方性法规,是地方立法中的程序法。规则只能适用于单纯的程序性事项,如果法规内容涉及实体方面,其名称则不宜用"规则"。

第四,规定。规定是对某一事项或特定内容作局部调整、专项规范的地方性法规。调整范围较小、内容较单一是规定的主要特征。相比于条例和实施办法,规定的适用并不以存在上位法为条件。换句话说,无论有无上位法,只要法规内容局部、单一、调整面窄,都称为规定。[1]

---

〔1〕 参见赵立新:《地方性法规名称初探》,载《人大研究》2014年第8期。

（二）立法结构

所谓立法结构，是指一个法律文本内部的各个组成要素之间的搭配和排列，主要包括法规的章节结构（章节、条款、项目的划分，总则、分则、附则的设置）、法规条文的总数以及在不同章节中的分布等。地方立法过程中，在框架结构的设计上，要注意创新。这里的创新是相对于上位法而言的。“有特色”是地方立法的重要原则和要求，但追求特色对于地方立法而言，有时候确实存在一定的困难。尤其是在创设法规条文时，由于受到上位法的限制和约束，地方立法创新难度非常大，往往“可遇而不可求”。但地方立法的创新并不局限于法规条文的内容，还可以表现在框架结构上。相较法规条文内容而言，在框架结构上进行创新的空间则比较大，受到的约束也比较小。同时，地方立法在框架结构上进行创新，尤其是选择一种与上位法完全不同的框架结构，还有助于促进地方性法规在条文内容上的突破。框架结构的突破往往能够打破法规条文内容创新的瓶颈，“退一步海阔天空”。与上位法差异化、互补性的框架结构，能够为法规条文的创设拓宽空间，打开法规条文创设的思路。而在框架结构上对上位法的重复、模仿，则容易导致法规条文内容创设进入死胡同。

二、体例结构安排的原则

（一）适宜性原则

所谓适宜性原则，是指地方立法在体例结构的安排上，不贪大求全，而是根据立法的实际情况，选择最适宜的地方立法体例，构建最合理的结构。体例结构完全基于自身实际情况进行构建，不盲目攀比，不好大喜功，不随波逐流。所谓适宜，是指地方立法体例结构安排合适，符合自身的实际情况，能够有效满足自身的需要。既不过度，也无不足，而是在二者间达致平衡。超出自身实际需要的过度立法，会造成立法资源的浪费，也会降低法规条文的适用性；而过度简单化的地方立法则不能有效满足自身需求。在过度和不及之间寻找到平衡点，是适宜性原则的核心要义。因此，地方立法时要根据实际情况，选择最贴近实践需要的立法体例。在“条例”“实施办法”“规定”“规则”这几种地方立法体例中，总有一款适合。要坚持实事求是的原则，根据实际需要进行选择，排除外在因素和主观因素的干扰。

（二）灵活性原则

所谓灵活性原则，是指地方立法实践中，在体例结构安排上要讲求变通，破除一定之规，破除因循守旧，要勇于创新，要敢于突破。地方立法中进行体例结构选择和安排时，没有最完美的体例结构，只有更进一步。例如，对于条例是否必须分章，则可以基于实际需要灵活作出决定。对于条文数量不多的条例来说，不分章会使整个法规的结构更加紧凑。相反，这种情况下如果强行分章，则会导致整个法规的结构支离破碎。对于是否设定“法律责任”一章，也可以根据实际情况灵活选择，法律责任不是地方性法规的“标配”。对于一些促进型地方立法而言，不再就法律责任作出单独的规定，也是可以接受的选择。在法律责任是否单独设立一章的问题上，要避免“画蛇添足”。地方立法时应当基于法规整体结构安排的需要，灵活设定法律责任条款。对于法律责任单独成章的，章节名称是否使用“法律责任”一词，也根据实际情况灵活决定。例如《天津市文明行为促进条例》的章节名称就没有使用“法律责任”一词。

（三）平衡性原则

所谓平衡性原则，是指在进行地方性法规结构搭建时，秉持协调的理念，注重整体性，强调地方性法规不同部分之间的平衡。对于所构建的立法结构，要符合审美的要求，给人以平衡协调之美。在总则与分则的关系上，要注重二者法条数量的相对平衡，总则条文的数量不能过少。一般而言，总则条文的数量不能少于七条。在分章的情况下，要注意不同章之间法规条文数量的平衡。一般而言，每一章法规条文的数量不能少于三条。尽量保证各章之间的法规条文数量保持接近。

(四)创新性原则

所谓创新性原则，是指在地方立法过程中，框架结构的设计要突出自身的特色，尽可能与上位法在框架结构上保持不同，从而为法规条文的创设开拓空间，打开法规条文创新的思路。在立法框架结构与法规条文的关系上，一般来说，框架结构的设计往往决定了法规中每一个章节在法规条文内容方向上的选择。法规章节的设定，往往决定了法规条文的类型和范围。换言之，在法规框架结构确定后，向某一章节中填充的条文类型往往是限定的，只有同类型的法规条文才能放入同一章节之中。因此，如果地方立法在框架结构上缺少创新性，容易与上位法在框架结构上雷同，这种情况下每一章节所选择的规范类型也会与上位法相似或相同。这会大大降低法规条文的创新性。因为上位法的框架结构已经为下位法法规条文选择设定了条条框框，而打破这种条框进行法规条文创新的难度非常大。因此，只有从外部打破上位法框架结构的束缚，实现下位法在框架结构上的创新，才能从根本上打开法规条款创新的思路和空间。

三、体例结构安排的规则

(一)立法体例选择的技术规则

地方立法在体例选择上，一般提倡多用“规定”“办法”“决定”等简易体例，少用、慎用“条例”的形式，这样可以有效降低地方性法规体系的规模，减少体系性矛盾，也有助于增加地方性法规的适用性、针对性和可操作性。在结构设计上，一般提倡不分章节，而是尝试采用“条款法案”的形式，必要时还可就上位法的一章、一节甚至个别条款作出符合地方实际的细化规定。立法条文数目，应根据当地的实际需要、相关立法的必要性和可行性决定，由综合性、系统性向单行性、专项性转变。数目不要动辄几十上百条,二三十条即可,少一些原则性、纲要性的条款,多一些细化、量化的规定。要匹配上位法的立法目的和实际需要,来制定合理有效的法规体例结构。对于创制性法规,一般更偏向于完备的体例结构,在体例选择上偏向于"条例";在结构设计上,可以根据规范内容的复杂程度设章节,也可以设置条款;在条文数目上,可以较执行性法规多。另外,体例结构的选择应当匹配法规内容和立法目的,而不是倒置,立法机关应把握好先后顺序,根据所制定的法规类型和内容合理选择体例结构。[1]

(二)结构单元应用的技术规则

《立法法》第65条第1款规定:"法律根据内容需要,可以分编、章、节、条、款、项、目。"第2款规定:"编、章、节、条的序号用中文数字依次表述,款不编序号,项的序号用中文数字加括号依次表述,目的序号用阿拉伯数字依次表述。"具体而言,对于地方性法规结构单元的应用,要遵守如下规则:

一是章的运用规则。章是规范性文件中常见的结构单位,其格式为"第×章"。在章的应用中应当注意,在规范性文件内容较多,并且有划分层次的需要时,才有应用章的必要性。一般而言,地方性法规中应用章的,应当具备足以划分三到四章以上的条件。总则(一般性规定)、分则(具体性规定)和附则(补充性规定)是最基本的结构。在内容上,各章之间应当既相对独立,也存在一定的逻辑联系。没有相对独立性也就没有设章的必要性。各章所规范的内容相互间形成一定的逻辑顺序,从而产生协调一致的整体性。各章的篇幅应当尽可能保持规范整体体系上的均衡性,避免出现严重失衡的现象。关于章的篇幅,一章中至少应当有三条以上的内容。但也存在附则中仅包含一个规范条文的特殊情形。

---

〔1〕 参见曹瀚予:《设区的市法规体例结构的选择与完善——以山东省设区的市法规为分析样本》,载《人大研究》2020年第5期。

二是节的运用规则。节的应用频率相对章而言要少得多，其应用格式为“第×节”。作为附属性结构单位，节只能在章的下面设置，不能脱离章而独立存在。节同样应当在必要时才予设立，不应滥用。是否设置节应当取决于某章的篇幅长短及其条文的复杂程度。与章的应用相同的是，各节内容应具有相对的独立性，但同一章下的各节之间也应当具备一定的逻辑联系。

三是条的运用规则。条是地方性法规文件中最基本的结构单元，又称“法条”，其应用格式为“第×条”。地方立法时，条既可以完全独立于编章节款项目，也可以在章下设置，还可以在节下设置。对于某些条文较少的规范，还可能以汉字序数“一、二”的形式出现。地方立法时，条的长度应当适宜。条文的内容应当独立完整，特别是在逻辑上应当完整。不能将不同意思的条文内容掺杂于一个条文之中表述，也不能将同一意思的条文内容生硬割裂于多个条文中表达。条文之间也应当保持一定的逻辑顺序，应当根据条文所表述的事物的规律来合理排列条文顺序，避免给人混乱无序、无所适从的感觉。

四是款的运用规则。在地方立法实践中，款的应用频率比较高，仅次于条。款的应用格式是以自然段划分，无需序号，相互间仅以句号区分。作为附属的结构单位，款严格隶属于条，不能脱离条而单独存在。款的作用就是解决条的逻辑结构问题，特别是在条的内容偏长且蕴含多重意思或多层结构时，可以通过设置款使条的内容更具有条理性，更清楚易懂。款的设置同节一样，只应在必要时才予设置。通常而言，当条文含有两层以上的意思，而且不能割裂于两个以上的条文中予以表述，以一段话来进行表达又显累赘时，可考虑设置款。款的设置有多种方式，包括并列式、递进式和混合式。实践中可以根据需要表述的内容来具体选择设置方式。对于混合式而言，一般应当先并列后递进。

五是项的运用规则。项是次于款的结构单位，其应用格式为“（一）”“（二）”。在运用项时，不同的项之间要分段表述，相互间以“；”进行间隔区分。相较款而言，项在设置上更为灵活。立法实践中，项的应用应当节制，只能在确有必要时运用。当条文只有一层完整的意思，但这一层意思又包含多个部分时，可以考虑设项，这属于在条下直接设项的情形。条下已经设款，而款本身的内容较多、结构复杂时，则有必要进一步设项，这属于在款下设项的情形。项不具有完全独立性与完整性，项本身不足以表达条文的完整思想，而必须与同一条或同一款下的其余各项相联系，才能使条文的完整意思得以形成。项的数目应有限制，一般设置的项不能少于两个，但项的数目也不宜过多，可以考虑将部分项合并成条或款来表述。

六是目的运用规则。目是项下的一个结构单位，也是目前地方性法规中使用的最小的结构单位。目的应用格式为用阿拉伯数字“1.”“2.”“3.”，目要分段来表述，用“；”进行间隔区分。作为附属性结构单位，目严格隶属于项，不能脱离于项而独立存在，目是对项的列举式说明。一条包含几款、一款包含几项、一项包含几目，应呈逐级递减的形式排列。

（三）总则、分则和附则搭建的技术规则

首先，总则一般对立法目的、依据、调整范围、基本原则及其他一些重要问题作出规定，对地方性法规起到统领和指导作用，总则中的有关原则和制度，在其后的法律条文中一般都有具体体现和明确规定。对总则的构建，要注意两个方面的问题：一是总则的设计要和其后各章节的具体内容相对应，不能孤立地设定总则，总则是分则的统领，分则是总则要求的具体化。二是尽管总则规定的主要是一些原则性、一般性的要求，但总则的功能是不可取代的，也不是可有可无的，要重视对总则的结构设计和内容安排。一般而言，总则主要规定法规的立法目的和根据、适用范围、工作原则、政府职责和部门职责等内容。

其次，分则是根据具体的情况分别作出明确的规定，具有特殊性。分则往往是法规中内容最丰富的部分，是条文的主体部分。分则根据总则和具体实践制定出具体的执行标准、实施措施、执行程序和奖惩措施。在某些程度上，可以说分则继承和体现了总则的基本原则和精神，是总

则在具体实践中的细化应用。在设计分则时，要注意以下事项：一是分则的补充性和辅助性，并体现在一个“细”字上，把有关条规具体化、细密化。二是分则条文的逻辑顺序，一项一事，体现出相对的独立性。三是分则写作必须坚持“上有所依，下有所系”的原则，即必须根据上级机关的有关条规，联系本地区、本系统的实际，提出具体的实施细则。

最后，附则是附在法规后面的规则。一般来说，那些在总则、分则中都不合适列入的内容，就放在附则中。尽管附则列在法规的最后，但它仍是整个法规的重要组成部分，与法规的其他必要组成部分具有同等的法律效力。在地方立法实践中，附则作为一种附带条款，主要规定以下内容：对地方性法规中的专业名词和专业术语的解释；地方性法规的适用范围，经常是一些有关“参照适用”、“比照适用”或“也适用”的规定；关于授权制定实施细则（或办法）的规定、解释权的规定；关于实施时间的规定；关于与其他法律、法规或者规章的关系的规定等。

（四）法规名称拟定的技术规则

地方性法规的名称，是指地方性法规题目的称谓。法规名称是否规范、科学，是衡量地方立法工作质量的标准之一。地方性法规名称结构一般包括立法主体、适用范围、调整对象、法规层级四个部分。立法主体是指人大和人大常委会，在地方性法规名称中一般表述为“某某省或市”；适用范围指地方性法规适用的时间效力、对人的效力和空间效力，名称上一般反映为空间范围；调整对象指地方性法规所涉行业、产业、产品的行为和物化事项；法规层级即法规的体例，包括条例、实施办法、规定和规则。地方性法规名称在内容上要符合结构完整、文字简洁、内涵准确的要求。

地方性法规的名称是该规范性文件在整个国家法律形式层次体系中的地位和效力的一个标志，因此，应实现地方性法规名称的规范化，即地方性法规的名称应有一个统一标准，并与国家的整个法律体系协调一致。地方性法规的名称在使用上要具备统一性、严肃性、明确性和专有性。所谓统一性,即地方性法规名称要与整个国家的法律名称相统一,地方性法规名称本身要具有一致性,二者相辅相成。所谓严肃性,即地方性法规是具有法律效力的规范性文件,其名称也必须反映出“法”的特点。所谓明确性,即地方性法规是地方人大制定颁布的,是我国法律形式的一种,在名称上要与政府规章有效区分。所谓专有性,即地方性法规名称虽然只是形式,但在一定程度上也反映出法规的内容和适用范围。[1]

当前,地方立法实践中存在地方性法规的名称与政府规章无法有效区分的问题。从法规与规章名称形式上看,地方性法规除大量使用“条例”外,“规定”“决定”“办法”与“细则”等名称占不小比例;而地方政府规章除大量使用“办法”外,“规定”“决定”与“细则”同样占较大比例。因此,地方性法规与地方政府规章在名称上的混用十分明显。单从名称上来区分地方性法规与地方政府规章,难度比较大。地方性法规名称的使用很不规范,如果不加选择、不合理地任意使用“条例”、“规定”、“实施细则”或“办法”等名称,不考虑法规调整对象的范围和效力等级,就会引起地方性法规名称的混乱,导致人们难以从名称上辨别某项法规是由哪个机关制定的,对地方性法规所规范的内容也一知半解,不利于地方性法规的管理和执行。

四、“小快灵”地方立法模式

习近平总书记指出:“要研究丰富立法形式,可以搞一些‘大块头’,也要搞一些‘小快灵’,增强立法的针对性、适用性、可操作性。”“小快灵”立法模式是通俗的称谓,实际上是指简易体例。所谓简易体例,是指法规条文数量比较少,直接罗列条款,不再设置章节等复杂结构的立法体例结构安排。在名称上,简易体例大多称为“规定”“决定”“实施办法”等。具体而言,开展“小快灵”模式的立法,应遵循如下规范:

一是准确把握“小快灵”的精准意涵。所谓小,是指精准立法,选取

---

〔1〕 参见张兵:《地方性法规名称应规范化》,载《法学杂志》1987年第1期。

小切口，针对具体问题设计规范，使切口更深更准更实；所谓快，是指高效立法，化繁为简，管用几条制定几条，加快立法速度，提升立法效果；所谓灵，是指形式灵活，不分章节，短小精悍，聚焦需求，突出特色，力求管用好用。

二是“小快灵”立法在体例结构安排上应遵循适宜性、灵活性原则。“天下有定理而无定法。”进入新时代，立法工作应坚持“急用先行”，积极回应人民群众新要求新期待、解决群众反映强烈的问题、突破通达群众“最后一公里”的“瓶颈”，显得尤为重要。相较于立法结构完整、调整内容广泛的“大块头”立法，就一般体例而言，“小快灵”这种简易体例的立法形式简单，立法难度低，立法速度快，能有效提高立法的针对性、适用性、可操作性。

三是“小快灵”立法模式在体例结构安排上化繁为简，主要采用简易立法体例，选取矛盾的一个小切口，选取急需解决的一个或几个重点问题，体例简约不设章节，较短时间内出台，快、准、稳解决问题。“小快灵”立法模式推崇“一事一法”，条文短小精悍，可以选择开展单项立法，有几条立几条，管用几条制定几条，这能够有效降低立法难度，加快立法速度，提升立法效果。虽然“小快灵”式立法不能涵盖整体，但着眼微观，能够有效处理具体矛盾。

四是“小快灵”立法模式在具体条款设计上，要求立法者合理把握立法简约化与精细化之间的关系，在立法方法上要把握好“大和小”“好和小”“精和小”的关系。“小快灵”立法不贪求体例结构的完美，应尽量避免与上位法原则性、宣示性、准用性条款的重复，但针对具体事项的量化性、可操作性、实用性条款却是其核心价值所在，也是其必须求细求实之处。“小快灵”法规虽然普遍篇幅不大、起草过程高效，但高标准、高质量的立法要求却丝毫没有降低。“小快灵”立法并不意味着可以漠视立法质量、省略程序正义。立法“切口”和体量或有大小之分，但立法精神、原则和要求却并无繁简之别。

五、体例结构安排的反面典型

（一）体例选择上的“好大喜功”

违反地方立法体例结构安排的适宜性原则，在实践中具体表现为体例选择上的“好大喜功”。地方立法实践中，一些地方在选择立法体例时，偏爱条文数量多、结构完整齐全的“条例”，不顾地方立法的实际情况，无视地方立法实践的需要，人为堆砌法规条文，甚至重复上位法的规定。这必然导致地方立法体系规模日益庞大，地方立法质量不断下降，地方性法规适用性、针对性和可操作性不断降低。

（二）结构安排上的“贪大求全”

违反地方立法体例结构安排的平衡性原则，在立法实践中则具体表现为结构安排上的“贪大求全”。与体例选择上“好大喜功”，偏爱法律条文数量多、规模大不同，结构安排上的“贪大求全”则表现为钟爱地方性法规结构的完整性，讲究“麻雀虽小五脏俱全”。在法规条文数量有限的情况下，没有选择“小快灵”的立法模式，而是片面贪大求全，总则、分则、章、节、目面面俱到，最终导致法规体例结构失去平衡、丧失美感。

第二节 法规条款设置的技术规范

一、权利义务条款设置的技术规范

权利义务作为法律规范的主要元素，一直是立法时要重点考虑的内容。随着经济不断发展、社会不断进步，人民群众的权利意识日趋成熟，法律对于权利义务的规定日趋完善。在地方立法中，也越来越重视权利义务条款的设置。

（一）权利义务条款的概念

地方立法实践中，涉及设置权利义务内容的条款，主要包含三类规范,即授权性规范、义务性规范和权义复合性规范。

授权性规范是指授予公民、公职人员、社会团体和国家机关可以自行抉择做或不做某种行为的法律规范。授权性规范也称为任意性规范,授权性规范在法规条文中,多以"可以""有权""享有""具有"等词来表达。从类型学的角度看,授权性规范具体可以分为:一是职权性规范,即规定国家机关职权的规范。国家机关的职权,对于国家机关而言既是其权利(职权)也是其义务(职责),必须行使和履行。二是权利性规范,是规定自然人、法人或者其他组织权利的规范。对于此种权利,自然人、法人或者其他组织可以行使,也可以不行使。权利蕴含着自由的基因,权利人可以选择放弃行使权利,这是权利的应有之义。与授权性规范相对的是义务性规范。义务性规范是指规定人们应为或不为一定行为的行为规范。与人的行为可以分为作为和不作为相适应,义务性规范也可以分为命令性规范和禁止性规范。命令性规范是规定人们应为一定行为的规范,禁止性规范是规定人们不能为一定行为的规范。权义复合性规范是指兼具授予权利、设定义务两种性质的法律规范。权义复合规范大多是有关国家机关组织和活动的规则。这类规则的特点是主体有权按照法律规则的规定做出一定行为,但做出这些行为又是他们不可推卸的责任,否则将承担相应的法律责任。

(二)权利义务条款设置的法理要求

权利义务二者之间具有密切关系,在设置权利义务条款时,应严格遵循有关权利义务的法理。具体而言,权利义务的关系包括:一是结构上的相关关系。权利和义务是对立统一的关系,二者间的对立表现为,一个表征利益,另一个表征负担;一个是主动,另一个是受动。权利和义务是法这一现象两个分离的、相反的成分,是两个相互排斥的对立面。二者间的统一表现在:二者相互依存,即权利和义务不可能孤立地存在和发展,一方的存在和发展以另一方的存在和发展为条件;二者相互贯通,即权利和义务相互渗透、相互包含,并在一定条件下相互转化。二是数量上的等值关系。一个社会的权利总量和义务总量是相等的。在具体法律关系中,权利和义务相互包含。三是功能上的互补关系。权利直接体现法律的价值目标,义务保障价值目标和权利的实现。权利提供不确定指引,义务提供确定指引。义务的约束机制有助于建立秩序,权利的导向和激励机制有助于实现自由。四是价值意义上的主次关系:现阶段,应以权利为基础,构建权利和义务的关系。在权利义务关系范围内,权利是目的,义务是手段,法律设定义务的目的在于实现权利。权利是第一性因素,义务是第二性因素,权利是义务存在的依据和意义。在法律没有明文禁止和强制的情况下,可作出权利推定,即推定有权利(自由)去作为或不作为。权利主体在行使权利时,只受法律规定的限制,限制的目的在于保障他人的合法权利。人们在享有权利、成为权利主体的前提下,应承担相应义务,在行使权利和履行义务的实践中实现权利义务的一致。[1]

(三)权利义务条款设置的技术要求

第一,严格遵守法律保留原则。所谓法律保留原则,是指在地方立法过程中,设定权利义务规范时,有些权利是法律保留事项,只能由全国人大及其常委会制定的法律予以规定,地方性法规不能作出任何减损性的规定。《立法法》只是将公民基本权利中的政治权利的剥夺规定为绝对保留事项,对于其他公民基本权利和基本法律规定的权利无明确的规定或规定得较为模糊。因此,在进行地方立法时应当明确,对于公民基本权利和基本法律中规定的权利,地方立法不得减损。具体包括:其一,由于宪法规定的公民基本权利具有母体性,即宪法规定的基本权利是其他法律权利的重要基础,因此对于公民基本权利的削减就只能由法律规定,地方立法不得染指。其二,基本法律中规定的权利为宪法中公民基本权利的具体化,而其权利本身就体现着公民基本权利,属于公民基本权利的部门化表达,地方进行立法时也不得染指这些权利,否则也会影

〔1〕 参见张文显主编:《法理学》(第5版),高等教育出版社2018年版,第135~136页。

响公民基本权利。

第二,细化上位法的规定。在地方立法过程中,设定权利义务规范时要严格按照上位法的规定,不能与上位法相抵触。地方立法时,对于上位法除了考虑宪法、法律和行政法规外,也应当考虑政策。政策相较于法律而言,具有及时性与针对性的优势,故而在制定和修正地方性法规时,应当将已经被实践证明确实可行的政策内容吸纳进法规条文。地方立法时,设定的权利义务条款还要与上位法的立法目的保持一致,要遵循上位法的法律原则。因为上位法在规定了某项原则后,必然会依据此项原则设计公民所拥有的权利和需要履行的义务。一旦违反上位法的原则,地方性法规就会减损上位法规定的权利,并存在不当增加义务的可能。对于上位法规定的权利与义务,地方立法应当以保障权利的内容更加具体、权利的行使更加便利、权利的救济更加有力为主要内容进行规定;同时,地方立法实践中,应当在上位法规定的义务范围内,尽可能细化相关规定的内容要求,避免义务范围、条件和后果的不清晰、不明确,从而减少执法中的不确定性。

第三,注重权利义务的平衡。没有无权利的义务,也没有无义务的权利。在设置授权性规范时,不能孤立地看待授权性规范,而应将其放在权利和义务的关系中进行把握。在设置授权性规范的同时,也相应地设置义务性规范,作为授权性规范实现的保障。在数量上,授权性规范和义务性规范应当大体相当,不能出现授权性规范多于义务性规范的情况。

第四,以保障权利的实现为重点展开。地方立法中,设置新权利的情况并不常见,因为权利的设定多属于中央立法的事权范围,属于法律保留的事项,地方立法不能触碰。地方立法中最为常见的则是对权利实现进行保障性的立法。地方立法要围绕两种权利的实现展开。一是对政府职权的实现进行规定。主要是将政府履职的情况具体化、细化,明确行使职权的主体、程序、内容、责任等。二是对公民权利的实现进行规定。主要是将公民权利实现的条件、权利救济、投诉举报等内容具体化、细化。

二、倡导性规范的创设

(一)倡导性规范的界定

《辞海》中“倡”有首倡、带头之意,“倡导”则为首倡、提倡之意。倡导性规范是指地方立法文本中存在的具有直接提倡、鼓励行为主体做出某种行为倾向的法律规范。立法机关设立倡导性规范,主要目的是引导行为主体实施特定事项,注重行为主体为或者不为特定行为,即立法机关更在意的是引导行为选择,进而通过该特定行为实现构建社会积极秩序的目的。倡导性规范的常用表达语多为“鼓励”“保障”“提倡”“支持”等。倡导性规范具有如下特征:一是倡导性规范的价值判断是一种原则性指引,不会直接影响行为人的具体行为,也不会导致对行为人不利的法律后果。二是倡导性规范突出对行为人行为模式的导向,不具有法律强制力,也不涉及应负的法律后果,主要靠行为人的自觉、自愿起作用。三是倡导性规范本身没有确定性的规定和具体的规范要求,只是一般性的支持、引导、提倡和鼓励而已。尽管这种“软法”不具有强制的法律效力,但是它旗帜鲜明地表明赞成什么、倡导什么、鼓励什么,对社会发展具有积极的引导和预防作用。

倡导性规范不同于禁止性规范。倡导性规范意在提倡一定的行为主体为某种行为时采用特定的行为模式,仅仅是倡导绝非命令,不存在对于行为主体强制的可能性,行为主体不会因为违反倡导性规范而遭受否定性法律评价。禁止性规范则规定禁止行为主体为行为,即不得做某事,二者的区别显而易见。同时,倡导性规范也不同于授权性规范和义务性规范。倡导性规范所提倡的行为或者行为模式,对于行为主体来说,既非权利也非义务,行为主体不会因为倡导性规范的存在而享有某种权利或者必须履行某种义务。

倡导性规范可以分为直接倡导性规范和间接倡导性规范。直接倡导性规范,即法律文本中蕴含了立法机关对相关行为主体强烈的期待色彩,并且此种情感的表达十分直接,毫不掩饰。这种倡导性规范拥有相对固定的逻辑结构,一般采取“鼓励、提倡、支持 + 相关行为主体 +(为或者不为)特定行为”的结构。这种逻辑结构实质上展现了立法机关对相关行为主体特定行为的期待,并欲指引行为主体对特定事项采取积极的措施。因此,可以从语义中感受到立法机关的感情色彩十分鲜明,情感表达十分直接。间接倡导性规范的逻辑结构为“行政机关 + 特定行为 + 奖赏”。间接倡导性规范在法律文本中的表现形式不同于直接倡导性规范,其主要特点在于法律文本中并未出现“鼓励、提倡、支持”等感情色彩鲜明的词汇,也未出现特定行为主体。此种类型的倡导性规范主要内容是奖赏,即行政机关给予有关行为主体一定的物质与精神奖励,从而激发行为主体从事特定行为的动力,且奖励越丰厚,相关行为主体的积极性就越高。

(二)倡导性规范设置的法理要求

在属性上,倡导性规范所作出的要求,更类似于习惯,突出反映了立法者主动引导行为主体为某种行为或按照某种行为模式做出行为选择的道德立场和价值选择。习惯在地方立法中的实现途径只能是倡导性规范,倡导性规范是习惯规则入法的最佳载体和形式。倡导性规范在功能定位上不同于授权性规范和义务性规范。授权性规范和义务性规范同样具有倡导的功能作用,授权性规范是借助于权利的激励功能来实现倡导,而义务性规范则通过义务的负担性从反面进行激励,同样具有倡导的韵味。因此,仅仅从功能作用上,无法将倡导性规范与授权性规范、义务性规范区分开。三者之间的主要差别在于规范的结构内容。授权性规范的内容是权利,义务性规范的内容是义务,而倡导性规范的内容则是习惯。习惯不同于权利和义务。习惯是人们的同一行为方式经多次重复实践而逐渐为多数人所认可。习惯的运作逻辑是,因为大家一向如此所以我也如此,即基于行为的不断重复而形成行为惯性,进而产生规范性。地方立法主要借助于权利和义务的设置而产生规范性。习惯主要是基于人重复的本能而产生规范性,其既不是义务,也不是权利。

因此，习惯进入地方立法的途径并非将其转化为权利和义务，而是将其作为倡导性规范从而进入地方性法规。习惯的属性也恰恰契合倡导性规范的属性，即二者均不依赖于权利和义务，可以在不设置权利义务的情况下，将一些社会上呼声较高、具有一定实践基础的要求在地方立法中进行规定，从而降低因创设权利义务条款而带来的立法难度和立法风险。

(三)慎重设置倡导性规范

倡导性规范的独特价值在于事前调控，明确地表明法律提倡什么，促使行为人在作出行为选择之前就知道自己应当怎样作出选择。地方立法实践中，除了一些特殊的地方性法规外，如文明行为促进地方立法等，一般要慎重对待倡导性规范。要有效控制倡导性规范的数量，合理安排倡导性规范在地方性法规中出现的位置。如果地方立法一味地围绕上位法而附和或表态，设置过多的倡导性规范，尽是一些“不长牙齿”的口号性立法，久而久之就失去了地方立法的价值和作用。地方立法的倡导性规范太多，无异于把地方立法当成了一种实实在在的摆设，也无异于丢弃了法律规范的确定性、稳定性和实用性。在进行地方立法时，应以权利义务性规范为主体，从而有效保障地方性法规自身的规范性。倡导性规范主要作为补充，发挥将习惯引入法规的载体或通道的作用。

(四)慎重为倡导性规范设置肯定性法律后果

倡导性能否产生规范性，关键在于行为人是否认同该规范的内容要求，具有比较强的自律性约束的韵味。倡导性规范对行为主体缺乏约束力，根本原因在于倡导性规范的逻辑结构要素中缺乏法律后果。而法律后果是彰显法律规范的约束性与稳定性的重要基础。如若在倡导性规范中加入否定式法律后果，则倡导性规范就成为了强行性规范与任意性规范，那倡导性规范的指引性就蜕变成了立法机关的强行性指引，这有违倡导性规范的性质内涵。因此，如欲完善倡导性规范的法律后果要素，则应首先排除否定式法律后果。那么，是否可以考虑明确倡导性规范的肯定式法律后果，则需要慎重选择。一旦为倡导性规范设置肯定性法律后果，所倡导的内容就变成了权利，倡导性规范就蜕变成授权性规范。无论倡导性规范转化为义务性规范还是转化为授权性规范，都失去了自身存在的功能和价值，这实际上否定了倡导性规范自身的存在。

三、法律责任条款的设置

法律责任是由特定法律事实所引起的对损害予以补偿、强制履行或接受惩罚的特殊义务，亦即由于违反第一性义务而引起的第二性义务。“法律责任规定得是否科学合理，关系着法律、法规的质量和实施效果。法律、法规的实施情况表明，任何一部法律、法规的实施效果和立法目的达到的程度，在一定意义上取决于其法律责任规定的科学合理方面所达到的程度，即可实现的程度。”[1]在地方性法规中，以法律责任为内容的专门性条款即法律责任条款。一般而言，地方性法规主要将法律责任条款专章放置在附则之前，在不设专章时则将法律责任条款放置于法规条款之前。

（一）法律责任条款的概念

所谓法律责任条款，是指地方立法中专门就法律责任内容进行规定的法规条文。当前，地方立法实践中，法律责任条款基本上是地方性法规的“标配”，承担着地方社会治理的重要使命。法律责任条款规定的质量高低，直接影响到地方性法规的可操作性和实效。实践中，一般将规定法律责任条款的地方性法规，称为“长牙齿”的法规。换言之，如果不设定法律责任条款，地方性法规就可能沦落为“没有牙齿的老虎”。在地方立法过程中，法律的强制性主要体现在法律责任条款的设置上。而法律责任条款设置的情况如何，也是社会关注的焦点和新闻媒体报道

---

〔1〕 参见李培传：《论立法》，中国法制出版社2004年版，第402页。

的重点。

根据立法目的的不同，地方立法也可以分为管理型地方立法和促进型地方立法。与此相适应，法律责任条款便可以分为管理型立法中的法律责任条款和促进型立法中的法律责任条款。一般来说，管理型立法中的法律责任条款“偏多”“偏硬”，通常设定具有强制性、制裁性的法律责任，以国家强制力保障实施。管理型地方立法中的法律责任条款数量较多，处罚幅度也较大，从而实现对已出现或是能预见的问题通过设定责任条款的形式进行纠正的管理目标；促进型立法中的法律责任条款则“偏少”“偏软”，一般不对罚则进行设定，更多的是对激励机制和自律性条款进行规范设定。即使促进型立法设定了法律责任条款，其处罚种类一般较少，处罚幅度也较为轻微。促进型立法中的法律责任条款重在体现责任条款的多样化运用，更多的是社会责任的体现。在地方立法实践中，应坚持管理型立法与促进型立法相辅相成，实现教育与惩罚相结合，从而更好地推进我国地方治理体系和治理能力现代化。

（二）法律责任条款设置的理念要求

第一，可替代性的理念。地方立法实践中，对法律责任条款的设置应当持谨慎的态度。法律责任往往意味着沉重的负担，法律责任条款实际上是一种分配社会负担的形式。责任条款一旦设定就会给相应的责任主体增加道义上的负担。因此，在设定法律责任条款时应秉持可替代性的理念，能够通过其他方式或手段代替法律责任的，就应当尽可能用其他的替代性手段或方式，而尽量避免采用法律责任的方式予以调整或规范。

第二，节制的理念。节制的理念和可替代性的理念一脉相承，在法律责任无法替代、不可避免的情况下，也应当秉承节制的理念。在可多可少的情况下，尽可能少设定责任；在可轻可重的情况下，则应当尽可能设定较轻的法律责任。节制理念要求法律责任条款的设定能少则少，能轻则轻。但同时节制的理念也要求在设定法律责任条款时，要做到应设即设，即凡是有必要明确法律责任的坚决设定法律责任，以形成“法网恢恢，疏而不漏”的法律责任体系。一旦设定了法律责任条款，就要做到设则有效，即设定的法律责任必须达到必要的强度，能够给予违法者有力的惩罚，使其慑于法律责任的严厉而放弃违法。

第三，合理的理念。法规的法律责任设定是否符合实际、合理恰当，直接关系着法规本身的规范调整功能的健全和完善，关系着能否有效地保障法规的顺畅实施，关系着立法目的的实现程度和社会效果。首先，责任条款的表述应当准确合理，如果责任条款表述模棱两可，就容易产生歧义。其次，责任形式要合理。在立法中不同的责任形式具有不同的特征和功能机制，因而责任形式的分配应当合理。再次，责任强度要合理，法律责任的严厉程度要与违法行为的性质、情节、社会危害性等保持协调，不能畸轻畸重，既要达到有效遏制违法的目的，又要合理可行。最后，责任认定要合理，要准确区分个人责任和单位责任，要厘清法律中的授权委托关系，让法定被授权人切实承担法律责任。[1]

（三）法律责任条款设置的原则

地方立法实践在设定法律责任条款时，应秉持开放性的理念，积极主动引入法律责任条款的新型设计，勇于创新，与时俱进，保证法律责任条款的设定同立法价值相吻合。

第一，在法律责任条款设置时主动贯彻“首违不罚”的原则。2021年1月修订的《中华人民共和国行政处罚法》（以下简称“《行政处罚法》”）以立法的形式确立了“首违不罚”制度，这是以人为本和柔性执法理念在立法中的具体体现。地方性法规作为《行政处罚法》的下位法，同样需要在其法律责任条款的设定中践行这一制度，从而保证地方性法规与人性化执法的新发展趋势同步。地方性法规在设置法律责任条款时能够将“首违不罚”制度融会贯通，便能更好地发挥该制度的功能作

〔1〕 参见李亮：《法律文本中责任条款设置的理念与原则》，载《云南大学学报（法学版）》2013年第3期。

用,使以人为本和柔性执法理念真正落到实处。

第二,体现惩罚与教育相结合的理念。惩罚与教育相结合原则,是指地方性法规法律责任条款不仅是惩罚违法行为的依据,而且是教育和改造违法行为人的手段。惩罚功能与教育功能应当同时进行,不可偏废,这就要求地方性法规法律责任条款设置更加人性化、更加有温度。地方性法规中的法律责任条款,如若“罚而不教”则有违立法目的的正当性,“教而不罚”则有违执法程序的正当性,“不罚不教”则有违具体履职的正当性。因此,为保障责任条款的价值充分实现,地方性法规在设置法律责任条款时要做到“有罚有教”,体现惩罚与教育相结合的应有之义,从而使惩罚与教育形成良性互动,使地方性法规刚柔并济地解决社会难题。

第三,法律责任条款的设置应体现灵活性。这就要求地方立法中的法律责任条款不能“一刀切”,而是要通过更为具体的法律责任条款设定,使其朝着区别化、例外化的方向去深入探索,从而突破法律责任条款普遍化、一般化的现状。

(四)法律责任条款设置的模式

关于法律责任的本质,主要有规范责任论和道义责任论两种观点。规范责任论认为,法体现了社会的价值观念,是指引和评价人的行为的规范。它对符合规范的行为持肯定的态度,对违反规范的行为持否定的态度。否定的态度体现在法律责任的认定和归结中。道义责任论以哲学和伦理学上的非决定论,即自由意志论为理论基础。它假定人的意志是自由的,人有控制自己行为的能力,有自觉行为和进行自由选择的能力。由此推定,违法者应对自己出于自由意志而做出的违法行为负责,应该受到道义上的责难。[1] 与法律责任在本质上区分为规范责任论和道义责任论相适应,法律责任条款的设定也存在两种模式。

第一,基于规范责任论的法律责任条款设定模式。基于规范责任论

---

〔1〕 参见张文显主编:《法理学》(第5版),高等教育出版社2018年版,第166页。

而进行法律责任条款设定的模式，应符合如下要求：首先，注重对违法行为的惩戒。为了保障地方性法规与其所规定的权利义务得以有效实现，对违法行为进行有效惩戒，便需要法律责任条款来具体规定未达到地方立法要求所应承担的不利后果，从而更好地维护地方性法规的导向性、严肃性及权威性。其次，注重发挥法规的强制功能。地方性法规需要对违法行为进行强制性规定，是法律责任条款存在与设定的实质。法律责任条款作为强制性后果的具体形式表达，不仅是地方性法规的重要组成部分，还是地方性法规本质要求的具体体现。最后，带有明显的规范意图。法律是一种具有价值判断功能的行为规则，在对人们行为进行指引的同时，还能对行为进行评价，是衡量人们具体行为的重要标准。一方面，地方性法规法律责任条款的设定要达到矫正行为的效果。另一方面，地方性法规法律责任条款的设定要达到警醒公众的效果。

第二，基于道义责任论的法律责任设定模式。基于道义责任论，地方性法规在设定法律责任条款时，要从人民的角度出发，在法律责任条款中充分展现以人为本、立法为民的立法理念，人性化设定法律责任条款，从而使地方性法规更有温度。具体而言，基于道义责任论的地方性法规法律责任条款设定，应符合如下要求：首先，坚持以人为本。法律责任条款作为地方性法规的重要组成部分，虽然具体规定的大多是处罚违法行为的内容，但同样要遵循以人为本的设计理念，维护好权利的救济、界定好责任承担的轻重，从而维护好广大人民的根本利益。一方面，地方性法规法律责任条款的设定有维护权利救济之用。法律责任条款既要保障人民权利的实现，又要督促人民履行义务。权利救济通过法律责任条款的形式来实现，能够强化社会公众尊法、学法、守法、用法的心理基础。另一方面，地方性法规法律责任条款的设定有界定责任承担轻重之责。根据道义责任论的要求，在设定法律责任条款时，不应“一刀切”，而应是对于危害程度较轻的违法行为设定较轻的法律责任，对于危害程度较重的违法行为则要设定较重的法律责任，并通过设定不同责任形式的方式做到责任轻重之间的有效衔接。同时，对免罚轻罚的行为模式作出合理设定，给不知晓、不熟悉、不理解相关地方性法规的行为人一次熟悉与学习的机会。这既体现出法律责任条款设定的层次性，又体现出法律责任条款设定的人性化，使地方性法规充分发挥其善治的功能。其次，注重体现法规的教育功能。道义责任论主张，以法律责任条款形式确定下来的社会价值导向，对社会公众有着教育作用，能够让社会公众明确认识到某种行为合法与否，从而达到减少或预防违法行为发生的效果，这便是在地方性法规中设定法律责任条款的要义所在。在地方性法规的设定过程中，法律责任条款不是只有惩罚和纠正违法行为这一项设定目的，更是要体现处罚与教育相结合的设定原则。最后，体现促进型立法的特点。法律责任条款作为地方性法规的重要组成部分，其在设定过程中也应注重促进功能的实现。通过法律责任条款的引导与激励，达到增强公众辨别是非善恶能力的效果，从而提升公众的道德品质，促进公众的全面发展。

第三节　立法语言的技术规范

一、立法语言的概念

立法语言作为我国法律内容的重要载体，广泛运用于法律实践之中。立法语言是语言中的特殊形式，是法律语言的分支，是立法意图和立法思想的表达，有着自身独特的特点和使用标准。作为一种独立的语言表达系统，立法语言的灵魂在于精准明确、备而不烦。与追求优雅文字、华丽修辞的文学语言相比，“法言法语”反而需要坚守统一、准确、严谨、简明的特质，避免语义的模糊、逻辑的混淆，防止陷入文学化、口语化等语体风格误区。可以说，大到立法原则的表述，小到标点符号的使用，立法语言都会影响立法原意的传递，需要运用技术规范加以控制。具体而言，立法语言是指立法主体按照一定的规则表述立法意图、设定法的规范、形成规范性法律文件的一种专门语言文字，是一定的意志或利益得以表现为成文法或法的规范的专门载体。

二、立法语言的技术标准

（一）准确性和模糊性

地方立法过程中应寻求准确性与适当模糊性之衡平。准确性能够在法律适用过程中增强法的清晰性、准确性，减少个案差异化，但也应认清其局限性。法律若只有准确性而缺乏模糊性，只能是僵硬的法律条文。准确性与模糊性相伴而生，重要的是如何衡平二者在实际应用中的比重。准确性是立法语言的原则，丧失准确性的立法语言虽有实无；模糊性是浮动范畴，过高或过低都会限制立法语言在立法甚至司法中的效用。应在立法语言规范中适当限定模糊性语言的使用范围，模糊性语言的使用应有上限及下限，过高则会减损立法权威性，给予司法过多解释权，易造成司法权利滥用；过低也会降低模糊性词语在立法语言中的作用，过度限制司法自由裁量。

（二）专业性和通俗性

立法者应在立法语言的专业性与通俗性之间寻求平衡点。专业术语是立法语言的筋骨和核心，在立法语言中不仅不可或缺、无法替代，而且极其重要，具有特殊意义。日常用语是构成立法语言的基础和源泉，立法中的专业术语需要依托于日常用语来使用。在我国的立法语言中，这对矛盾主要表现为立法语言的通俗性有余而专业性不足。在立法语言的专业性和通俗性关系方面，立法者必须清醒地认识到，立法所使用的词语既包括日常用语，也包括法律术语，但专业性更符合立法语言的特质和要求，是根本性的、第一位的，通俗性只能居于次要地位，这是维护立法准确性、科学性的需要。在通俗性与专业性的选择上，应保持立法语言准确、严谨、庄重，在确保专业性的前提下做到明晰畅达。

（三）简洁性和精练性

在地方立法过程中，应寻求立法语言的简洁性和精练性的平衡。立法语言的简洁性，是指在立法中，尽量用少的语言材料准确表达丰富的内容，要说理精辟，简而不缺，避免冗长、烦琐、累赘和不必要的重复。精练性是在充分表达立法者意图的基础上，满足法律完整性的要求，而非简单笼统地归纳。不然有可能削弱立法者的原意，导致法律条文出现漏洞或者内容的不完整。

(四)严肃性和严谨性

地方立法语言应当同时符合严肃性和严谨性。立法语言的严肃性，即要求立法语言不随意、不轻佻，端庄稳重。法律是维护公平正义，定分止争的利器，立法语言不能同评论文、新闻、小说一样，表达丰富的感情色彩，而需理性、庄重地去表述。立法语言应严谨规范，立法语言要具有较强的逻辑性。一个立法文本，包括整部法的前后规定、各个条文之间的逻辑关系、同一条文内部的叙述、词语间的搭配，都要符合逻辑规范。立法是极度理性的活动，其思维的严谨程度必然高于日常的逻辑思维。

三、运用立法语言的原则

立法语言的组合方式、表达形式、风格、特点，直接关系到法律的准确表达，关系到立法的质量。立法语言除了必须符合一般语言表达的要求外，还要充分反映和体现法律的特征和规律，符合自身特有的标准和要求。具体而言，立法语言的运用应遵循如下原则。

(一)规范性原则

所谓规范性原则，是指在地方立法过程中，立法语言的运用要符合一定的规律性、科学性，要遵循特定的专属于立法的语言运用规则。一方面，立法语言要符合语法的要求，句子不能残缺不全，句子之间搭配得当，语言顺序不能错乱，必须按照立法语言自身的规律陈述；另一方面，法律有自身的内在结构，需要用专门的、特定的词汇表述，使用的名词、术语要统一。成文法的最大特性就是规范性。法律的规范性依赖于法律规范本身可以在语词上被读取，进而才能在理性上被理解、被掌握和被分析。成文法的规范性，最终需要通过立法语言的规范性来实现。

（二）准确性原则

所谓准确性原则，是指立法语言的内涵要明确，外延的边界要清晰。准确性是立法语言的“灵魂”，是立法语言的最基本要求、风格和精神，是立法语言的生命之所在。准确性要求立法所使用的每一个词句都要准确精当、恰如其分，需要使用者字斟句酌、反复推敲、精雕细琢、准确无误，力求阅读者能作出符合原意的理解。立法者应当用清楚、恰切、合适的立法文字表述法律的内容，每一个词语所表达的概念的内涵和外延都应当清楚、确定。

（三）肯定性原则

所谓肯定性原则，是指立法语言的使用风格应该是肯定性的，要契合法律自身令行禁止的属性要求。为人们的行为制定规范，一般要用陈述句；表示强行性规范的常用祈使句，不能用反问句、省略句，也不能采用探究性、询问性、商榷性、讨论性、建议性及其他不确定性的用语来表达。

（四）简明性原则

所谓简明性原则，是指除了必不可少的专业术语外，立法应尽可能使用浅显易懂的日常用语，把法言法语通过日常语言进行解释，要用最精练的语言表达最丰富的内涵。简明包含两方面的意思：一是立法用语要简练，必要的字词一个也不能少，不必要的字词一个也不能有，力求言简意赅，避免冗长浩繁、重复累赘，用尽可能少的字和词来表达尽可能多的内容。二是立法语言应当通俗易懂，以准确表达为最高原则与基础，尽量避免使用深奥难懂、晦涩不明、含义不清、模棱两可的语言。

（五）朴实性原则

所谓朴实性原则，是指立法过程中应当使用中性、普适的描述性字语词。地方立法的语言应尽量朴实，即用词纯真、质朴，摈弃那些深奥孤僻的语词，语体风格素朴清淡、平易明快、淡泊清真，使人清清楚楚、明白无误地看懂。同时，地方立法语言还要做到中性，即客观、守中，既不故意夸张，又不任意缩小。在地方立法过程中，不宜采用文学上的夸张语言和比喻修辞，不提倡进行各种无用的外表装饰，尽量不使用口语、俗语或方言土语，更不使用隐语、诙谐语和双关语，还要摒弃带有政治色彩和道德色彩的褒义词和贬义词。

（六）严谨性原则

所谓严谨性原则，是指立法语言要严肃谨慎，尽力消除立法语言中的矛盾和漏洞，词语准确妥帖，用语严密周详，表达精确周密、合乎事理逻辑，用于表述同一事物的概念名称统一、前后一致，搭配合理，无懈可击，不能使用含义不清的或者新创造的词语。立法语言应当成为最严肃、最严谨、最严格的典范。立法者必须清楚掌握法律文本所使用的语词属性，在遣词造句、条款组合和篇章架构等方面找到自己特有的语言风格、语言格调。

（七）专业性原则

所谓专业性原则，是指立法过程中使用的核心范畴、关键概念、主要术语，应是经过特定行业准确界定过，并达成使用共识的专业术语。法律本身具有专业特性，法律条文本身会用到很多专业术语，法律的专门术语和概念组成句子就构成了法律的专业化表达。由于社会不断进步，法律所要调整的范围越来越大，经济生活与科学技术中的专业术语必然要进入法律条文，成为立法语言的组成部分。因此，立法语言必须具有专业性，否则就无法适应经济社会发展的需要。

四、立法表达工作规则

讲好法言法语，规范运用立法语言，是提高立法质量的必要前提。只有实现立法语言规范化，提高法案表达效果，才能准确理解和适用法律，从而实现执法司法公正，推进全民守法，提高新时代立法工作整体质效。

（一）准确把握立法政策

讲好法言法语，要准确理解立法政策，以立法政策为指引制定法律，准确表述、贯彻落实党的主张，并将其转化为法言法语。要正确把握立法目的和立法内容。成文法以立法语言为载体，法案表达形式服务于法案内容。只有准确把握立法政策、立法内容，起草者才能科学运用法言法语，规范法案内容，实现最佳立法效果。

（二）重视立法起草规范化

重视立法起草的规范化，要准确把握立法语言的一般规律，遵循立法表达规则，熟练运用立法表达技术，规范使用立法语言，以求极致的工匠精神和工作方法，反复推敲法案表述，提高立法语言规范化水平。规范使用立法用语，加强法案衔接，填补立法漏洞，确保法律规范内部融贯、外部协调，推进立法修法科学化。扩大吸收专家型人大代表参与法案起草、论证和修改完善工作，听取立法相关领域专家意见，确保立法语言符合相关领域专业知识。

（三）推进立法语言审查制度化

推进立法语言审查的制度化，健全完善立法语言审查制度，充分发挥立法用语规范化专家咨询委员会的实质审查作用。加强不同领域专家审查立法语言的互动，提高立法意见和建议的合理性、科学性。人大常委会委员审议草案，应当加强审议法案文本语言的规范性，要规范使用立法语言、相关学科专业用语来表达审议意见，保证和提高法案审议质量。通过审查立法语言，确保法案用语切实贯彻党的主张、立法政策，准确反映人民利益和意志。

（四）加强立法人才保障

重视立法技术基础教育，开设立法起草原理课程，系统讲授立法语言规范使用方法。完善立法职业准入制度，把立法语言专业能力、法律专业能力等作为招录立法工作者的重要考量标准。加强立法语言专题培训，促进立法语言理论及运用经验交流，提高立法工作队伍的法律专业能力、逻辑思维能力、语言表达能力，使立法工作队伍熟练掌握和运用法言法语。[1]

五、"应当"一词的使用规范

法是对人的行为进行规范，法的规范性在立法语言上，经常表现为具有明显规范性的语词，如"应当""不得""可以"等。其中，"应当"一词，是法律法规中最重要的灵魂概念，是法律规范中最重要的用语。地方性法规中涉及"应当"的表述最多。关于"应当"一词的规范使用，应符合如下要求：

首先，"应当"一词不同于"必须"。立法实践中，一般用"应当"一词表示某种必须作为的要求或义务，具有"命令""强制"的意味，并会附有对应的法律后果。如违反这一义务性规定，则予以追究法律责任，这是"应当"在法规中的主要用法。在这种意义上，"应当"和"必须"具有相同的含义。全国人大常委会法工委编制的《立法技术规范（试行）（一）》明确规定："'应当'与'必须'的含义没有实质区别。法律在表述义务性规范时，一般用'应当'，不用'必须'。"虽然二者在含义、用法上没有实质性差异，但为何立法时要用"应当"而不是"必须"，这实际上还是说明

〔1〕 参见姚树举：《立法如何讲好法言法语》，载中国人大网 2021 年 7 月 30 日，http://www.npc.gov.cn/npc/c30834/202107/1c55b4cbbf464ddfbe6c09a725b4e234.shtml。

二者在使用上存在一定的差别。“必须”属于行政化的语言表达，一般用于行政公文之中，突出强调主体间的命令和服从关系。“必须”一词是命令性口吻的主要表达形式。“应当”则体现规范性，是规范性口吻的主要表达形式。这里的规范性，主要强调主体的意志自由，对于是否服从规范的要求，行为主体实际上能够进行自主的选择，因此使用“应当”一词比较合适。“应当”一词能够非常清晰地反映出法律效力与法律实效之间的关系。“应当”仅仅表示法律规范具有外在的约束力，行为人是否接受法律规范的约束还需要行为人自主作出选择。实践中，有些人选择守法，也有些人选择违法，从而产生法律的实效问题。“应当”一词将违法的可能性涵盖其中，这符合法律实践的实际情况。如果用“必须”一词，则不留任何余地，没有为违法预留空间。“必须”体现发布命令者的意志，蕴含着发布命令者的意志不容置疑、不容违背、不容变通的意味，而“应当”则体现出守法者的意志，强调守法者对于规范的自主选择性。

其次，要明确“应当”与“应该”之间的差别。“应当”和“应该”在语言中的功能相同，都是提出要求时的用语，但在地方立法中首先要排除“应该”的使用，“应该”不符合立法的表达习惯。一般而言，在祈使句中，“应该”一词主要是在表达意见或建议的场合使用。这种场景中并没有预设被建议者不接受意见或建议的后果，不接受建议时也没有强烈的道德谴责的意味。这与“应当”一词具有明显的区别。“应当”体现了法律的规范性，意味着对于法律提出的规范性要求并不是建议，守法者不能置之不理，否则就要承担法律上的否定性后果。同时，守法者违反“应当”提出的要求时，对违法者的处罚大多数情况下具有明显的道德谴责意味。因此，“应该”一词无法表达法律的规范性意涵，立法时尽量不要使用该词。

最后，要注意“应当”一词与其他类似词汇的差别。地方立法实践中，一般用“应当”一词，而不用“要”这个词。“应当”和“要”的意思相同，“要”主要体现为一种心理欲求，代表一种居高临下的指示、要求，在语义上无从体现与理由的关联,在政务文体的写作中经常被运用,频繁使用于党务文件、军事性法律文件等场合,而在立法中则应该避免使用。“应当”与“不得”“禁止”“可以”等词汇在用法上存在区别。“不得”“禁止”主要用于禁止性规范的表述。“不得”一般用于有主语或者有明确的被规范对象的句子中,而“禁止”一般用于无主语的祈使句中。“可以”用于授权性规范的表达,意味着“可以不”或“可以其他”,而“应当”主要用来设定义务,适用于义务性规范的表达。

六、立法语言的违反情形

(一)立法表达的口语化

所谓立法表达的口语化,是指地方立法过程中,在进行语言表达时,背离了立法语言专业性、准确性、严肃性的要求,过分随意地使用生活化的表达方式和表达风格,从而降低地方性法规的准确性和可操作性。一般而言,口语化表达风格比较随意、自由、不受约束,想到哪说到哪,缺少规范性。而立法表达特别注重规范性,这明显区别于口语化的表达风格。例如,《重庆市促进开放条例》第 1 条规定:“为促进扩大开放,推动经济社会又好又快发展,根据有关法律法规,结合本市实际,制定本条例。”其中“又好又快”即是一种偏口语化的表达。与此相对照,《重庆市促进科技成果转化条例》就实现了较为理想的平衡。其第 1 条规定:“为了促进科技成果转化为现实生产力,规范科技成果转化活动,加速科学技术进步,加快建设具有全国影响力的科技创新中心,推动经济高质量发展和社会进步,根据《中华人民共和国促进科技成果转化法》等有关法律、行政法规,结合本市实际,制定本条例。”这里使用“推动经济高质量发展”这一表达方式,显然比“又快又好”更为正式和严肃。

(二)立法表达的政治化

所谓立法表达的政治化,是指地方立法中,在进行语言表达时,立法者直接援引政治特有词汇,过度偏爱政治领域的情绪化表达方式,从而背离了立法表达自身的规律和要求,进而降低地方立法的质量。一般而言,政治性话语的特点是宏大抽象,具有鼓动性,主要表达的是一种价值立场和态度,具有明显的情绪化表达的色彩。但政治性语言在理性化、严肃性上并不突出,其指向性并不明确。法律与政治本就互动共生,在法律法规中出现政治性话语本属于正常现象,但如果政治性话语出现过于频繁,多次出现了诸如“思想大解放”“又好又快”“率先突破”等词语,则会破坏地方性法规的理性化和严肃性。

(三)立法表达的政策化

所谓立法表达的政策化,是指地方立法中,在进行语言表达时,立法者直接运用政策文件中的术语,刻意模仿政策文件形象化的表达风格,从而降低地方性法规的适用性和可操作性。一般而言,政策性的语言比较侧重于对政策目标的描述,这与立法语言注重行为的规范性形成鲜明对比。立法语言要求注重规范性,语言运用的目标是让守法者能够基于特定语言的表述遵守规范。政策性语言的表达比较注重传颂性,因此经常运用比喻、借喻等形象化的修辞方式,在语法上善于运用排比句。而立法表达则比较注重客观性和逻辑性,从而与政策性表达方式形成明显的风格差异。

第六章　立法评价的技术规范

立法评价是立法活动中的一种评估行为，是一定立法评价主体按照一定的评估标准和程序，对特定的“对象法规”展开认识和判断的行为，其目的在于以评价结论为导向，指引和改善立法质量，提高立法实效性。根据立法评价活动规律，可将立法评价分为立法前评估、备案审查和立法后评估。立法前评估主要发生在法规制定之前阶段，备案审查发生在法规制定过程中，而立法后评估发生在法规制定完毕生效之后的实施阶段。尽管这三种评价都是立法评估，但发生阶段不同，分别涵盖了立法活动的事前、事中和事后，不同阶段的立法评价承担的任务和达到的目的则各不同。

第一节　立法前评估技术规范

一、立法前评估的概念

所谓立法前评估，是指在启动立法程序前，对立法项目的必要性、可行性和法律法规中主要制度的合法性、科学性、可操作性，以及法律法规实施的预期效果、社会影响等进行综合分析和评价，使立法机关可以据此作出更为科学合理的立法决策，最终提出是否应该将其列入立法规划、立法计划的评估意见的活动。立法前评估是对立法机关所立之法的一种预评估。

立法前评估的对象是立法项目，而不是已经起草好的法规文本草案，主要解决的是该地方性法规“该不该立”“能不能立”“立了会怎么样”的问题，立法前评估的结果决定着立法项目是否应该列入立法规划、立法计划。地方立法前评估的作用是给地方立法设置一个“过滤网”，可以最大程度地过滤掉那些没必要、不该立、不可行的立法项目，有效提高地方立法的针对性，减少立法的试错成本，节约立法资源，从源头上确保地方立法工作积极有序开展。

二、立法前评估的内容

（一）立法的必要性

立法的必要性指标强调的是有没有“必要”立法的问题。这主要涉及以下四方面内容：一是有无现行法调整。如有现行法调整评估对象，就没有必要再立法。二是立法迫切程度。主要考虑立法将要规制的事项现实中存在的问题多不多，问题是否严重，即是否达到迫切的程度。三是立法的时机。主要考虑是否有即将出台或者修改的相关上位法。如果存在，则立法的时机不对，可等相关上位法公布之后再视情况决定是否立法。四是是否存在其他更有效的调整方法。现实中并不是所有的关系都需要法律调整，有的社会关系可能由市场或者道德调整更为合适、有效。

（二）立法的合法性

地方立法前评估的合法性主要涉及如下几个方面的内容：一是立法权限的合法性，即地方立法主体是否拥有立法权，地方立法主体是否超越法律规定的立法权限范围。地方立法权的行使必须符合《立法法》的规定，同时也不得违反《立法法》有关法律保留的规定。二是立法程序的合法性，即立法主体在进行地方立法时是否严格按照《立法法》及相关法律规定的程序进行法规立项。三是立法内容的合法性，即立法内容是否违反上位法规定，是否违反上位法的原则、精神、宗旨等。

（三）立法的可行性

立法的可行性，是指法规建议项目能否顺利制定及其拟设立的主要制度在实践中能否有效实施。主要衡量立法建议项目的立法条件在实质上是否成熟，主要制度和措施是否具有可操作性，现行行政管理体制是否理顺，立法时机是否成熟，是否有上位法依据，有无专业人才、技术支持，经济保障程度如何等情况。

（四）立法的影响性

立法的影响性，强调的是立法后会产生什么影响的问题。这里主要涉及以下四方面内容：一是可预测的社会影响，要注重一项法规在社会中所引起的反应以及令公民生活产生的变化。二是可预测的经济影响，包括是否促进经济增长、是否增加就业机会、物价是否稳定、财政收支是否均衡等方面，还包括为执行法规而增加的成本。三是可预测的道德影响，即对道德成本较高的法案进行筛除。四是可预测的环境影响，即对法规实施可能产生的环境影响后果进行系统分析、预测与评价。

（五）立法的特色性

立法的特色性，主要强调地方立法是否契合各地区管理需要，是否与当地的社会、经济等各项政策要求一致。不同评估对象的特色性指标，可以是相似的也可以是完全不同的。但应当考虑的两个最基本方面：一是特点突出，即立法的针对性强，能在遵循调整对象独特的内容和特定的运行规律的基础上，体现地方特色。二是在适用范围内有无重复立法，重点考察和评估立法项目与已有立法在适用范围上是否重叠。

（六）立法的协调性

立法的协调性，主要强调地方立法之间在指向性、方向性等方面是否具有一致性。具体包括:一是同位阶地方立法之间的协调性,以及设区的市地方性法规与省政府规章的协调性。二是中央立法与地方立法之间的协调,包括部门规章与地方性法规之间的协调性、部门规章与地方政府规章之间的协调性。三是地方立法与国家政策的协调性。国家政策虽然不是法律,但其是国家在一定时期内对某一领域工作和任务的指导准则,因此,地方性立法原则上不得违反国家政策,在进行立法前评估时,也应当对评估对象与国家政策是否协调进行考量。要重点考量评估对象与其他立法及政策在内容上是否存在冲突,评估对象与其他现有立法规定之间在制度上能否有效衔接。[1]

三、立法前评估遵循的原则

《苏州市人民政府立法前评估办法》第 4 条规定:"开展立法前评估,应当遵循公众参与、实事求是、问题导向、注重实效的原则,评估内容要体现科学性、系统性、前瞻性、创新性要求。"基于此,开展立法前评估,应遵循如下原则。

(一)实事求是原则

该原则要求第三方评估机构在评估过程中应当实事求是、以真实的信息作为评估依据,克服主观臆断和部门利益、地方利益倾向。贯彻中立性原则,努力消除各种先入为主或者主观偏见。收集的信息和资料要客观、真实,要深入基层调查研究,掌握好第一手资料,不带个人偏见和部门色彩地对法律法规草案进行评价。应当根据自身的条件和实际财力、人力、物力,合理地确定评估的目标任务,从而合理地确定评估的规模、方式等方案,立法前评估程序的设计应立足地方实际,因地制宜。

(二)公众参与原则

该原则要求立法前评估活动的开展要充分吸收公民的意见和建议,

---

〔1〕 参见赵勇:《地方立法前评估内容与指标体系研究》,载《南海法学》2022 年第 6 期。

激发公众参与立法活动的热情，集中民情民意，集思广益，反映人民的立法意志，打牢立法前评估的群众基础，充分彰显以人为本，立法为民。应邀请人大代表、政协委员参与立法前评估，广泛听取公民、法人和其他组织的意见建议。对公众参与的范围、时间、方式，通过制度予以明确规定，保证社会公众参与的程序化。对于要开展地方立法前评估活动的地方立法，应提前拟定公开信息，向社会发布，并开通意见收集的渠道，确保及时收集社会公众意见；通过互联网、电视、报刊等媒介设立信息征集平台，开设专栏接收公众意见，综合运用各种会议收集意见等。

（三）问题导向原则

坚持问题导向原则，要求地方立法前首先要明确，立法要解决什么问题？导致该问题产生的关键原因是什么？对于该问题存在的争论或分歧是什么？如何通过地方立法解决该问题？也就是要坚持“提出问题—分析问题—解决问题”的思路来开展立法前评估。要评估通过地方立法解决该问题的必要性、可能性，通过地方立法能否彻底解决该问题。地方立法拟确立的制度、规范能否发挥功能，能否消除该问题产生的根源。

（四）注重实效原则

注重实效原则，要求在立法前评估过程中，要对所立之法能否融入地方性法规体系，新法与旧法之间、同位法之间、上位法与下位法之间、政策或规范性文件与法规之间是否协调进行评估。要对地方性法规能否产生预期的效果，产生实效的条件是否具备，阻碍法规产生实效的障碍等进行评估。在设计评估程序时，应当与本地方的经济、政治、法制、文化、风俗、民情等对立法调整的需求程序结合起来，量入为出，以最小成本，得到最大的收益。确保评估的结论具有实效，落到实处。评估工作更加注重时效性和针对性，及时发现问题，并有针对性地解决问题，对立法提出具体的、中肯的修改意见和建议。要建立通畅的反馈渠道，完善反馈方法和手段，将评估结论以书面报告的形式及时反馈，为法规、规章、草案的审议和表决提供重要的参考。

四、立法前评估的具体规则

（一）评估方法要定性定量相结合

定性分析主要是指通过语言的相关描述和逻辑思维方法，对法规草案存在的分歧和争议进行研究和判断，使评估报告更具说服力；定量分析是指借助于数学和统计学专业技能，建立数据模型，计算和推导出反映评估结果的各种数据指标，将立法前评估对象的性质、特征和变化规律展现出来。立法前评估应当采取定量和定性相结合的分析方式，并坚持以定量分析为基础，将评价指标作最大限度的量化处理。定性分析所依靠的还是传统的调查方式，主要有：组织相关专家进行研讨、实地调研、深入基层走访，听取相关部门和单位对立法草案的意见和建议，了解和掌握该法所涉及的基本利益关系和要解决的问题。同时，定性分析还可以通过间接的方式进行，如公开征集意见、问卷调查、委托科研机构和高校对选择的法律法规进行立法评估等。定量分析的客观性和科学性可以显著提升立法质量和立法工作的声誉。任何定性分析都应当建立在基本的定量分析上，即使是主观性的评估也应该根据一定客观事实和客观数据作出。在实际的立法前评估活动中，应该将定量分析与定性分析结合起来，取长补短，充分发挥各自的优势，保证评估结果科学、客观和公正。

（二）评估内容要公开征求意见

立法前评估时，评估实施主体应当向社会公开征求意见，建立咨询制度。除了按照通常做法征求省人大代表、省直有关部门和各市州人大常委会的意见建议外，还应当紧密联系群众，通过广播、电视、报纸、网络等新闻媒体向全社会公开征集立法规划和立法计划建议。通过召开座谈会、专家论证会、发放调查问卷、实地考察、专题调研等方式，充分调动人民群众的积极性、主动性和创造性。

（三）评估过程要公开透明

法规立项时，公众可以通过信函、传真、电子邮件等书面方式向立法机关提出地方性法规制定、修改或者废止的意见，立法机关应当在网站或者报纸上公布接收意见的信函地址、传真电话、电子邮件地址等相关信息，通过立法机关的网站公开公众的意见。拟定立法计划时，要向社会公开征求意见和建议。立法机关在拟定立法计划提交主任会议讨论之前，要通过立法机关的网站等征求公众意见。向公众公开的内容包括：地方性法规名称、起草部门、主要内容、起草依据、必要性和可行性，征求意见的起止时间，公众提供意见的途径以及其他要求。要公开正式的立法计划，并对公众意见统一作出反馈，对不采纳的意见应当说明理由。

（四）评估主体间要有效协调沟通

立法前评估的参与者应当包括政府相关部门、相关群众团体、第三方机构、专家学者等。立法前评估的参与者对于立法中与其职能或者研究领域相关的内容，提供评估数据、信息，由第三方对评估内容出具意见。立法评估主导机关将评估意见汇总，并出具立法前评估报告。在开展立法前评估时，要与相关主体进行充分、有效的协调沟通。起草的地方性法规，涉及本级人民政府其他部门的职责或者与其他部门关系紧密的，应当充分征求这些部门的意见。如果起草单位与其他部门有不同的意见，应当充分协商；经过充分协商不能取得一致意见的，应当将主要问题、有关机构或者部门的意见和法制机构的意见报主任会议决定。

（五）有效开展自我评估

在立法前评估过程中，由立法起草部门进行自我评估的优势非常明显。一是评估工作的开展可以取得相关单位的支持，便于了解立法需求和实际情况；二是作为起草单位会掌握大量一手数据和材料，资源丰富；三是评估中发现的问题可以通过修改草案的方式予以解决，评估报告会得到相关部门的高度重视。但是由立法起草部门自己进行评估也存在很大问题，主要表现为评估的客观性和全面性存疑，自我评估很有可能沦为形式化的立法草案的必要性证成，而难以客观反映立法草案可能会对经济社会环境产生的影响，以及难以对利益关系人和社会公众的意见进行客观全面的反映。同时，立法评估专业性很强，需要评价者掌握相关的理论知识，并熟悉专门的方法技术，而公共组织人员本身往往缺乏这方面的系统培训，这样开展立法前评估难度就比较大。因此，在立法前评估实践中，要趋利避害，有效开展自我评估，可以考虑将自我评估和第三方评估有机结合，同时进行两种评估，将二者的评估结果进行比较和印证，从而提高法规立项的科学性。

（六）适时引入第三方评估

在立法起草单位自我评估具有一定局限性的情况下，可以采取第三方评估的方式进行立法前评估。专业的事情交给专业的机构去做，这对立法前评估意义重大。第三方从旁观者的角度进行评估，其评估结果更具客观性、中立性。在进行第三方评估时，也可以视情况考虑由多个机构同时开展第三方评估。任何单一的第三方评估主体都有其局限性，建议扩大第三方评估主体储备，增强第三方评估主体的多样性。除地方高校外，还可视情况委托地方社科院、研究院、法学会、律师事务所、行业协会及其他社会组织开展立法前评估。也可探索引入由法学理论界专家、法律实务界专家、各行业领域专家等两个以上不同专业机构组成的第三方评估机制。

五、不可立项的标准

不可立项的标准，是指判断法规建议项目是否具备不得立项的情形的具体标准。不可立项的标准在地方性法规项目论证中具有把关的作用，坚持对不可立项的标准进行论证，有利于将一些存在问题的法规项目排除在立法计划之外。具体而言，立法前评估中不可立项的标准主要包括以下几个方面。

（一）超越地方立法权限

《立法法》第 11 条规定："下列事项只能制定法律：（一）国家主权的事项；（二）各级人民代表大会、人民政府、监察委员会、人民法院和人民检察院的产生、组织和职权；（三）民族区域自治制度、特别行政区制度、基层群众自治制度；（四）犯罪和刑罚；（五）对公民政治权利的剥夺、限制人身自由的强制措施和处罚；（六）税种的设立、税率的确定和税收征收管理等税收基本制度；（七）对非国有财产的征收、征用；（八）民事基本制度；（九）基本经济制度以及财政、海关、金融和外贸的基本制度；（十）诉讼制度和仲裁基本制度；（十一）必须由全国人民代表大会及其常务委员会制定法律的其他事项。"对于专属国家立法权的事项，地方立法不得立项。此外，《立法法》第 81 条还对设区的市的立法权限作了规定，明确设区的市的人大及其常委会根据本市的具体情况和实际需要，在不同宪法、法律、行政法规和本省、自治区的地方性法规相抵触的前提下，可以对城乡建设与管理、生态文明建设、历史文化保护、基层治理等方面的事项制定地方性法规。制定地方性法规，设区的市开展立法时不得超越这一范围。

（二）主要制度与上位法相抵触

从属性是地方立法的重要特征，地方性法规不能同宪法、法律和行政法规相抵触。因此，在法规项目论证时，立法机关应当对法规拟设定的主要制度进行合法性审查，凡是与上位法相抵触的法规项目，都不得立项。

（三）必要性、可行性存在重大分歧意见

立法前评估时，有关委员会之间对法规建议项目的必要性、可行性

存在重大分歧意见，这本身就意味着法规建议项目在必要性、可行性方面还存在着一定的问题，立法的条件还不成熟。因此，全国人大常委会法工委与有关的专门委员会对于法规建议项目的必要性、可行性存在重大的分歧意见，经过论证评估，各方意见仍难统一的，不得立项。

(四)不需要通过地方立法来解决的项目

对于国家已有法律、行政法规，且能基本满足地方需要的；或者有关事项通过市场、道德规范或者政府规章来规范和调整更为合适的，不得立项。

(五)主要维护部门利益的法规项目

对于主要维护部门利益，特别是一些涉及垄断利益与人民群众的利益存在冲突的法规项目不得立项。例如，对涉及电信、邮政、烟、酒等行业的法规，就应当对草案稿的主要制度内容进行深入论证，避免将维护垄断利益的法规列入立法计划。

第二节　备案审查技术规范

一、备案审查的概念

在立法监督领域，备案审查是我国立法审查的三种基本形式之一，是适用范围最广、相对规范和完整的立法监督制度。所谓备案审查，是指立法主体把制定出来的规范性文件依照法定的程序，在规定的期限内向备案审查主体报送备案，由备案审查主体依照法定职权或者依申请审查备份在案的规范性文件并作相应处理。备案审查是一种事后审查，是在地方性法规制定、通过、颁布、实施、报送备案之后才进行的审查。

严格意义上，备案审查由备案和审查两部分组成。备案与审查具有不同的含义，二者之间也没有必然的联系。从立法学的角度来讲，备案是指立法主体将其通过或批准的地方性法规报特定的主体登记、存档，以备审查的制度。审查是指特定机关有权根据法律、法规等相关规定，基于特定的审查标准，对下级人大常委会制定的地方性法规进行合法性、适当性评价的法律行为。备案属于知情权的范畴，是审查的基础。地方性法规备案可以使接收备案的机关及时掌握和了解法规的制定情况，也有利于备案机关进行审查。但备案不是审查的前提，对属于备案范围内的法规，即使不备案，也可对之进行审查。审查则以撤销权作为基础，无撤销权也就无审查权。从一定意义上讲，备案和审查都属于权力机关行使监督权的范畴，两者之间具有内在的关联性。

备案审查的方式主要有四种：其一，依职权审查，也就是主动审查，是备案审查主体依据法律、法规所赋予的职权对规范性文件进行审查，不以审查要求或审查建议为前提条件；其二，依申请审查，也就是被动审查，是应法人、国家机关、公民和其他组织的申请进而启动的审查方式；其三，专项审查，即为了保证中央令行禁止、维护法制统一或是回应引发社会关注的事件，对某一范畴内的规范性文件进行相应审查的审查方式；其四，移送审查，即对于不属于备案审查主体审查的规范性文件，审查主体依照有关规定将规范性文件移送有权机关备案审查的审查方式。

二、备案审查的标准体系

备案审查标准体系主要包括合法性、合宪性、政治性、合理性四大标准。探讨四大标准的具体构成，是构建科学、系统、完备的备案审查标准体系的客观需要。

（一）合法性标准

所谓合法性标准，即审查地方性法规是否符合上位法的规定，是否存在抵触上位法的情形。合法性审查标准包括四个方面的内容：一是依据合法。依据是指制定地方性法规的法律根据，旨在说明地方性法规的来源和效力位阶。合法依据主要包括行为依据，即制定主体制定地方性法规的组织法依据；内容依据，即制定主体制定地方性法规内容的行为法依据。二是权限合法。权限合法要求规范性文件制定主体的权限符合《地方组织法》《立法法》《行政法规制定程序条例》《规章制定程序条例》《党政机关公文处理工作条例》及地方立法条例等法律法规的权限要求,不能超越法定职权,违法设定公民、法人和其他组织的权利与义务。三是内容合法,即地方立法的内容应当符合上位法规定,不得与上位法冲突。冲突内容具体包括:与上位法的明确规定相抵触;上位法没有明确规定,地方性法规与上位法的立法目的、立法精神、立法原则相违背;没有上位法依据,地方性法规违法增加公民、法人和其他组织义务或者减损公民、法人和其他组织合法权益;增加行政机关权力内容或免除其应当承担的职责。四是程序合法,即地方性法规的制定过程要遵循法定的步骤和方法。

(二)合宪性标准

所谓合宪性标准,即以宪法为依据,对地方性法规是否符合宪法规定、宪法原则和宪法精神进行审查时所适用的标准。根据宪法规定,结合合宪性审查实践,地方性法规合宪性审查标准主要包括以下几个方面:一是地方性法规的制定目的是否符合宪法规定、宪法原则和宪法精神;二是地方性法规所规定的手段是否合宪,即为了实现立法目的所规定的手段或措施是否有助于目的的实现以及手段或措施是否正当、合理;三是地方性法规是否侵害了宪法保护的更有价值的法益,即审查法规是否存在为了保护低价值法益而损害高价值法益的情况。在本质上,备案审查是一种立法监督制度,以合法性审查为主要职责,发挥间接的宪法监督功能。一般而言,审查机关必须遵循谨慎原则,只有在无法基于上位法进行合法性审查的情况下,才能直接适用宪法进行审查。

(三)政治性标准

所谓政治性标准,即对地方性法规是否与党的理论、路线、方针、政策相一致进行审查时所遵循的标准。备案审查的政治性标准,主要包括三个方面：一是地方性法规是否与党的理论、路线、方针、政策相一致，是否存在与党的理论、路线、方针、政策相冲突或者不协调之处；二是地方性法规贯彻落实党中央的重大决策部署，是否存在落实不到位甚至不予落实的情形；三是地方性法规是否与国家的重大改革方向相一致，是否存在与国家重大改革方向相背离或相偏离的情形。

（四）适当性标准

所谓适当性标准，也就是合理性标准，即对地方性法规是否符合实际情况，是否合乎常理、情理，是否能够被一般社会公众所接受和理解进行审查时所适用的标准。合理性审查是在已经合法的前提下进行的，是对立法裁量权的控制。合理性标准包括以下三方面内容：一是目的性，即地方性法规能够实现其所宣称的目标，至少是有助于该目标的实现，且该目标是符合公共利益的。二是必要性，即地方性法规采取的手段、措施不能超越实现目标的必要程度，要符合比例原则。三是均衡性，即要将地方性法规所能够达成的利益与该法规对相对人合法权益的侵害进行衡量，只有证明前者重于后者，该法规才是合理的。

三、备案审查的原则

（一）公众参与原则

备案审查作为立法活动的重要一环，是纠正立法错误不可或缺的屏障。根据民主立法的原则，贯彻全过程人民民主的理念，要求在备案审查过程中引入公众参与，有效保障民众的立法知情权、参与权、表达权和监督权，完善公众参与的程序、方式，以及保障等。在公众参与备案审查方面，应当丰富和畅通公众参与渠道。在审查过程中，应当设置专门程序听取社会公众，尤其是审查建议人对规范性文件的意见和对审查工作的建议。对于关系到重大民生或影响范围较大的规范性文件，在审查过程中应当公开征集公众意见，通过召开听证会、论证会等方式扩大公众参与。

（二）法制统一原则

法制统一是我国社会主义法制的重大原则。这一重大原则是开展备案审查工作的基本遵循。法制统一原则，要求在备案审查过程中，要严格进行合法性审查，准确掌握合法性审查的标准。重点审查地方性法规是否超越权限，下位法是否违反上位法规定，是否违背法定程序等。对存在违背宪法规定、宪法原则或者宪法精神的，要区分不同情况分别予以纠正、作出处理，以防出现“法外设权”“立法放水”等问题。

（三）有件必备、有备必审、有错必纠原则

有件必备，即凡属于人大监督对象制定的公开发布、反复适用的文件，都应向人大常委会报送备案，不允许存在游离于监督范围之外的规范性文件，不得瞒报、漏报、迟报；有备必审，即对备案的每一份规范性文件都要开展主动审查，不能备而不审，审查不能流于形式。要进一步加强专项审查，围绕贯彻党中央决策部署和落实人大常委会工作重点，对事关重大改革和政策调整、涉及法律重要修改、关系公众切身利益、引发社会广泛关注等方面的规范性文件及时开展专项审查和全面清理；有错必纠，即对审查中发现的问题按照规定作出处理，不得打折扣、搞变通。要强化制度刚性，对审查中发现的问题，该沟通的沟通，该函询的函询，该约谈的约谈，该通报的通报，该提醒的提醒，该纠正的纠正。制定机关同意修改的，要对其加强跟踪督促，不能久拖不决。

（四）主动审查和被动审查相结合的原则

按照审查主体行使职权的前提条件不同，备案审查存在两种启动方式：一种是审查主体依职权启动的、具有强制性的主动审查；另一种是审查主体依据人民群众的申请而启动的被动审查。主动审查是实现有备必审的主要方式，对下级或者同级机关报备的规范性文件逐件进行主动审查，不仅要发现问题，而且要全面掌握一段时期以来本地人民政府、监

察委员会、人民法院、人民检察院(以下简称“一府一委两院”)及下级人大等各级各类国家机关主要围绕哪些方面制定政策、发布文件、出台规章以及作出决议决定。主动审查侧重于对“制度面”的把握。只有了解本地区改革开放、法治建设、经济社会发展的重点、难点和方向、趋势,才能深入把握有关规范性文件制定发布的背景、目的及有关制度设计的含义、指向,才能进一步真正有效地开展审查。除了有效发挥主动审查的作用外,被动审查依然是备案审查工作的重要组成部分。实践中,备案审查的法规日积月累数量很大,任何接受备案的机关都难以组织足够的力量,逐件逐条对法规进行审查。各种法规千差万别,所涉及的社会关系纷繁复杂,除明显的违宪违法外,有些规定是否与宪法法律相抵触,只有通过实施才能发现。因此,实践中,应将主动审查和被动审查有机结合,使两种审查方式相互配合、相互促进,形成制度合力。对公民、组织提出的审查建议依法进行审查,对涉及改革发展稳定大局、人民群众切身利益的重大问题,则要认真开展主动审查。

四、备案审查的技术规则

(一)备案审查的“诊断”技法

一是“望”懂文义,对待备案的法规进行由表及里、由外到内的全方位审视。对接收的规范性文件,既要从形式上审查其是否属于报备范围,还要按照“有备必审”的要求,组织备案审查工作机构、相关委员会、备案审查专家等专门力量审查法规的实质内容,并参考报送机关提供的备案报告、制定说明、文件正本及必要的对照表,全面掌握报备文件制定的目的、主要内容、制定依据。

二是“闻”出嫌疑。从事备案审查工作的人员,要熟练掌握备案审查技术,熟悉备案审查工作中的常见问题,吃透违规法规的判断标准,养成备案审查工作的职业敏感性,对于“带病”的问题法规能够快速、准确作出判断,训练发现问题法规的敏锐“嗅觉”。

三是“问”清缘由。对发现的“嫌疑”条款、表达存疑的条款或者因专业性较强不好理解的条款,可以通过书面发函、电话沟通或者召开座谈会、论证会等方式,“问”制定机关、有关职能部门和专家学者以及利益相关人员,必要时还可以邀请利益相关人员现身说法,“问”清“嫌疑”条款是否是真“嫌疑”,“问”清报备文件实际执行状态,“问”清文件制定程序是否正当。

四是“切”中要害。在前期“望、闻、问”基础工作的支撑下,“切”准脉象,厘清报备文件是否存在三类“要害”问题:是否有违背宪法规定、宪法原则、宪法精神的内容;是否有与中央重大决策部署不相符或者与国家重大改革方向不一致甚至相违背的内容;是否有与法律法规相冲突的内容。对存在问题的内容,督促其依程序予以纠正,对报备文件的其他瑕疵条款,也要予以及时提醒。[1]

(二)被动审查的技术要求

在依申请进行审查的过程中,首先,要建立过滤机制,即审查主体应当享有一定的裁量权,对审查建议能否进入审查程序,可以根据必要性程度,基于不同情况进行选择,过滤掉那些不符合备案审查立案标准要求的申请,避免审查资源的浪费。其次,要建立回复机制,以保障申请人的知情权。回复应当采用书面形式,详细说明采纳或不采纳的理由和根据。最后,启用“互联网+”模式。利用信息技术高速便捷的优势,开通网上提交审查建议的渠道。地方备案审查平台建设应逐步实现与全国人大的互联互通,在平台上设定统一的格式标准,各级人大常委会只需按照平台的相关要求上传地方性法规即可完成备案。

(三)备案审查的一般流程

通过主动或被动的方式启动后,就进入对规范性文件的备案审查程

〔1〕 参见《规范性文件备案审查“望闻问切”四诊法》,载重庆市江津区人民代表大会常务委员会网站,http://www.jjqrd.gov.cn/html/1301/2021-05-06/content-21739.html。

序。完整的备案审查程序大致分为以下五个步骤:第一,审查、研究。审查机关依审查标准对规范性法律文件的合宪性、合法性、合理性进行形式或实质上的审查和研究,审查主体有权要求相关主体提出意见,也有权要求立法主体说明情况,相关机关必须在规定期限内予以回复或说明。如果制定机关在沟通协商过程中积极主动纠正问题,则备案审查程序终止。第二,提出审查意见、研究意见。提出审查意见是沟通协商没有解决问题之后进一步采取的纠正措施。审查机关在审查、研究中认为规范性法律文件同宪法或者法律相抵触的,可以向立法主体提出书面审查意见、研究意见;也可以召开联合审查会议,要求立法主体到会说明情况后,再提出书面审查意见。审查意见原则上应以书面的形式提交给制定机关。立法主体必须根据审查意见及时修改或废止规范性文件,并将结果反馈至审查机关,至此审查工作结束。第三,改变或撤销。当立法主体拒不执行审查意见时,为了维护法制统一和宪法权威,审查机关必须依法行使改变或撤销权,依法定程序撤销或者要求修改、废止违宪违法的规范性法律文件。第四,反馈和公开。反馈程序是立法主体对审查机关、审查机关对其他主体的回应,主要有两种形式:一是审查机关审查结束后,确定规范性法律文件在合法性、合理性上存在问题,向立法主体提出审查意见,立法主体应当在两个月内提出是否修改的意见,无论是否修改、废止都应及时向审查机关反馈。二是对其他主体提出审查建议的,审查主体应当依规定及时将审查情况向提出审查建议的国家机关、社会团体、企业事业组织以及公民反馈,并可以向社会公开。第五,归责机制。归责机制包括对责任的认定和追究两个部分,是对立法备案审查过程中实施违法、违规行为的立法主体、审查机关及其工作人员所应承担不利后果的认定和分配。

五、重点纠正地方性法规的“放水”问题

立法“放水”是 2017 年中共中央办公厅、国务院办公厅在对外公布的《甘肃祁连山国家级自然保护区生态环境问题的通报》中使用的概

念，该通报首次以正式文件的形式对地方立法中存在的“放水”问题作出认定。对“放水”性质的判断和把握，不能简单地停留在与上位法不一致的技术层面，必须透过法律问题的表象，从中央政策被“架空”“变通”的结果来深刻认识“放水”作为政治问题的本质。备案审查过程中，“放水”主要表现为：在形式上，下位法缩减上位法的禁止性规定、减轻处罚幅度、放宽许可条件等；在内容上，“放水”问题更多集中在上位法依据较为充分的实施性立法中。原因在于，实施性立法虽然有明确的上位法作支撑，制定难度较小，但是只要其中的多数条款沿袭上位法的规定，仅仅变通其中的个别关键条款就可以达到违背或架空上位法的目的，甚至从技术层面也无法分析出抵触情形，这也从侧面说明立法“放水”问题具有较强的隐蔽性；在主观上存在故意，审查过程中仅通过法规文本很难对立法者的主观意图作出认定，需要广泛借助相关素材进行核实；在结果上存在违反上位法的情况，导致上位法被架空，包括地方立法违背上位法的立法目的、妨碍上位法的施行。

第三节　立法后评估技术规范

一、立法后评估的概念

立法后评估也称立法质量评估，该项工作是在立法完成后进行的评估，因此也有不少地方更通俗地称之为立法回头看。所谓立法后评估，一般是指在地方性法规颁布实施一段时间后，结合其实施情况，包括取得的成效、存在的问题，对特定的地方性法规所进行的评价，从而为地方性法规的立改废提供依据的制度。立法后评估通过立法机关自身评估与社会公众等主体的评估相结合，采取座谈、研讨、论证、评议等方式，对立法实施的社会效果、所起作用、制度缺陷等问题作出评估分析，进行总结评价，旨在发现问题、改进制度、完善程序，能够有效提高地方立法的质量。

立法后评估不同于执法检查。执法检查是近些年来在实践中探索发展起来的把工作监督和监督法律的实施结合起来的一种有效形式，是地方国家权力机关对宪法、法律、法规等在本行政区域贯彻执行情况进行检查监督的制度。执法检查作为人大常委会行使监督职权的一种形式，针对的是法律、法规实施中存在的问题，目的是促进“一府一委两院”严格执法、公正司法。立法后评估针对的则是法律、法规所确立的制度与规范，通过法律、法规的实施情况与效果，反思评价立法是否实现了预期目的和宗旨，立法所确立的制度和规范是否科学，是否符合实际，其目的是进一步提高立法质量，促进科学立法。由于两者都需要借助对法律、法规实施情况的了解获得信息，因此需要注意将两者区分开。实践中，也有将立法后评估与执法检查结合起来开展的做法。立法后评估与法规清理存在差别。法规清理是指有关国家机关对一定时期制定的或一定范围内的法规文件，从体系、内容上进行审查、分析和整理，并作出继续适用、需要修改、补充或废止决定的活动。二者的相同之处在于，都发生在立法后，通过对法规内容的分析审查，为立法进一步完善提供实践依据。但是，法规清理侧重于查找法规条文自身存在的问题，如与上位法规定相抵触，有关规定不适应经济社会发展等；而立法后评估则侧重于从立法的层面来分析法规制度和措施的设计是否科学、合理、可行，是否达到了立法目的，以此来完善法律法规，改进立法工作。

立法后评估在实践方面取得了一些具有普遍规律性的共识。具体包括：第一，地方立法质量评价须贯彻必要、民主、科学、客观、公正的精神。评价指标体系应当具有可操作性、符合立法科学。第二，地方立法质量评价应当采取社会评价与专家评价相结合、文本评估与效益评估相结合、定量评估与定性评估相结合、会议评审与实地调查相结合的方法。值得注意的是，在定量评估和定性评估的结合上，各地都坚持以定量评估为主的方法。第三，对某一地方性法规的质量评估可以根据条件和需要采取全面评估或局部（重点）评估的方式进行。一般情况下宜用局部（重点）评估。第四，地方立法质量评价指标体系通常由下列指标组成：必要性与可行性、法制统一性、内外协调性、地方特色、可操作性、立法技术、实施后的社会和经济效益、立法和执法成本。[1]

二、立法后评估的主体

具体而言,实施立法后评估的主体包括:一是立法机关自身。法规的制定机关可以作为立法后评估的主体,评估自身制定法规的实效。二是同级人大。人大可以监督并评估其内部组成机构的立法活动,对其所制定的法规进行评估。三是上级人大。上级人大有权对下级人大的立法活动进行监督,可以评估下级人大制定的法规。四是授权机关。根据我国《立法法》的规定,授权机关可以撤销被授权机关制定的超越授权范围或者违背授权目的的法规,因此授权机关可以实施立法后评估。五是实施机关。实施机关对法规在实际中的具体运行情况比较了解,所以其在立法后评估中具有天然的优势,是重要的评估主体。六是外部主体,主要包括商业机构、科研团体、调查机构、中介机构、社会大众等。

三、立法后评估的标准

科学、客观、具有可操作性的评估标准,是评估工作的有力保证,直接决定着评估的方向和评估结论是否科学、是否符合实际。具体而言,立法后评估的标准主要包括:一是合法性标准,即立法是否超越权限,相关规定是否符合立法原则和精神,是否与上位法相抵触;二是合理性标准,即相关规定是否符合公平、公正原则,对社会关系的规范是否科学合理,所规定的措施和手段是否适当、必要,法律责任是否合适、完备;三是适应性标准,即相关制度设计和程序安排是否与实际相符,配套制度是否完备,在相关社会关系调整中是否发挥作用;四是可操作性标准,即规定的体制、机制、措施是否明确、具体、可行,规定的内容是否有利于相关利益的协调与处理,能否有效解决实际矛盾和问题;五是效益性标准,即立法和实施所需要的社会成本与可得到的收益是否符合成本效益分析,

---

[1] 参见俞荣根:《地方立法后评估指标体系研究》,载《中国政法大学学报》2014年第1期。

法律效果及经济、社会、生态效果是否统一；六是规范性标准，即立法技术是否规范，相关概念界定是否明确，逻辑结构是否严密，条文表述是否简明、准确。

四、立法后评估的原则

确立立法后评估的原则具有宏观指导意义，只有遵循科学的原则，地方立法后评估才能更好地成为反映地方性法规是否需要修改、废止的检验标尺。《广州市人大常委会立法后评估办法》第 4 条规定："立法后评估应当遵循公开透明、公众参与、客观公正、严谨科学的原则。"参照该规定，立法后评估的原则主要包括以下方面。

（一）客观公正原则

客观公正原则是评估制度的基础原则，它要求评估主体广泛深入地调查、了解行政执法机关、社会团体、企事业单位、公民的意见，全面收集、占有与评估相关的信息资料，并在此基础上，对材料进行客观系统地分析，实事求是地得出评估结论。客观公正原则的具体内容可细化为两个层面：一是在评估前，评估主体不能预设评估结论，不能为既定的评估结论服务。二是在评估过程中，评估主体应以立法所影响的社会生活实际发生的情形与事实及收集到的信息资料作为评估与判断的依据，不得按照其个体的偏好取舍信息资料，要坚持主观意志客观化，克服主观臆断，克服部门利益、地方利益的倾向，评估主体也不能以偏概全。

（二）科学规范原则

科学规范原则，是指在立法后评估过程中，要严格按照评估标准、评估方法等技术性规范的要求进行评估，遵循立法后评估活动的客观规律。首先，评估标准必须科学规范。评估标准影响并决定评估结果，标准设计科学合理，可以正确地反映立法的实施效果，引导立法的良性发展；反之，则可能误导对有关制度和规范的选择。其次，评估方法必须科学。影响立法后评估的因素很多,如果没有科学的方法做指导,立法的实施效果就很难得到准确评估和认定。立法后评估的规范性,则要求评估内容、标准的制定和表述要规范化,统一、准确、简明。评估程序规范,不能随意更改。

(三)公众参与原则

公众参与原则,是指在立法后评估过程中,要遵循民主立法的原则,贯彻全过程人民民主的理念,在评估活动中有效保障公众的广泛、实质性参与。立法强调民主立法、开门立法,对立法后的评估亦应民主、开放,尤其应邀请人大代表、政协委员参与评估。在评估过程中要保证广大公众、专家学者等的充分参与,对公民、法人和其他组织通过各种方式提供的评估信息资料和意见、建议给予足够的重视,建立社会公众的民主参与机制。

(四)注重实效原则

注重实效原则,是指立法后评估工作应坚持结果导向,将立法后评估工作的出发点和落脚点放在提高立法质量、检验法规的缺漏、弥补立法缺陷上。要通过立法后评估,有效发现立法所呈现的法律效果和社会效果与立法者预期目的间的差距。立法后评估工作,要坚持问题导向,要敢于发现问题、解决问题,将对法规修改有益的意见和建议反馈到有关机关。立法后评估报告还需要得到有关委托机关实质、积极的回应,使立法后评估的结果能够作为法规下一次立改废的重要参考。

五、立法后评估的技术规则

(一)立法后评估的一般流程

地方立法后评估程序属于法律程序的一种,是开展地方立法后评估活动的科学步骤和方式,具有不同于其他程序的规范性特点,包括:一是立法后评估程序设计是专门为地方立法评估活动服务的,是地方立法后评估活动必须遵循的步骤，这一程序是对特定地方立法制度实体内容的理性反应，适用对象具有特定性。二是时间的递进性和空间的叠加性。在评估过程中，程序要求评估主体在一定期限内活动，并按照事先规定的步骤进行，体现了时间上的递进性和不可逆性；在空间上，程序要求主体在一定物理范围内活动，不能脱离一定的时空场域。因此，地方立法后评估程序具有时间的递进性和空间上的叠加性。[1]

具体而言，立法后评估一般按照以下程序进行：一是拟定评估方案。评估主体应结合被评估地方性法规的特点，起草立法后评估工作方案，内容主要包括评估目的、评估内容、评估方式、评估步骤、职责分工和时间安排等。二是成立评估工作组。评估工作组由人大常委会组成人员、人大有关专门委员会组成人员、人大代表和人大常委会有关工作机构、司法行政主管部门及地方性法规实施部门的有关负责同志等组成。三是开展评估工作。采取多种方式方法，全面了解地方性法规的实施情况和社会各界对地方性法规的意见、建议等相关信息。四是形成评估报告，评估报告主要包括评估工作情况、法规实施绩效、评估事项、法规实施中存在的问题、意见建议等。

（二）立法后评估的技术方法

在立法后评估活动中，常见的评估方法有以下几种：一是听取执法机关的意见。执法机关提出的评估意见，往往比较有针对性，也有利于更深入地了解法律法规的贯彻执行情况，但缺点是评估意见可能存在部门利益倾向。二是委托下级人大常委会评估，即由下级人大常委会对法规在当地的实施情况进行专题调研，了解法规存在的问题，形成评估报告后，报上级人大常委会。三是问卷调查。将法律法规中需要评估的内容制作成调查问卷，发放给特定或不特定的社会公众，将反馈回来的数据进行科学的分析归纳，形成评估报告。四是开展专题调研。在评估过

[1] 参见李晓波：《论地方立法后评估程序构建》，载《河南财经政法大学学报》2020年第2期。

程中，针对法律法规中暴露出来的重大问题，评估主体可以采取组织有关部门共同参加，赴有关地区进行实地考察、专题调研的方法对这些重大问题进行重点评估。根据需要，还可以同时采用听取有关方面的汇报、召开座谈会听取意见等方式。五是召开座谈会。根据被评估法规的适用范围、矛盾的焦点、实际执行情况，由评估主体选择不同的群体代表或深入到不同的执法部门、社会团体、典型社区召开座谈会，广泛听取各方面意见。六是典型个案评估法，即选择对法规实施中出现的典型个案进行评估，通过对个案的评估来了解整个法规的实施情况，得出整体的评估结论。

附录一

中华人民共和国立法法

（2000年3月15日第九届全国人民代表大会第三次会议通过　根据2015年3月15日第十二届全国人民代表大会第三次会议《关于修改〈中华人民共和国立法法〉的决定》第一次修正　根据2023年3月13日第十四届全国人民代表大会第一次会议《关于修改〈中华人民共和国立法法〉的决定》第二次修正）

目　　录

第一章 总 则

第一条 为了规范立法活动，健全国家立法制度，提高立法质量，完善中国特色社会主义法律体系，发挥立法的引领和推动作用，保障和发展社会主义民主，全面推进依法治国，建设社会主义法治国家，根据宪法，制定本法。

第二条 法律、行政法规、地方性法规、自治条例和单行条例的制定、修改和废止，适用本法。

国务院部门规章和地方政府规章的制定、修改和废止，依照本法的有关规定执行。

第三条 立法应当坚持中国共产党的领导，坚持以马克思列宁主义、毛泽东思想、邓小平理论、"三个代表"重要思想、科学发展观、习近平新时代中国特色社会主义思想为指导，推进中国特色社会主义法治体系建设，保障在法治轨道上全面建设社会主义现代化国家。

第四条 立法应当坚持以经济建设为中心，坚持改革开放，贯彻新发展理念，保障以中国式现代化全面推进中华民族伟大复兴。

第五条 立法应当符合宪法的规定、原则和精神，依照法定的权限和程序，从国家整体利益出发，维护社会主义法制的统一、尊严、权威。

第六条 立法应当坚持和发展全过程人民民主，尊重和保障人权，保障和促进社会公平正义。

立法应当体现人民的意志，发扬社会主义民主，坚持立法公开，保障人民通过多种途径参与立法活动。

第七条 立法应当从实际出发，适应经济社会发展和全面深化改革的要求，科学合理地规定公民、法人和其他组织的权利与义务、国家机关的权力与责任。

法律规范应当明确、具体，具有针对性和可执行性。

第八条 立法应当倡导和弘扬社会主义核心价值观，坚持依法治国和以德治国相结合，铸牢中华民族共同体意识，推动社会主义精神文明建设。

第九条 立法应当适应改革需要，坚持在法治下推进改革和在改革中完善法治相统一，引导、推动、规范、保障相关改革，发挥法治在国家治理体系和治理能力现代化中的重要作用。

第二章 法 律

第一节 立法权限

第十条 全国人民代表大会和全国人民代表大会常务委员会根据宪法规定行使国家立法权。

全国人民代表大会制定和修改刑事、民事、国家机构的和其他的基本法律。

全国人民代表大会常务委员会制定和修改除应当由全国人民代表大会制定的法律以外的其他法律；在全国人民代表大会闭会期间，对全国人民代表大会制定的法律进行部分补充和修改，但是不得同该法律的基本原则相抵触。

全国人民代表大会可以授权全国人民代表大会常务委员会制定相关法律。

第十一条 下列事项只能制定法律：

（一）国家主权的事项；

（二）各级人民代表大会、人民政府、监察委员会、人民法院和人民检察院的产生、组织和职权；

（三）民族区域自治制度、特别行政区制度、基层群众自治制度；

（四）犯罪和刑罚；

（五）对公民政治权利的剥夺、限制人身自由的强制措施和处罚；

（六）税种的设立、税率的确定和税收征收管理等税收基本制度；

（七）对非国有财产的征收、征用；

（八）民事基本制度；

（九）基本经济制度以及财政、海关、金融和外贸的基本制度；

（十）诉讼制度和仲裁基本制度；

（十一）必须由全国人民代表大会及其常务委员会制定法律的其他事项。

第十二条 本法第十一条规定的事项尚未制定法律的，全国人民代表大会及其常务委员会有权作出决定，授权国务院可以根据实际需要，对其中的部分事项先制定行政法规，但是有关犯罪和刑罚、对公民政治权利的剥夺和限制人身自由的强制措施和处罚、司法制度等事项除外。

第十三条 授权决定应当明确授权的目的、事项、范围、期限以及被授权机关实施授权决定应当遵循的原则等。

授权的期限不得超过五年，但是授权决定另有规定的除外。

被授权机关应当在授权期限届满的六个月以前，向授权机关报告授权决定实施的情况，并提出是否需要制定有关法律的意见；需要继续授权的，可以提出相关意见，由全国人民代表大会及其常务委员会决定。

第十四条 授权立法事项，经过实践检验，制定法律的条件成熟时，由全国人民代表大会及其常务委员会及时制定法律。法律制定后，相应立法事项的授权终止。

第十五条 被授权机关应当严格按照授权决定行使被授予的权力。

被授权机关不得将被授予的权力转授给其他机关。

第十六条 全国人民代表大会及其常务委员会可以根据改革发展的需要，决定就特定事项授权在规定期限和范围内暂时调整或者暂时停止适用法律的部分规定。

暂时调整或者暂时停止适用法律的部分规定的事项，实践证明可行的，由全国人民代表大会及其常务委员会及时修改有关法律；修改法律的条件尚不成熟的，可以延长授权的期限，或者恢复施行有关法律规定。

第二节 全国人民代表大会立法程序

第十七条 全国人民代表大会主席团可以向全国人民代表大会提出法律案，由全国人民代表大会会议审议。

全国人民代表大会常务委员会、国务院、中央军事委员会、国家监察委员会、最高人民法院、最高人民检察院、全国人民代表大会各专门委员会，可以向全国人民代表大会提出法律案，由主席团决定列入会议议程。

第十八条　一个代表团或者三十名以上的代表联名，可以向全国人民代表大会提出法律案，由主席团决定是否列入会议议程，或者先交有关的专门委员会审议、提出是否列入会议议程的意见，再决定是否列入会议议程。

专门委员会审议的时候，可以邀请提案人列席会议，发表意见。

第十九条　向全国人民代表大会提出的法律案，在全国人民代表大会闭会期间，可以先向常务委员会提出，经常务委员会会议依照本法第二章第三节规定的有关程序审议后，决定提请全国人民代表大会审议，由常务委员会向大会全体会议作说明，或者由提案人向大会全体会议作说明。

常务委员会依照前款规定审议法律案，应当通过多种形式征求全国人民代表大会代表的意见，并将有关情况予以反馈；专门委员会和常务委员会工作机构进行立法调研，可以邀请有关的全国人民代表大会代表参加。

第二十条　常务委员会决定提请全国人民代表大会会议审议的法律案，应当在会议举行的一个月前将法律草案发给代表，并可以适时组织代表研读讨论，征求代表的意见。

第二十一条　列入全国人民代表大会会议议程的法律案，大会全体会议听取提案人的说明后，由各代表团进行审议。

各代表团审议法律案时，提案人应当派人听取意见，回答询问。

各代表团审议法律案时，根据代表团的要求，有关机关、组织应当派人介绍情况。

第二十二条　列入全国人民代表大会会议议程的法律案，由有关的专门委员会进行审议，向主席团提出审议意见，并印发会议。

第二十三条　列入全国人民代表大会会议议程的法律案，由宪法和法律委员会根据各代表团和有关的专门委员会的审议意见，对法律案进行统一审议，向主席团提出审议结果报告和法律草案修改稿，对涉及的合宪性问题以及重要的不同意见应当在审议结果报告中予以说明，经主席团会议审议通过后，印发会议。

第二十四条 列入全国人民代表大会会议议程的法律案，必要时，主席团常务主席可以召开各代表团团长会议，就法律案中的重大问题听取各代表团的审议意见，进行讨论，并将讨论的情况和意见向主席团报告。

主席团常务主席也可以就法律案中的重大的专门性问题，召集代表团推选的有关代表进行讨论，并将讨论的情况和意见向主席团报告。

第二十五条 列入全国人民代表大会会议议程的法律案，在交付表决前，提案人要求撤回的，应当说明理由，经主席团同意，并向大会报告，对该法律案的审议即行终止。

第二十六条 法律案在审议中有重大问题需要进一步研究的，经主席团提出，由大会全体会议决定，可以授权常务委员会根据代表的意见进一步审议，作出决定，并将决定情况向全国人民代表大会下次会议报告；也可以授权常务委员会根据代表的意见进一步审议，提出修改方案，提请全国人民代表大会下次会议审议决定。

第二十七条 法律草案修改稿经各代表团审议，由宪法和法律委员会根据各代表团的审议意见进行修改，提出法律草案表决稿，由主席团提请大会全体会议表决，由全体代表的过半数通过。

第二十八条 全国人民代表大会通过的法律由国家主席签署主席令予以公布。

第三节 全国人民代表大会常务委员会立法程序

第二十九条 委员长会议可以向常务委员会提出法律案，由常务委员会会议审议。

国务院、中央军事委员会、国家监察委员会、最高人民法院、最高人民检察院、全国人民代表大会各专门委员会,可以向常务委员会提出法律案,由委员长会议决定列入常务委员会会议议程,或者先交有关的专门委员会审议、提出报告,再决定列入常务委员会会议议程。如果委员长会议认为法律案有重大问题需要进一步研究,可以建议提案人修改完善后再向常务委员会提出。

第三十条 常务委员会组成人员十人以上联名,可以向常务委员会提出法律案,由委员长会议决定是否列入常务委员会会议议程,或者先交有关的专门委员会审议、提出是否列入会议议程的意见,再决定是否列入常务委员会会议议程。不列入常务委员会会议议程的,应当向常务委员会会议报告或者向提案人说明。

专门委员会审议的时候,可以邀请提案人列席会议,发表意见。

第三十一条 列入常务委员会会议议程的法律案,除特殊情况外,应当在会议举行的七日前将法律草案发给常务委员会组成人员。

常务委员会会议审议法律案时,应当邀请有关的全国人民代表大会代表列席会议。

第三十二条 列入常务委员会会议议程的法律案,一般应当经三次常务委员会会议审议后再交付表决。

常务委员会会议第一次审议法律案,在全体会议上听取提案人的说明,由分组会议进行初步审议。

常务委员会会议第二次审议法律案,在全体会议上听取宪法和法律委员会关于法律草案修改情况和主要问题的汇报,由分组会议进一步审议。

常务委员会会议第三次审议法律案,在全体会议上听取宪法和法律委员会关于法律草案审议结果的报告,由分组会议对法律草案修改稿进行审议。

常务委员会审议法律案时,根据需要,可以召开联组会议或者全体会议,对法律草案中的主要问题进行讨论。

第三十三条 列入常务委员会会议议程的法律案,各方面的意见比较一致的,可以经两次常务委员会会议审议后交付表决;调整事项较为单一或者部分修改的法律案,各方面的意见比较一致,或者遇有紧急情形的,也可以经一次常务委员会会议审议即交付表决。

第三十四条　常务委员会分组会议审议法律案时,提案人应当派人听取意见,回答询问。

常务委员会分组会议审议法律案时,根据小组的要求,有关机关、组织应当派人介绍情况。

第三十五条　列入常务委员会会议议程的法律案,由有关的专门委员会进行审议,提出审议意见,印发常务委员会会议。

有关的专门委员会审议法律案时,可以邀请其他专门委员会的成员列席会议,发表意见。

第三十六条　列入常务委员会会议议程的法律案,由宪法和法律委员会根据常务委员会组成人员、有关的专门委员会的审议意见和各方面提出的意见,对法律案进行统一审议,提出修改情况的汇报或者审议结果报告和法律草案修改稿,对涉及的合宪性问题以及重要的不同意见应当在修改情况的汇报或者审议结果报告中予以说明。对有关的专门委员会的审议意见没有采纳的,应当向有关的专门委员会反馈。

宪法和法律委员会审议法律案时,应当邀请有关的专门委员会的成员列席会议,发表意见。

第三十七条　专门委员会审议法律案时,应当召开全体会议审议,根据需要,可以要求有关机关、组织派有关负责人说明情况。

第三十八条　专门委员会之间对法律草案的重要问题意见不一致时,应当向委员长会议报告。

第三十九条　列入常务委员会会议议程的法律案,宪法和法律委员会、有关的专门委员会和常务委员会工作机构应当听取各方面的意见。听取意见可以采取座谈会、论证会、听证会等多种形式。

法律案有关问题专业性较强,需要进行可行性评价的,应当召开论证会,听取有关专家、部门和全国人民代表大会代表等方面的意见。论证情况应当向常务委员会报告。

法律案有关问题存在重大意见分歧或者涉及利益关系重大调整，需要进行听证的，应当召开听证会，听取有关基层和群体代表、部门、人民团体、专家、全国人民代表大会代表和社会有关方面的意见。听证情况应当向常务委员会报告。

常务委员会工作机构应当将法律草案发送相关领域的全国人民代表大会代表、地方人民代表大会常务委员会以及有关部门、组织和专家征求意见。

第四十条 列入常务委员会会议议程的法律案，应当在常务委员会会议后将法律草案及其起草、修改的说明等向社会公布，征求意见，但是经委员长会议决定不公布的除外。向社会公布征求意见的时间一般不少于三十日。征求意见的情况应当向社会通报。

第四十一条 列入常务委员会会议议程的法律案，常务委员会工作机构应当收集整理分组审议的意见和各方面提出的意见以及其他有关资料，分送宪法和法律委员会、有关的专门委员会，并根据需要，印发常务委员会会议。

第四十二条 拟提请常务委员会会议审议通过的法律案，在宪法和法律委员会提出审议结果报告前，常务委员会工作机构可以对法律草案中主要制度规范的可行性、法律出台时机、法律实施的社会效果和可能出现的问题等进行评估。评估情况由宪法和法律委员会在审议结果报告中予以说明。

第四十三条 列入常务委员会会议议程的法律案，在交付表决前，提案人要求撤回的，应当说明理由，经委员长会议同意，并向常务委员会报告，对该法律案的审议即行终止。

第四十四条 法律草案修改稿经常务委员会会议审议，由宪法和法律委员会根据常务委员会组成人员的审议意见进行修改，提出法律草案表决稿，由委员长会议提请常务委员会全体会议表决，由常务委员会全体组成人员的过半数通过。

法律草案表决稿交付常务委员会会议表决前,委员长会议根据常务委员会会议审议的情况,可以决定将个别意见分歧较大的重要条款提请常务委员会会议单独表决。

单独表决的条款经常务委员会会议表决后,委员长会议根据单独表决的情况,可以决定将法律草案表决稿交付表决,也可以决定暂不付表决,交宪法和法律委员会、有关的专门委员会进一步审议。

第四十五条 列入常务委员会会议审议的法律案,因各方面对制定该法律的必要性、可行性等重大问题存在较大意见分歧搁置审议满两年的,或者因暂不付表决经过两年没有再次列入常务委员会会议议程审议的,委员长会议可以决定终止审议,并向常务委员会报告;必要时,委员长会议也可以决定延期审议。

第四十六条 对多部法律中涉及同类事项的个别条款进行修改,一并提出法律案的,经委员长会议决定,可以合并表决,也可以分别表决。

第四十七条 常务委员会通过的法律由国家主席签署主席令予以公布。

第四节 法律解释

第四十八条 法律解释权属于全国人民代表大会常务委员会。

法律有以下情况之一的,由全国人民代表大会常务委员会解释:

(一)法律的规定需要进一步明确具体含义的;

(二)法律制定后出现新的情况,需要明确适用法律依据的。

第四十九条 国务院、中央军事委员会、国家监察委员会、最高人民法院、最高人民检察院、全国人民代表大会各专门委员会,可以向全国人民代表大会常务委员会提出法律解释要求或者提出相关法律案。

省、自治区、直辖市的人民代表大会常务委员会可以向全国人民代表大会常务委员会提出法律解释要求。

第五十条 常务委员会工作机构研究拟订法律解释草案,由委员长会议决定列入常务委员会会议议程。

第五十一条 法律解释草案经常务委员会会议审议，由宪法和法律委员会根据常务委员会组成人员的审议意见进行审议、修改，提出法律解释草案表决稿。

第五十二条 法律解释草案表决稿由常务委员会全体组成人员的过半数通过，由常务委员会发布公告予以公布。

第五十三条 全国人民代表大会常务委员会的法律解释同法律具有同等效力。

第五节 其他规定

第五十四条 全国人民代表大会及其常务委员会加强对立法工作的组织协调，发挥在立法工作中的主导作用。

第五十五条 全国人民代表大会及其常务委员会坚持科学立法、民主立法、依法立法，通过制定、修改、废止、解释法律和编纂法典等多种形式，增强立法的系统性、整体性、协同性、时效性。

第五十六条 全国人民代表大会常务委员会通过立法规划和年度立法计划、专项立法计划等形式，加强对立法工作的统筹安排。编制立法规划和立法计划，应当认真研究代表议案和建议，广泛征集意见，科学论证评估，根据经济社会发展和民主法治建设的需要，按照加强重点领域、新兴领域、涉外领域立法的要求，确定立法项目。立法规划和立法计划由委员长会议通过并向社会公布。

全国人民代表大会常务委员会工作机构负责编制立法规划、拟订立法计划，并按照全国人民代表大会常务委员会的要求，督促立法规划和立法计划的落实。

第五十七条 全国人民代表大会有关的专门委员会、常务委员会工作机构应当提前参与有关方面的法律草案起草工作；综合性、全局性、基础性的重要法律草案，可以由有关的专门委员会或者常务委员会工作机构组织起草。

专业性较强的法律草案，可以吸收相关领域的专家参与起草工作，或者委托有关专家、教学科研单位、社会组织起草。

第五十八条　提出法律案，应当同时提出法律草案文本及其说明，并提供必要的参阅资料。修改法律的，还应当提交修改前后的对照文本。法律草案的说明应当包括制定或者修改法律的必要性、可行性和主要内容，涉及合宪性问题的相关意见以及起草过程中对重大分歧意见的协调处理情况。

第五十九条　向全国人民代表大会及其常务委员会提出的法律案，在列入会议议程前，提案人有权撤回。

第六十条　交付全国人民代表大会及其常务委员会全体会议表决未获得通过的法律案，如果提案人认为必须制定该法律，可以按照法律规定的程序重新提出，由主席团、委员长会议决定是否列入会议议程；其中，未获得全国人民代表大会通过的法律案，应当提请全国人民代表大会审议决定。

第六十一条　法律应当明确规定施行日期。

第六十二条　签署公布法律的主席令载明该法律的制定机关、通过和施行日期。

法律签署公布后，法律文本以及法律草案的说明、审议结果报告等，应当及时在全国人民代表大会常务委员会公报和中国人大网以及在全国范围内发行的报纸上刊载。

在常务委员会公报上刊登的法律文本为标准文本。

第六十三条　法律的修改和废止程序，适用本章的有关规定。

法律被修改的，应当公布新的法律文本。

法律被废止的，除由其他法律规定废止该法律的以外，由国家主席签署主席令予以公布。

第六十四条　法律草案与其他法律相关规定不一致的，提案人应当予以说明并提出处理意见，必要时应当同时提出修改或者废止其他法律相关规定的议案。

宪法和法律委员会、有关的专门委员会审议法律案时，认为需要修改或者废止其他法律相关规定的,应当提出处理意见。

第六十五条　法律根据内容需要,可以分编、章、节、条、款、项、目。

编、章、节、条的序号用中文数字依次表述,款不编序号,项的序号用中文数字加括号依次表述,目的序号用阿拉伯数字依次表述。

法律标题的题注应当载明制定机关、通过日期。经过修改的法律,应当依次载明修改机关、修改日期。

全国人民代表大会常务委员会工作机构编制立法技术规范。

第六十六条　法律规定明确要求有关国家机关对专门事项作出配套的具体规定的,有关国家机关应当自法律施行之日起一年内作出规定,法律对配套的具体规定制定期限另有规定的,从其规定。有关国家机关未能在期限内作出配套的具体规定的,应当向全国人民代表大会常务委员会说明情况。

第六十七条　全国人民代表大会有关的专门委员会、常务委员会工作机构可以组织对有关法律或者法律中有关规定进行立法后评估。评估情况应当向常务委员会报告。

第六十八条　全国人民代表大会及其常务委员会作出有关法律问题的决定,适用本法的有关规定。

第六十九条　全国人民代表大会常务委员会工作机构可以对有关具体问题的法律询问进行研究予以答复,并报常务委员会备案。

第七十条　全国人民代表大会常务委员会工作机构根据实际需要设立基层立法联系点,深入听取基层群众和有关方面对法律草案和立法工作的意见。

第七十一条　全国人民代表大会常务委员会工作机构加强立法宣传工作,通过多种形式发布立法信息、介绍情况、回应关切。

第三章　行政法规

第七十二条　国务院根据宪法和法律,制定行政法规。

行政法规可以就下列事项作出规定:

（一）为执行法律的规定需要制定行政法规的事项；

（二）宪法第八十九条规定的国务院行政管理职权的事项。

应当由全国人民代表大会及其常务委员会制定法律的事项，国务院根据全国人民代表大会及其常务委员会的授权决定先制定的行政法规，经过实践检验，制定法律的条件成熟时，国务院应当及时提请全国人民代表大会及其常务委员会制定法律。

第七十三条 国务院法制机构应当根据国家总体工作部署拟订国务院年度立法计划，报国务院审批。国务院年度立法计划中的法律项目应当与全国人民代表大会常务委员会的立法规划和立法计划相衔接。国务院法制机构应当及时跟踪了解国务院各部门落实立法计划的情况，加强组织协调和督促指导。

国务院有关部门认为需要制定行政法规的，应当向国务院报请立项。

第七十四条 行政法规由国务院有关部门或者国务院法制机构具体负责起草，重要行政管理的法律、行政法规草案由国务院法制机构组织起草。行政法规在起草过程中，应当广泛听取有关机关、组织、人民代表大会代表和社会公众的意见。听取意见可以采取座谈会、论证会、听证会等多种形式。

行政法规草案应当向社会公布，征求意见，但是经国务院决定不公布的除外。

第七十五条 行政法规起草工作完成后，起草单位应当将草案及其说明、各方面对草案主要问题的不同意见和其他有关资料送国务院法制机构进行审查。

国务院法制机构应当向国务院提出审查报告和草案修改稿，审查报告应当对草案主要问题作出说明。

第七十六条 行政法规的决定程序依照中华人民共和国国务院组织法的有关规定办理。

第七十七条 行政法规由总理签署国务院令公布。

有关国防建设的行政法规，可以由国务院总理、中央军事委员会主席共同签署国务院、中央军事委员会令公布。

第七十八条　行政法规签署公布后，及时在国务院公报和中国政府法制信息网以及在全国范围内发行的报纸上刊载。

在国务院公报上刊登的行政法规文本为标准文本。

第七十九条　国务院可以根据改革发展的需要，决定就行政管理等领域的特定事项，在规定期限和范围内暂时调整或者暂时停止适用行政法规的部分规定。

第四章　地方性法规、自治条例和单行条例、规章

第一节　地方性法规、自治条例和单行条例

第八十条　省、自治区、直辖市的人民代表大会及其常务委员会根据本行政区域的具体情况和实际需要，在不同宪法、法律、行政法规相抵触的前提下，可以制定地方性法规。

第八十一条　设区的市的人民代表大会及其常务委员会根据本市的具体情况和实际需要，在不同宪法、法律、行政法规和本省、自治区的地方性法规相抵触的前提下，可以对城乡建设与管理、生态文明建设、历史文化保护、基层治理等方面的事项制定地方性法规，法律对设区的市制定地方性法规的事项另有规定的，从其规定。设区的市的地方性法规须报省、自治区的人民代表大会常务委员会批准后施行。省、自治区的人民代表大会常务委员会对报请批准的地方性法规，应当对其合法性进行审查，认为同宪法、法律、行政法规和本省、自治区的地方性法规不抵触的，应当在四个月内予以批准。

省、自治区的人民代表大会常务委员会在对报请批准的设区的市的地方性法规进行审查时，发现其同本省、自治区的人民政府的规章相抵触的，应当作出处理决定。

除省、自治区的人民政府所在地的市，经济特区所在地的市和国务院已经批准的较大的市以外，其他设区的市开始制定地方性法规的具体

步骤和时间，由省、自治区的人民代表大会常务委员会综合考虑本省、自治区所辖的设区的市的人口数量、地域面积、经济社会发展情况以及立法需求、立法能力等因素确定，并报全国人民代表大会常务委员会和国务院备案。

自治州的人民代表大会及其常务委员会可以依照本条第一款规定行使设区的市制定地方性法规的职权。自治州开始制定地方性法规的具体步骤和时间，依照前款规定确定。

省、自治区的人民政府所在地的市，经济特区所在地的市和国务院已经批准的较大的市已经制定的地方性法规，涉及本条第一款规定事项范围以外的，继续有效。

第八十二条　地方性法规可以就下列事项作出规定：

（一）为执行法律、行政法规的规定，需要根据本行政区域的实际情况作具体规定的事项；

（二）属于地方性事务需要制定地方性法规的事项。

除本法第十一条规定的事项外，其他事项国家尚未制定法律或者行政法规的，省、自治区、直辖市和设区的市、自治州根据本地方的具体情况和实际需要，可以先制定地方性法规。在国家制定的法律或者行政法规生效后，地方性法规同法律或者行政法规相抵触的规定无效，制定机关应当及时予以修改或者废止。

设区的市、自治州根据本条第一款、第二款制定地方性法规，限于本法第八十一条第一款规定的事项。

制定地方性法规，对上位法已经明确规定的内容，一般不作重复性规定。

第八十三条　省、自治区、直辖市和设区的市、自治州的人民代表大会及其常务委员会根据区域协调发展的需要，可以协同制定地方性法规，在本行政区域或者有关区域内实施。

省、自治区、直辖市和设区的市、自治州可以建立区域协同立法工作机制。

第八十四条 经济特区所在地的省、市的人民代表大会及其常务委员会根据全国人民代表大会的授权决定，制定法规，在经济特区范围内实施。

上海市人民代表大会及其常务委员会根据全国人民代表大会常务委员会的授权决定，制定浦东新区法规，在浦东新区实施。

海南省人民代表大会及其常务委员会根据法律规定，制定海南自由贸易港法规，在海南自由贸易港范围内实施。

第八十五条 民族自治地方的人民代表大会有权依照当地民族的政治、经济和文化的特点，制定自治条例和单行条例。自治区的自治条例和单行条例，报全国人民代表大会常务委员会批准后生效。自治州、自治县的自治条例和单行条例，报省、自治区、直辖市的人民代表大会常务委员会批准后生效。

自治条例和单行条例可以依照当地民族的特点，对法律和行政法规的规定作出变通规定，但不得违背法律或者行政法规的基本原则，不得对宪法和民族区域自治法的规定以及其他有关法律、行政法规专门就民族自治地方所作的规定作出变通规定。

第八十六条 规定本行政区域特别重大事项的地方性法规，应当由人民代表大会通过。

第八十七条 地方性法规案、自治条例和单行条例案的提出、审议和表决程序，根据中华人民共和国地方各级人民代表大会和地方各级人民政府组织法，参照本法第二章第二节、第三节、第五节的规定，由本级人民代表大会规定。

地方性法规草案由负责统一审议的机构提出审议结果的报告和草案修改稿。

第八十八条 省、自治区、直辖市的人民代表大会制定的地方性法规由大会主席团发布公告予以公布。

省、自治区、直辖市的人民代表大会常务委员会制定的地方性法规由常务委员会发布公告予以公布。

设区的市、自治州的人民代表大会及其常务委员会制定的地方性法规报经批准后，由设区的市、自治州的人民代表大会常务委员会发布公告予以公布。

自治条例和单行条例报经批准后，分别由自治区、自治州、自治县的人民代表大会常务委员会发布公告予以公布。

第八十九条 地方性法规、自治条例和单行条例公布后，其文本以及草案的说明、审议结果报告等，应当及时在本级人民代表大会常务委员会公报和中国人大网、本地方人民代表大会网站以及在本行政区域范围内发行的报纸上刊载。

在常务委员会公报上刊登的地方性法规、自治条例和单行条例文本为标准文本。

第九十条 省、自治区、直辖市和设区的市、自治州的人民代表大会常务委员会根据实际需要设立基层立法联系点，深入听取基层群众和有关方面对地方性法规、自治条例和单行条例草案的意见。

第二节 规　　章

第九十一条 国务院各部、委员会、中国人民银行、审计署和具有行政管理职能的直属机构以及法律规定的机构，可以根据法律和国务院的行政法规、决定、命令，在本部门的权限范围内，制定规章。

部门规章规定的事项应当属于执行法律或者国务院的行政法规、决定、命令的事项。没有法律或者国务院的行政法规、决定、命令的依据，部门规章不得设定减损公民、法人和其他组织权利或者增加其义务的规范，不得增加本部门的权力或者减少本部门的法定职责。

第九十二条 涉及两个以上国务院部门职权范围的事项，应当提请国务院制定行政法规或者由国务院有关部门联合制定规章。

第九十三条 省、自治区、直辖市和设区的市、自治州的人民政府，可以根据法律、行政法规和本省、自治区、直辖市的地方性法规，制定规章。

地方政府规章可以就下列事项作出规定：

（一）为执行法律、行政法规、地方性法规的规定需要制定规章的事项；

（二）属于本行政区域的具体行政管理事项。

设区的市、自治州的人民政府根据本条第一款、第二款制定地方政府规章，限于城乡建设与管理、生态文明建设、历史文化保护、基层治理等方面的事项。已经制定的地方政府规章，涉及上述事项范围以外的，继续有效。

除省、自治区的人民政府所在地的市，经济特区所在地的市和国务院已经批准的较大的市以外，其他设区的市、自治州的人民政府开始制定规章的时间，与本省、自治区人民代表大会常务委员会确定的本市、自治州开始制定地方性法规的时间同步。

应当制定地方性法规但条件尚不成熟的，因行政管理迫切需要，可以先制定地方政府规章。规章实施满两年需要继续实施规章所规定的行政措施的，应当提请本级人民代表大会或者其常务委员会制定地方性法规。

没有法律、行政法规、地方性法规的依据，地方政府规章不得设定减损公民、法人和其他组织权利或者增加其义务的规范。

第九十四条 国务院部门规章和地方政府规章的制定程序，参照本法第三章的规定，由国务院规定。

第九十五条 部门规章应当经部务会议或者委员会会议决定。

地方政府规章应当经政府常务会议或者全体会议决定。

第九十六条 部门规章由部门首长签署命令予以公布。

地方政府规章由省长、自治区主席、市长或者自治州州长签署命令予以公布。

第九十七条 部门规章签署公布后，及时在国务院公报或者部门公报和中国政府法制信息网以及在全国范围内发行的报纸上刊载。

地方政府规章签署公布后，及时在本级人民政府公报和中国政府法制信息网以及在本行政区域范围内发行的报纸上刊载。

在国务院公报或者部门公报和地方人民政府公报上刊登的规章文本为标准文本。

第五章 适用与备案审查

第九十八条 宪法具有最高的法律效力，一切法律、行政法规、地方性法规、自治条例和单行条例、规章都不得同宪法相抵触。

第九十九条 法律的效力高于行政法规、地方性法规、规章。

行政法规的效力高于地方性法规、规章。

第一百条 地方性法规的效力高于本级和下级地方政府规章。

省、自治区的人民政府制定的规章的效力高于本行政区域内的设区的市、自治州的人民政府制定的规章。

第一百零一条 自治条例和单行条例依法对法律、行政法规、地方性法规作变通规定的，在本自治地方适用自治条例和单行条例的规定。

经济特区法规根据授权对法律、行政法规、地方性法规作变通规定的，在本经济特区适用经济特区法规的规定。

第一百零二条 部门规章之间、部门规章与地方政府规章之间具有同等效力，在各自的权限范围内施行。

第一百零三条 同一机关制定的法律、行政法规、地方性法规、自治条例和单行条例、规章，特别规定与一般规定不一致的，适用特别规定；新的规定与旧的规定不一致的，适用新的规定。

第一百零四条 法律、行政法规、地方性法规、自治条例和单行条例、规章不溯及既往，但为了更好地保护公民、法人和其他组织的权利和利益而作的特别规定除外。

第一百零五条 法律之间对同一事项的新的一般规定与旧的特别规定不一致，不能确定如何适用时，由全国人民代表大会常务委员会裁决。

行政法规之间对同一事项的新的一般规定与旧的特别规定不一致，

不能确定如何适用时，由国务院裁决。

第一百零六条 地方性法规、规章之间不一致时，由有关机关依照下列规定的权限作出裁决：

（一）同一机关制定的新的一般规定与旧的特别规定不一致时，由制定机关裁决；

（二）地方性法规与部门规章之间对同一事项的规定不一致，不能确定如何适用时，由国务院提出意见，国务院认为应当适用地方性法规的，应当决定在该地方适用地方性法规的规定；认为应当适用部门规章的，应当提请全国人民代表大会常务委员会裁决；

（三）部门规章之间、部门规章与地方政府规章之间对同一事项的规定不一致时，由国务院裁决。

根据授权制定的法规与法律规定不一致，不能确定如何适用时，由全国人民代表大会常务委员会裁决。

第一百零七条 法律、行政法规、地方性法规、自治条例和单行条例、规章有下列情形之一的，由有关机关依照本法第一百零八条规定的权限予以改变或者撤销：

（一）超越权限的；

（二）下位法违反上位法规定的；

（三）规章之间对同一事项的规定不一致，经裁决应当改变或者撤销一方的规定的；

（四）规章的规定被认为不适当，应当予以改变或者撤销的；

（五）违背法定程序的。

第一百零八条 改变或者撤销法律、行政法规、地方性法规、自治条例和单行条例、规章的权限是：

（一）全国人民代表大会有权改变或者撤销它的常务委员会制定的不适当的法律，有权撤销全国人民代表大会常务委员会批准的违背宪法和本法第八十五条第二款规定的自治条例和单行条例；

（二）全国人民代表大会常务委员会有权撤销同宪法和法律相抵触

的行政法规，有权撤销同宪法、法律和行政法规相抵触的地方性法规，有权撤销省、自治区、直辖市的人民代表大会常务委员会批准的违背宪法和本法第八十五条第二款规定的自治条例和单行条例；

（三）国务院有权改变或者撤销不适当的部门规章和地方政府规章；

（四）省、自治区、直辖市的人民代表大会有权改变或者撤销它的常务委员会制定的和批准的不适当的地方性法规；

（五）地方人民代表大会常务委员会有权撤销本级人民政府制定的不适当的规章；

（六）省、自治区的人民政府有权改变或者撤销下一级人民政府制定的不适当的规章；

（七）授权机关有权撤销被授权机关制定的超越授权范围或者违背授权目的的法规，必要时可以撤销授权。

第一百零九条　行政法规、地方性法规、自治条例和单行条例、规章应当在公布后的三十日内依照下列规定报有关机关备案：

（一）行政法规报全国人民代表大会常务委员会备案；

（二）省、自治区、直辖市的人民代表大会及其常务委员会制定的地方性法规，报全国人民代表大会常务委员会和国务院备案；设区的市、自治州的人民代表大会及其常务委员会制定的地方性法规，由省、自治区的人民代表大会常务委员会报全国人民代表大会常务委员会和国务院备案；

（三）自治州、自治县的人民代表大会制定的自治条例和单行条例，由省、自治区、直辖市的人民代表大会常务委员会报全国人民代表大会常务委员会和国务院备案；自治条例、单行条例报送备案时，应当说明对法律、行政法规、地方性法规作出变通的情况；

（四）部门规章和地方政府规章报国务院备案；地方政府规章应当同时报本级人民代表大会常务委员会备案；设区的市、自治州的人民政府制定的规章应当同时报省、自治区的人民代表大会常务委员会和人民政府备案；

（五）根据授权制定的法规应当报授权决定规定的机关备案；经济特区法规、浦东新区法规、海南自由贸易港法规报送备案时，应当说明变通的情况。

第一百一十条 国务院、中央军事委员会、国家监察委员会、最高人民法院、最高人民检察院和各省、自治区、直辖市的人民代表大会常务委员会认为行政法规、地方性法规、自治条例和单行条例同宪法或者法律相抵触，或者存在合宪性、合法性问题的，可以向全国人民代表大会常务委员会书面提出进行审查的要求，由全国人民代表大会有关的专门委员会和常务委员会工作机构进行审查、提出意见。

前款规定以外的其他国家机关和社会团体、企业事业组织以及公民认为行政法规、地方性法规、自治条例和单行条例同宪法或者法律相抵触的，可以向全国人民代表大会常务委员会书面提出进行审查的建议，由常务委员会工作机构进行审查；必要时，送有关的专门委员会进行审查、提出意见。

第一百一十一条 全国人民代表大会专门委员会、常务委员会工作机构可以对报送备案的行政法规、地方性法规、自治条例和单行条例等进行主动审查，并可以根据需要进行专项审查。

国务院备案审查工作机构可以对报送备案的地方性法规、自治条例和单行条例，部门规章和省、自治区、直辖市的人民政府制定的规章进行主动审查，并可以根据需要进行专项审查。

第一百一十二条 全国人民代表大会专门委员会、常务委员会工作机构在审查中认为行政法规、地方性法规、自治条例和单行条例同宪法或者法律相抵触，或者存在合宪性、合法性问题的，可以向制定机关提出书面审查意见；也可以由宪法和法律委员会与有关的专门委员会、常务委员会工作机构召开联合审查会议，要求制定机关到会说明情况，再向制定机关提出书面审查意见。制定机关应当在两个月内研究提出是否修改或者废止的意见，并向全国人民代表大会宪法和法律委员会、有关的专门委员会或者常务委员会工作机构反馈。

全国人民代表大会宪法和法律委员会、有关的专门委员会、常务委员会工作机构根据前款规定，向制定机关提出审查意见，制定机关按照所提意见对行政法规、地方性法规、自治条例和单行条例进行修改或者废止的，审查终止。

全国人民代表大会宪法和法律委员会、有关的专门委员会、常务委员会工作机构经审查认为行政法规、地方性法规、自治条例和单行条例同宪法或者法律相抵触，或者存在合宪性、合法性问题需要修改或者废止，而制定机关不予修改或者废止的，应当向委员长会议提出予以撤销的议案、建议，由委员长会议决定提请常务委员会会议审议决定。

第一百一十三条　全国人民代表大会有关的专门委员会、常务委员会工作机构应当按照规定要求，将审查情况向提出审查建议的国家机关、社会团体、企业事业组织以及公民反馈，并可以向社会公开。

第一百一十四条　其他接受备案的机关对报送备案的地方性法规、自治条例和单行条例、规章的审查程序，按照维护法制统一的原则，由接受备案的机关规定。

第一百一十五条　备案审查机关应当建立健全备案审查衔接联动机制，对应当由其他机关处理的审查要求或者审查建议，及时移送有关机关处理。

第一百一十六条　对法律、行政法规、地方性法规、自治条例和单行条例、规章和其他规范性文件，制定机关根据维护法制统一的原则和改革发展的需要进行清理。

第六章　附　　则

第一百一十七条　中央军事委员会根据宪法和法律，制定军事法规。

中国人民解放军各战区、军兵种和中国人民武装警察部队，可以根据法律和中央军事委员会的军事法规、决定、命令，在其权限范围内，制定军事规章。

军事法规、军事规章在武装力量内部实施。

军事法规、军事规章的制定、修改和废止办法，由中央军事委员会依照本法规定的原则规定。

第一百一十八条　国家监察委员会根据宪法和法律、全国人民代表大会常务委员会的有关决定，制定监察法规，报全国人民代表大会常务委员会备案。

第一百一十九条　最高人民法院、最高人民检察院作出的属于审判、检察工作中具体应用法律的解释，应当主要针对具体的法律条文，并符合立法的目的、原则和原意。遇有本法第四十八条第二款规定情况的，应当向全国人民代表大会常务委员会提出法律解释的要求或者提出制定、修改有关法律的议案。

最高人民法院、最高人民检察院作出的属于审判、检察工作中具体应用法律的解释，应当自公布之日起三十日内报全国人民代表大会常务委员会备案。

最高人民法院、最高人民检察院以外的审判机关和检察机关，不得作出具体应用法律的解释。

第一百二十条　本法自 2000 年 7 月 1 日起施行。

附录二

立法技术规范(试行)(一)

(法工委发〔2009〕62号)

目　次

17. 除……外,除……以外

18. 依照,按照,参照

19. 制定,规定

20. 会同,商

21. 缴纳,交纳

22. 抵销,抵消

23. 账,帐

24. 以上,以下,以内,不满,超过

25. 日,工作日

四、法律修改形式规范

26. 法律修正

27. 法律修订

五、法律废止形式规范

28. 法律废止

一、法律结构规范

1. 目录

1.1 法律设章、节的,在正文前须列"目录"将各章、节的名称按序排列表述,各章下的节单独排序。条、款、项、目不列入目录中。附则单列为一章。

示例:

第一章……

第一节 ……

第二节 ……

第二章 ……

第一节 ……

第二节 ……

……

第×章　附则

1.2　法律设编、章、节的，各章连续排序。附则不单列为一编或者一章。

示例：

第一编　总则

第一章　……

第二章　……

第二编　分则

第三章　……

第一节　……

第二节　……

第四章　……

第一节　……

第二节　……

……

附则

2. 定义条款

2.1　贯穿法律始终的基本概念，在总则中或者法律第一条立法目的之后规定。如果规定适用范围的，定义条款在适用范围之后规定。

2.2　涉及多个法律条款的专业术语，一般在附则中规定。

2.3　概念、术语只涉及某章节的内容时，可以在该章节的开头、结尾或者有关条文中规定。

2.4　定义条款表述为："本法（本章、本节、本条）所称，××，是指（包括）……"。

2.5　一个定义条款中规定多个概念、术语的，应当分项表述。

示例：本法中下列用语的含义：

（一）××，是专（包括）……

（二）××，是指（包括）……

……

3. 过渡性条款

3.1 过渡性条款内容一般包括：对新法施行（颁布）前相关法律行为、法律关系效力的确定；新法对某种特殊情形所作出的特别生效时间或者依法特别办理的规定；对依据旧法获得的权利、资格、资质效力的承认或者处理等。

示例：本法公布前已经批准设立的企业，依照当时的税收法律、行政法规规定，享受低税率优惠的，按照国务院规定，可以在本法施行后五年内，逐步过渡到本法规定的税率；享受定期减免税优惠的，按照国务院规定，可以在本法施行后继续享受到期满为止，但因未获利而尚未享受优惠的，优惠期限从本法施行年度起计算。

法律设置的发展对外经济合作和技术交流的特定地区内，以及国务院已规定执行上述地区特殊政策的地区内新设立的国家需要重点扶持的高新技术企业，可以享受过渡性税收优惠，具体办法由国务院规定。

国家已确定的其他鼓励类企业，可以按照国务院规定享受减免税优惠。

3.2 过渡性条款一般在附则中规定。但是，只涉及某章节或者某条文的，可以在相应的章节或者条文中规定。

4. 法律适用关系条款

新法颁布后，涉及相关法律有关规定的适用问题时，一般采用具体列举的方式；难以全部列举的，在具体列举之后，再作概括表述。

示例1：《中华人民共和国××法》、《中华人民共和国××法》、《中华人民共和国××法》与本法的规定不一致的，适用本法。

示例2：《中华人民共和国××法》、《中华人民共和国××法》和其他在本法施行前公布的法律与本法的规定不一致的，适用本法。

二、法律条文表述规范

5.立法目的与立法依据的表述

5.1　法律一般需要明示立法目的，表述为："为了……，制定本法"，用"为了"，不用"为"。立法目的的内容表述应当直接、具体、明确，一般按照由直接到间接、由具体到抽象、由微观到宏观的顺序排列。

5.2　法律一般不明示某部具体的法律为立法依据。但是，宪法或者其他法律对制定该法律有明确规定的，应当明示宪法或者该法律为立法依据。表述为："……根据宪法，制定本法。"或者"……根据《中华人民共和国××法》的规定，制定本法。"

5.3　立法目的与立法依据（需要规定立法依据时）一般在第一条一并表述，先表述立法目的，再表述立法依据。

6.引用法律名称的表述

6.1　引用本法时，表述为："本法……"。

6.2　引用其他法律时，在特指具体法律时，所引法律的名称用全称加书名号。

示例：商业银行的组织形式、组织机构适用《中华人民共和国公司法》。

6.3　引用《中华人民共和国宪法》时，不用全称，也不加书名号，直接表述为"宪法"。

7.适用法律的表述

7.1　具体指明适用某部法律的，表述为："……适用《中华人民共和国××法》的规定"或者"……适用《中华人民共和国××法》……的规定"。为了避免以后法律修改可能出现的条文不对应问题，一般不出现具体条文的序号。

7.2　概括适用其他法律、法规的，表述为："……适用《中华人民共和国××法》和其他法律（法规）的规定"，或者"……适用有关法律（法规）的规定。"

7.3　优先适用其他法律、法规的，表述为："……适用本法，《中华人民共和国××法》另有规定的，适用其规定。"或者"……适用本法，《中华人民共和国××法》和其他法律（法规）另有规定的，适用其规定。"

7.4　优先适用本法的，表述为："……与本法规定不一致的，适用本法。"

8."有下列情形之一的"与"有下列行为之一的"表述

8.1　"情形"用于表示事物所表现出来的外在形态和状况。

8.2　"行为"用于表示人的活动。

8.3　如果列举的内容既包括"情形"又包括"行为"时，统一用"情形"。

8.4　"有下列情形之一的，……"和"有下列行为之一的，……"中的"的"字不能省略，其所列各项末尾是否用"的"字，根据下列三种情况确定：

8.4.1　所列项是名词时，不用"的"。

示例：本章有关规定中，有下列情形的，可以保留或使用繁体字、异体字：

（一）文物古迹；

（二）姓氏中的异体字；

（三）书法、篆刻等艺术作品；

……

8.4.2　所列项是主谓结构时，视为名词性短语，不用"的"。

示例：有下列情形之一的，委托代理终止：

（一）代理期间届满或者代理事务完成；

（二）被代理人取消委托或者代理人辞去委托；

（三）代理人死亡；

……

8.4.3　所列项是动宾结构时，应当用"的"。

示例：企业法人有下列情形之一的，除法人承担责任外，对法定代表人可以给予行政处分、罚款，构成犯罪的，依法追究刑事责任：

（一）超出登记机关核准登记的经营范围从事非法经营的；

（二）向登记机关、税务机关隐瞒真实情况、弄虚作假的；

（三）抽逃资金、隐匿财产逃避债务的；

（四）解散、被撤销、被宣告破产后，擅自处理财产的；

……

9. 引用法律条文中第×项的表述

9.1　引用某项时，该项的序号不加括号，表述为："第×项"，不表述为："第（×）项"。

9.2　引用某条的某项时，表述为："第×条第×项"或者"第×条第×款第×项"。

9.3　引用两项时，表述为："第×条第×项、第×项"。

9.4　引用三项以上的，对连续的项表述为："第×条第×项至×项"对不连续的项，列出具体各项的序号，表述为："第×条第×项、第×项和第×项"。

10. 部门的表述

10.1　法律中一般不写部门的具体名称。

10.2　法律中行政机关的表述，一般使用"××主管部门"。

示例：国务院城乡规划主管部门负责全国的城乡规划管理工作。

10.3　对某些部门，实践中已有固定表述的，如"公安机关"、"工商行政管理部门"、"海关"等，仍保留原来的表达方式。

示例：县级以上地方人民政府公安机关对本行政区域内的消防工作实施监督管理，并由本级人民政府公安机关消防机构负责实施。

10.4　对少数情况特殊的部门，应当表述准确，如司法部就不能表述为"司法部门"，而应当表述为"司法行政部门"。这里"行政"与"主管"不能并用。

示例：司法行政部门依照本法对律师、律师事务所和律师协会进行监督、指导。

10.5　法律授权履行监督管理职能的组织机构，表述为“××机构”。

示例：国务院保险监督管理机构依法对保险业实施监督管理。

国务院保险监督管理机构根据履行职责的需要设立派出机构。派出机构按照国务院保险监督管理机构的授权履行监督管理职责。

11. 数字的使用

11.1　序数词、比例、分数、百分比、倍数、时间段、年龄、人数、金额，以及表示重量、长度、面积等计量数值的数字，均用汉字数字表述。

示例：宪法的修改，由全国人民代表大会常务委员会或者五分之一以上的全国人民代表大会代表提议，并由全国人民代表大会以全体代表的三分之二以上的多数通过。

11.2　公历年、月、日，统计表中的数字，需要精确到小数点后的数字，法律条文中“目”的序号等，均用阿拉伯数字表述。

示例1：承运人对货物的灭失或者损坏的赔偿限额，按照货物件数或者其他货运单位数计算，每件或者每个其他货运单位为666.67计算单位，……

示例2：本章下列用语的含义：

……

（三）“托运人”，是指：

1. 本人或者委托他人以本人名义或者委托他人为本人与承运人订立海上货物运输合同的人；

2. 本人或者委托他人以本人名义或者委托他人为本人将货物交给与海上货物运输合同有关的承运人的人。

……

12. 标点符号的使用

12.1　主语和谓语都比较长时，主语和谓语之间加逗号。

示例：全国人民代表大会常务委员会、国务院、中央军事委员会、最高人民法院、最高人民检察院、全国人民代表大会各专门委员会，可以向全国人民代表大会提出法律案，由主席团决定列入会议议程。

12.2　一个句子内部有多个并列词语的，各个词语之间用顿号，用“和”或者“以及”连接最后两个并列词语。

示例：国家保护公民的合法的收入、储蓄、房屋和其他合法财产的所有权。

12.3　一个句子存在两个层次以上的并列关系时，在有内在联系的两个并列层次之间用顿号，没有内在联系的两个并列层次之间用逗号。

示例：全国人民代表大会常务委员会1957年10月23日批准、国务院1957年10月26日公布的《国务院关于国家行政机关工作人员的奖惩暂行规定》，1993年8月14日国务院公布的《国家公务员暂行条例》同时废止。

12.4　在多重复句中，各并列分句内已使用逗号的，并列分句之间用分号。

示例：……人员，有……行为之一的，依法给予行政处分；情节严重的，依法开除公职或者吊销其从业资格；构成犯罪的，依法追究刑事责任。

12.5　在修正案、修改决定中，使用引号时，根据下列情况确定：

12.5.1　引用内容是完整的条、款的，条、款末尾的标点符号标在引号里边。

示例：将刑法第一百五十一条第三款修改为：“走私珍稀植物及其制品等国家禁止进出口的其他货物、物品的，处五年以下有期徒刑或者拘役，并处或者单处罚金；情节严重的，处五年以上有期徒刑，并处罚金。”

12.5.2　引用内容是条文中的局部或者是名词、短语的，在引号内引用部分的末尾不加标点符号，但是在引号外的句末，应当加注标点符号。

示例：将本法其他各条款中的“全民所有”改为“国家所有”，“国营”改为“国有”。

12.5.3　引用内容是分款（项）的条文，每款（项）的前面用前引号，后面不用后引号，但是在最后一款（项）的后面，应当用后引号。

示例：第一百七十九条第一款改为第一百七十九条，修改为："当事人的申请符合下列情形之一的，人民法院应当再审：

"（一）有新的证据，足以推翻原判决、裁定的；

"（二）原判决、裁定认定的基本事实缺乏证据证明的；

"（三）原判决、裁定认定事实的主要证据是伪造的；

……

"（十三）据以作出原判决、裁定的法律文书被撤销或者变更的。

"对违反法定程序可能影响案件正确判决、裁定的情形，或者审判人员在审理该案件时有贪污受贿，徇私舞弊，枉法裁判行为的，人民法院应当再审。"

三、法律常用词语规范

13. 和，以及，或者

13.1　"和"连接的并列句子成分，其前后成分无主次之分，互换位置后在语法意义上不会发生意思变化，但是在法律表述中应当根据句子成分的重要性、逻辑关系或者用语习惯排序。

示例1：一切法律、行政法规和地方性法规都不得同宪法相抵触。

示例2：较大的车站、机场、港口、高等院校和宾馆应当设置提供邮政普遍服务的邮政营业场所。

13.2　"以及"连接的并列句子成分，其前后成分有主次之分，前者为主，后者为次，前后位置不宜互换。

示例1：开庭应当公开，但涉及国家秘密、商业秘密和个人隐私以及当事人约定不公开的除外。

示例2：国务院和省、自治区、直辖市人民政府根据水环境保护的需要，可以规定在饮用水水源保护区内，采取禁止或者限制使用含磷洗涤剂、化肥、农药以及限制种植养殖等措施。

13.3　"或者"表示一种选择关系，一般只指其所连接的成分中的某一部分。

示例:任何组织或者个人不得侵占、买卖或者以其他形式非法转让土地。土地的使用权可以依照法律的规定转让。

14. 应当,必须

“应当”与“必须”的含义没有实质区别。法律在表述义务性规范时,一般用“应当”,不用“必须”。

示例:仲裁庭对农村土地承包经营纠纷应当进行调解。调解达成协议的,仲裁庭应当制作调解书;调解不成的,应当及时作出裁决。

15. 不得,禁止

“不得”、“禁止”都用于禁止性规范的情形。“不得”一般用于有主语或者有明确的被规范对象的句子中,“禁止”一般用于无主语的祈使句中。

示例1:任何组织或者个人都不得有超越宪法和法律的特权。

示例2:禁止非法拘禁和以其他方法非法剥夺或者限制公民的人身自由,禁止非法搜查公民的身体。

不再使用“不准”、“不应”、“不能”、“严禁”等与“不得”和“禁止”相近的词语。

16. 但是,但

“但是”、“但”二者的含义相同,只是运用习惯的不同。法律中的但书,一般用“但是”,不用单音节词“但”。“但是”后一般加逗号,在简单句中也可以不加。

17. 除……外,除……以外

“除……外”和“除……以外”搭配的句式用于对条文内容作排除、例外或者扩充规定的表述。对条文内容作排除、例外表达的,置于句首或者条文中间,表述为“除……外,……”或者“……除……以外,……”;对条文内容作扩充表达的,置于条文中间,表述为“……除……以外,还……”。

示例1:除法律另有规定外,任何组织或者个人不得检查、扣留邮件、汇款。

示例2:农村和城市郊区的土地,除由法律规定属于国家所有的以外,属于集体所有;宅基地和自留地、自留山,也属于集体所有。

示例3:买卖合同内容除依照本法第十二条的规定以外,还可以包括包装方式、检验标准和方法、结算方式、合同使用的文字及其效力等条款。

18. 依照,按照,参照

18.1 规定以法律法规作为依据的,一般用“依照”。

示例:国务院和地方人民政府依照法律、行政法规的规定,分别代表国家对国家出资企业履行出资人职责,享有出资人权益。

18.2 “按照”一般用于对约定、章程、规定、份额、比例等的表述。

示例1:投保人可以按照合同约定向保险人一次支付全部保险费或者分期支付保险费。

示例2:履行出资人职责的机构应当按照国家有关规定,定期向本级人民政府报告有关国有资产总量、结构、变动、收益等汇总分析的情况。

18.3 “参照”一般用于没有直接纳入法律调整范围,但是又属于该范围逻辑内涵自然延伸的事项。

示例:本法第二条规定的用人单位以外的单位,产生职业病危害的,其职业病防治活动可以参照本法执行。

19. 制定,规定

19.1 表述创设法律、法规等规范性文件时,用“制定”;表述就具体事项作出决定时,用“规定”。

示例1:省、直辖市的人民代表大会和它们的常务委员会,在不同宪法、法律、行政法规相抵触的前提下,可以制定地方性法规,报全国人民代表大会常务委员会备案。

示例2:全国人民代表大会代表名额和代表产生办法由法律规定。

19.2 在表述制定或者规定的语境下,与“规定”、“制定”相近似的用语“确定”、“核定”、“另订”等，今后立法中一般不再使用，统一代之以“规定”、“制定”或者“另行制定”、“另行规定”。

20. 会同，商

20.1　“会同”用于法律主体之间共同作出某种行为的情况。“会同”前面的主体是牵头者，“会同”后面的主体是参与者，双方需协商一致，共同制定、发布规范性文件或者作出其他行为。

示例：具体办法由国务院证券监督管理机构会同有关主管部门制定。

20.2　“商”用于前面的主体是事情的主办者，后面的主体是提供意见的一方，在协商的前提下，由前面的主体单独制定并发布规范性文件。

示例：司法鉴定的收费项目和收费标准由国务院司法行政部门商国务院价格主管部门确定。

21. 缴纳，交纳

“交纳”较“缴纳”的含义更广，涵盖面更宽。法律中规定当事人自己向法定机关交付款项时，一般使用“交纳”。但是在规定包含有强制性意思时，可以用“缴纳”。

示例1：当事人进行民事诉讼，应当按照规定交纳案件受理费。财产案件除交纳案件受理费外，并按照规定交纳其他诉讼费用。

示例2：违反本法规定，应当承担民事赔偿责任和缴纳罚款、罚金，其财产不足以同时支付时，先承担民事赔偿责任。

22. 抵销，抵消

“抵消”用于表述两种事物的作用因相反而互相消除，“抵销”用于表述账的冲抵。法律中表述债权债务的相互冲销抵免情形时，用“抵销”，不用“抵消”。

示例：合伙人发生与合伙企业无关的债务，相关债权人不得以其债权抵销其对合伙企业的债务；也不得代位行使合伙人在合伙企业中的权利。

23. 账，帐

表述货币、货物出入的记载、账簿以及债等意思时，用“账”，不用

“帐”。

示例;保险代理机构、保险经纪人应当有自己的经营场所,设立专门账簿记载保险代理业务、经纪业务的收支情况。

24. 以上,以下,以内,不满,超过

规范年龄、期限、尺度、重量等数量关系,涉及以上、以下、以内、不满、超过的规定时,“以上、以下、以内”均含本数,“不满、超过”均不含本数。

示例1:盗窃、诈骗、哄抢、抢夺、敲诈勒索或者故意损毁公私财物的,处五日以上十日以下拘留,可以并处五百元以下罚款;情节较重的,处十日以上十五日以下拘留,可以并处一千元以下罚款。

示例2:公安机关对吸毒成瘾人员决定予以强制隔离戒毒的,应当制作强制隔离戒毒决定书,在执行强制隔离戒毒前送达被决定人,并在送达后二十四小时以内通知被决定人的家属、所在单位和户籍所在地公安派出所;被决定人不讲真实姓名、住址,身份不明的,公安机关应当自查清其身份后通知。

示例3:劳动合同期限三个月以上不满一年的,试用期不得超过一个月;劳动合同期限一年以上不满三年的,试用期不得超过二个月;三年以上固定期限和无固定期限的劳动合同,试用期不得超过六个月。

25. 日,工作日

“日”和“工作日”在法律时限中的区别是:“日”包含节假日,“工作日”不包含节假日。对于限制公民人身自由或者行使权力可能严重影响公民、法人和其他组织的其他权利的,应当用“日”,不用“工作日”。

示例1:公安机关对被拘留的人,认为需要逮捕的,应当在拘留后的三日以内,提请人民检察院审查批准。在特殊情况下,提请审查批准的时间可以延长一日至四日。

对于流窜作案、多次作案、结伙作案的重大嫌疑分子,提请审查批准的时间可以延长至三十日。

示例2:人民法院对当事人提出的回避申请,应当在申请提出的三日内,以口头或者书面形式作出决定。

四、法律修改形式规范

26. 法律修正

法律修正有两种形式，一种是法律修正案，一种是法律修改决定。

26.1 采用修正案形式的，修正案单独公布。公布修正案，一般不重新公布原法律文本。

在表述方式上，按照通过时间先后标明序号，表述为：《中华人民共和国××法修正案》，《中华人民共和国××法修正案（二）》，……

每修改原法律一条内容，在修正案中就列为一条。

修正案增加或者删除法律条文，不改变原法律条文的序号。增加的条文排序在内容最相关的条文之后，表述为："第×条之一"，"第×条之二"，……

26.2 采用修改决定形式的，根据修改决定，重新公布修改后的法律文本。在表述修改的内容时，表述为：将第×条修改为："……"。

增加条文的，表述为："增加一条（一款或一项），作为第×条（第×条第×款或第×项）"。

删除某条、款、项的，单列一条表述。

示例：×、删去第×条第×款第×项。

删除两条以上的，被删除条文为连续排列或者虽然不是连续排列，但是被删除条文之间的其他条文没有被修改的，汇总表述为一条。

示例：×、删去第×条（至第×条×）、第×条。

26.3 对多部法律或者一部法律的多处文字作相同修改的，对修改的文字单列一条，集中表述。

示例：×、将××法、××法、……（本法）相关条文中的"……"修改为"……"，"……"修改为"……"。

27. 法律修订

采用法律修订形式的，公布新的法律文本，法律实施日期为修订后的实施日期。

修订的法律需要明确规定原相关法律停止施行，表述为："本法自×年×月×日起施行。×年×月×日第×届全国人民代表大会（常务委员会）第×次会议通过的《中华人民共和国××法》同时废止。"

五、法律废止形式规范

28. 法律废止

28.1　制定法律时，在法律条文中规定废止相关法律的，表述为："本法自×年×月×日起施行。×年×月×日第×届全国人民代表大会（常务委员会）第×次会议通过的《中华人民共和国××法》同时废止。"

28.2　单独通过一个决定废止法律的，表述为："×年×月×日第×届全国人民代表大会（常务委员会）第×次会议通过的《中华人民共和国××法》自×年×月×日起废止。"废止法律的决定由主席令公布。

关于《立法技术规范（试行）（一）》的说明

一、制定立法技术规范的必要性

立法技术规范包括法律的结构、形式、文体、修改和废止的方法等方面的规则，是起草、修改法律需要掌握的具体操作标准。准确地运用立法技术规范，对保证立法工作的科学性、规范性、统一性，提高立法质量具有重要意义。改革开放30年来，我国立法工作成绩卓著，中国特色社会主义法律体系已经基本形成，在法律体系中主要的、起支架作用的法律已基本制定出来。按照中国特色社会主义法律体系的要求，除了法律门类齐全外，还要求法律体系内部协调、结构严谨，法律之间应当相互衔接。这就要求在立法过程中既需要科学、严密的框架设计，又要求条文表述尽量科学严谨，用语规范统一。

提高立法质量，始终是加强和改进立法工作的重中之重。制定统一的立法技术规范，为法律的起草、审议和修改提供技术层面的支撑，以利于常委会组成人员审议法律草案，提高立法质量，也可以为下位法的制定工作提供指导。在本规范的起草过程中,地方人大的同志也多次表达了希望全国人大常委会尽快制定立法技术规范的强烈愿望。

二、工作思路和工作过程

立法技术规范研究的最终目标是制定较为科学、合理,系统、全面的《立法技术规范》。鉴于总结这方面积累的经验需要一个过程,目前进行的立法技术规范研究,主要是针对在立法工作中经常遇到的、带有共性和普遍性的有关法律结构、文字等技术层面的问题。这些规范应当是科学的、统一的,对立法工作具有一定指导意义,在立法中“管用、好用”。按照“从实际出发,循序渐进,解决问题,逐步完善”的工作思路,对立法实践中经常遇到的、带有普遍性的、急需解决的和各方面意见又比较一致的问题先规定下来,成熟一批、推出一批、应用一批。对尚未取得共识或者目前还没有研究清楚的问题,暂不规定,可继续研究。

近年来,为适应立法工作需要,法工委专门组织力量对有关立法技术规范问题进行研究。从2007年底至今年8月,法工委委务会多次对立法技术规范进行专题讨论,听取了全国人大各专门委员会法案室、国务院有关部门和语言文字专家的意见,并邀请十一个省、自治区、直辖市人大长期从事立法工作的同志共同研究,选取了认识比较一致的问题作为《立法技术规范(试行)(一)》。这些立法技术规范是在总结我国30年立法工作经验的基础上提出的,同时也研究借鉴了一些行政法规、地方性法规的有益做法。这些规范从实践中提炼出来,也还要经过实践检验并在立法实践中不断补充和完善。

三、主要内容

《立法技术规范(试行)(一)》(以下简称技术规范)共包括28个规范,从内容上分为五个部分。

(一)关于法律结构规范

技术规范对法律的基本构件中较为重要的部分提出了规范要求。包括:(1)在什么情况下应当列目录,以及编、章、节的排序方式(技术规范一·1)。(2)法律中定义条款、有关基本概念、专业术语等使用和表述（技术规范一·2）。（3）对新法施行（颁布）前相关法律行为、法律关系的效力以及对有关法律主体已经获得的权利的承认、处理等过渡性条款的使用和表述（技术规范一·3）。（4）法律中关于与其他法律的适用关系条款的表述（技术规范一·4）

（二）关于法律条文表述规范

技术规范对法律条文中经常使用的有关表述作出了规范。包括：（1）立法目的与立法依据的表述（技术规范二·5）。（2）引用法律名称的表述（技术规范二·6）。（3）适用其他法律、优先适用其他法律以及优先适用本法几种情况的表述（技术规范二·7）。（4）采用列举“情形”或者“行为”的表述（技术规范二·8）。（5）引用法律条文中“项”的表述（技术规范二·9）。此外，还对部门的表述，数字、标点符号的使用等作了规范（技术规范二·10—12）

（三）关于法律常用词语规范

技术规范对实践中使用比较混乱，意思相近的，且容易引起歧义的一些法律常用词语的使用作了规范（技术规范三·13—25）。

（四）关于法律修改形式规范

目前，对法律的修改主要采用三种修改形式，即修正案、修改法律的决定和法律修订。采用修正案形式的，目前只有宪法和刑法，采用修改法律的决定形式的，占绝大多数，采用法律修订形式的，近些年来逐渐增多。对于这三种形式，在文本表述方面，目前实践中做法不尽一致。技术规范主要就修正案、修改法律的决定和法律修订的文本制作、表述等问题作了规范（技术规范四·26—27）。

（五）关于法律废止形式规范

技术规范对在新制定的法律中废止相关法律和单独通过废止相关法律的决定的表述作了规范（技术规范五·28）。

立法技术规范(试行)(二)

(法工委发〔2011〕5号)

目　次

一、法律条文表述规范

1. 部门(机构)职责的表述

1.1　涉及一个职能部门(机构)的职责的,表述为:××部门(机构）主管（负责）全国××工作。

示例1：国家保密行政管理部门主管全国的保密工作。县级以上地方各级保密行政管理部门主管本行政区域的保密工作。（保守国家秘密法第五条）

示例2：国务院公安部门负责全国道路交通安全管理工作。县级以上地方各级人民政府公安机关交通管理部门负责本行政区域内的道路交通安全管理工作。（道路交通安全法第五条）

示例3：国务院银行业监督管理机构负责对全国银行业金融机构及其业务活动监督管理的工作。（银行业监督管理法第二条第一款）

1.2　涉及多个职能部门（机构），需要明确各自职责的，分别表述为：××部门（机构）主管（负责）全国××工作，××部门（机构）负责××工作，××部门（机构）负责××工作。

示例1：国务院农业行政主管部门主管全国农业和农村经济发展工作，国务院林业行政主管部门和其他有关部门在各自的职责范围内，负责有关的农业和农村经济发展工作。（农业法第九条第二款）

示例2：国务院环境保护行政主管部门……负责全国防治陆源污染物和海岸工程建设项目对海洋污染损害的环境保护工作。

国家海洋行政主管部门负责海洋环境的监督管理，组织海洋环境的调查、监测、监视、评价和科学研究，负责全国防治海洋工程建设项目和海洋倾倒废弃物对海洋污染损害的环境保护工作。

国家海事行政主管部门负责所辖港区水域内非军事船舶和港区水域外非渔业、非军事船舶污染海洋环境的监督管理，并负责污染事故的调查处理；对在中华人民共和国管辖海域航行、停泊和作业的外国籍船舶造成的污染事故登轮检查处理。船舶污染事故给渔业造成损害的，应当吸收渔业行政主管部门参与调查处理。

国家渔业行政主管部门负责渔港水域内非军事船舶和渔港水域外渔业船舶污染海洋环境的监督管理，负责保护渔业水域生态环境工作，并调查处理前款规定的污染事故以外的渔业污染事故。

军队环境保护部门负责军事船舶污染海洋环境的监督管理及污染事故的调查处理。

沿海县级以上地方人民政府行使海洋环境监督管理权的部门的职责,由省、自治区、直辖市人民政府根据本法及国务院有关规定确定。(海洋环境保护法第五条)

1.3 涉及多个职能部门(机构),需要明确主管部门(机构)及其职责,但不必明确其他部门(机构)及其具体职责的,表述为:××部门(机构)主管(负责)全国××工作,其他有关部门(机构)负责××工作。

示例1:国务院能源主管部门依照本法规定主管全国管道保护工作,负责组织编制并实施全国管道发展规划,统筹协调全国管道发展规划与其他专项规划的衔接,协调跨省、自治区、直辖市管道保护的重大问题。国务院其他有关部门依照有关法律、行政法规的规定,在各自职责范围内负责管道保护的相关工作。(石油天然气管道保护法第四条)

示例2:国务院社会保险行政部门负责全国的社会保险管理工作,国务院其他有关部门在各自的职责范围内负责有关的社会保险工作。(社会保险法第七条第一款)

2. 制定行政法规或者部门规章的表述

2.1 为确保法律规定的制度、有关事项的实施,需要国务院制定行政法规的,表述为:×××,由国务院制定。

示例1:民间统计调查活动的管理办法,由国务院制定(统计法第四十九条)

示例2:保险保障基金筹集。管理和使用的具体办法,由国务院制定。(保险法第一百条第二款)

2.2 为确保法律规定的专业性、技术性规定的实施,需要国务院有关部门(机构)制定部门规章的,表述为:×××,由国务院××部门(机构)制定。

示例1:使用空调采暖,制冷的公共建筑应当实行室内温度控制制度。具体办法由国务院建设主管部门制定。(节约能源法第三十七条)

示例 2:保险公司提取和结转责任准备金的具体办法,由国务院保险监督管理机构制定。(保险法第九十八条)

3. 制定地方性法规或者地方政府规章的表述

3.1　需要由省级人大或其常委会制定地方性法规的,表述为:×××,由省、自治区、直辖市人民代表大会或者其常务委员会制定。

示例 1:食品生产加工小作坊和食品摊贩从事食品生产经营活动,应当符合本法规定的与其生产经营规模、条件相适应的食品安全要求,保证所生产经营的食品卫生、无毒、无害,有关部门应当对其加强监督管理,具体管理办法由省、自治区、直辖市人民代表大会常务委员会依照本法制定。(食品安全法第二十九条第三款)

示例 2:地方重点保护野生动物和其他非国家重点保护野生动物的管理办法,由省、自治区、直辖市人民代表大会常务委员会制定。(野生动物保护法第三十条)

3.2　需要由省级人大或其常委会或者较大市人大或其常委会制定地方性法规的,表述为:×××,由地方性法规规定。

示例:农村生活垃圾污染环境防治的具体办法,由地方性法规规定。(固体废物污染环境防治法第四十九条)

3.3　需要由省级人民政府制定规章的,表述为:×××,由省、自治区、直辖市人民政府制定(规定)。

示例 1:临时建设和临时用地规划管理的具体办法,由省、自治区、直辖市人民政府制定。(城乡规划法第四十四条第三款)

示例 2:预备役军官参加军事训练、执行军事勤务期间,其工作单位是国家机关、社会团体、企业事业单位的,由其所在单位照发工资和奖金,其享受的福利待遇不变。

前款规定以外的其他预备役军官参加军事训练、执行军事勤务期间,应当给予误工补贴,具体办法和标准由省、自治区、直辖市人民政府规定。(预备役军官法第五十三条)

3.4　可以由省级人大或其常委会制定地方性法规,也可以由省级人民政府制定规章的，表述为：×××，由省、自治区、直辖市制定（规定）。

示例1：在乡、村庄规划区内使用原有宅基地进行农村村民住宅建设的规划管理办法，由省、自治区、直辖市制定。（城乡规划法第四十一条第二款）

示例2：父母或者其他法定监护人在非户籍所在地工作或者居住的适龄儿童、少年，在其父母或者其他法定监护人工作或者居住地接受义务教育的，当地人民政府应当为其提供平等接受义务教育的条件。具体办法由省、自治区、直辖市规定。（义务教育法第十二条第二款）

4. 罚款规定的表述

罚款是行政处罚的一种方式，对当事人有惩戒教育作用。罚款可以是警示性的，也可以是经济性的。设定罚款应当根据违法行为的主观恶性、造成的损失、社会危害程度确定。

4.1　罚款规定一般应明确罚款的数额或者幅度。

4.2　对违法行为能够以违法数额、违法所得数额、造成的实际损失等作为参考系数确定罚款数额的，可以使用处以该系数的倍数或者比例罚款的表述。

示例1：机动车所有人、管理人未按照国家规定投保机动车第三者责任强制保险的，由公安机关交通管理部门扣留车辆至依照规定投保后，并处依照规定投保最低责任限额应缴纳的保险费的二倍罚款。（道路交通安全法第九十八条）

示例2：对造成一般或者较大水污染事故的，按照水污染事故造成的直接损失的百分之二十计算罚款；对造成重大或者特大水污染事故的，按照水污染事故造成的直接损失的百分之三十计算罚款。（水污染防治法第八十三条）

示例3：违反本法第五十三条的规定，在煤炭产品中掺杂、掺假，以次充好的，责令停止销售，没收违法所得，并处违法所得一倍以上五倍以下的罚款，可以依法吊销煤炭生产许可证或者取消煤炭经营资格；构成

犯罪的，由司法机关依法追究刑事责任。（煤炭法第七十二条）

4.3 对违法行为难以用违法数额、违法所得数额、造成的实际损失等作为参考系数确定罚款数额的，可以使用确定数额以内或者一定幅度以内罚款的表述。

示例1：冒充国家机关工作人员或者以其他虚假身份招摇撞骗的，处五日以上十日以下拘留，可以并处五百元以下罚款；情节较轻的，处五日以下拘留或者五百元以下罚款。（治安管理处罚法第五十一条）

示例2：发行人、上市公司或者其他信息披露义务人未按照规定披露信息，或者所披露的信息有虚假记载、误导性陈述或者重大遗漏的，责令改正，给予警告，并处以三十万元以上六十万元以下的罚款。对直接负责的主管人员和其他直接责任人员给予警告，并处以三万元以上三十万元以下的罚款。（证券法第一百九十三条）

4.4 在规定处以一定幅度的数额罚款时，最低数额与最高数额之间一般不超过十倍。

示例1：违反本法规定，有下列情形之一的，由有关主管部门按照各自职责分工，责令改正，给予警告；拒不改正的，处二千元以上二万元以下罚款；情节严重的，责令停产停业，直至吊销许可证：……。（食品安全法第八十七条）

示例2：非法安装警报器、标志灯具的，由公安机关交通管理部门强制拆除，予以收缴，并处二百元以上二千元以下罚款。（道路交通安全法第九十七条）

4.5 规定罚款数额上限不规定下限的，表述为：可以处××元以下罚款。规定确定罚款数额或者数额幅度的，“处”之前不加“可以”。

示例1：违反本法规定，采集发菜，或者在水土流失重点预防区和重点治理区铲草皮、挖树兜、滥挖虫草、甘草、麻黄等的，由县级以上地方人民政府水行政主管部门责令停止违法行为，采取补救措施，没收违法所得，并处违法所得一倍以上五倍以下的罚款；没有违法所得的，可以处五万元以下的罚款。（水土保持法第五十一条）

示例2：违反本法规定，在崩塌、滑坡危险区或者泥石流易发区从事取土、挖砂、采石等可能造成水土流失的活动的，由县级以上地方人民政府水行政主管部门责令停止违法行为，没收违法所得，对个人处一千元以上一万元以下的罚款，对单位处二万元以上二十万元以下的罚款。（水土保持法第四十八条）

5. 刑法以外的法律中刑事责任规定的表述

5.1　只有个别条文涉及追究刑事责任的，一般在该条文中直接表述："构成犯罪的，依法追究刑事责任"。

示例1：仲裁员有索贿受贿、徇私舞弊、枉法裁决以及接受当事人请客送礼等违法违纪行为的，农村土地承包仲裁委员会应当将其除名；构成犯罪的，依法追究刑事责任。（农村土地承包经营纠纷调解仲裁法第十七条第二款）

示例2：弄虚作假骗取护照的，由护照签发机关收缴护照或者宣布护照作废；由公安机关处二千元以上五千元以下罚款；构成犯罪的，依法追究刑事责任。（护照法第十七条）

5.2　有多个条文内容涉及追究刑事责任的，可在法律责任部分最后单设一条，表述为：违反本法规定，构成犯罪的，依法追究刑事责任。

示例1：违反本法规定，构成犯罪的，依法追究刑事责任。（社会保险法第九十四条）

示例2：违反本法规定，构成犯罪的，依法追究刑事责任。（石油天然气管道保护法第五十七条）

二、法律常用词语规范

6. 作出，做出

6.1　"作出"多与决定、解释等词语搭配使用。

示例1：农村土地承包仲裁委员会对回避申请应当及时作出决定，以口头或者书面方式通知当事人，并说明理由。（农村土地承包经营纠纷调解仲裁法第二十九条）

示例2:最高人民法院、最高人民检察院作出的属于审判、检察工作中具体应用法律的解释,应当自公布之日起三十日内报全国人民代表大会常务委员会备案。(监督法第三十一条)

6.2 “做出”多与成绩等名词词语搭配使用。

示例1:对在社会主义建设中做出显著成绩的残疾人,对维护残疾人合法权益、发展残疾人事业、为残疾人服务作出显著成绩的单位和个人,各级人民政府和有关部门给予表彰和奖励。(残疾人保障法第十三条)

示例2:国务院和沿海地方各级人民政府应当加强对海岛保护的宣传教育工作,增强公民的海岛保护意识,并对在海岛保护以及有关科学研究工作中做出显著成绩的单位和个人予以奖励。(海岛保护法第七条)

7. 公布,发布,公告

7.1 “公布”用于公布法律、行政法规、结果、标准等。

示例1:本法自公布之日起施行。(村民委员会组织法第四十一条)

示例2:统计调查项目的审批机关应当对调查项目的必要性、可行性、科学性进行审查,对符合法定条件的,作出予以批准的书面决定,并公布;对不符合法定条件的,作出不予批准的书面决定,并说明理由。(统计法第十三条)

示例3:食品安全国家标准由国务院卫生行政部门负责制定、公布,国务院标准化行政部门提供国家标准编号。(食品安全法第二十一条)。

7.2 “发布”用于公开发出新闻、信息、命令、指示等。

示例1:履行统一领导职责或者组织处置突发事件的人民政府,应当按照有关规定统一、准确、及时发布有关突发事件事态发展和应急处置工作的信息。(突发事件应对法第五十三条)

示例2:突发事件发生地的其他单位应当服从人民政府发布的决定、命令,配合人民政府采取的应急处置措施,做好本单位的应急救援工

作，并积极组织人员参加所在地的应急救援和处置工作。（突发事件应对法第五十六条第二款）

7.3　“公告”用于向公众发出告知事项。

示例1：遇有大型群众性活动、大范围施工等情况，需要采取限制交通的措施，或者作出与公众的道路交通活动直接有关的决定，应当提前向社会公告。（道路交通安全法第三十九条）

示例2：专利复审委员会对宣告专利权无效的请求应当及时审查和作出决定，并通知请求人和专利权人。宣告专利权无效的决定，由国务院专利行政部门登记和公告。（专利法第四十六条）

8. 违法，非法

8.1　“违法”一般用于违反法律强制性规范的行为。

示例1：被检查单位或者个人拒不停止违法行为，造成严重水土流失的，报经水行政主管部门批准，可以查封、扣押实施违法行为的工具及施工机械、设备等。（水土保持法第三十四条）

示例2：村民委员会不及时公布应当公布的事项或者公布的事项不真实的，村民有权向乡、民族乡、镇的人民政府或者县级人民政府及其有关主管部门反映，有关人民政府或者主管部门应当负责调查核实，责令依法公布；经查证确有违法行为的，有关人员应当依法承担责任。（村民委员会组织法第三十一条）

8.2　“非法”通常情况下也是违法，但主要强调缺乏法律依据的行为。

示例1：任何组织和个人不得侵占、挪用义务教育经费，不得向学校非法收取或者摊派费用。（义务教育法第四十九条）

示例2：非法占有高度危险物造成他人损害的，由非法占有人承担侵权责任。所有人、管理人不能证明对防止他人非法占有尽到高度注意义务的，与非法占有人承担连带责任。（侵权责任法第七十五条）

9. 设定，设立

“设定”和“设立”都可以用于权利、义务、条件等的设置。“设立”还可以用于成立或者开办组织、机构、项目等。

示例1：行政机关和法律、法规授权的具有管理公共事务职能的组织不得滥用行政权力，以设定歧视性资质要求、评审标准或者不依法发布信息等方式，排斥或者限制外地经营者参加本地的招标投标活动。（反垄断法第三十四条）

示例2：不动产物权的设立、变更、转让和消灭，应当依照法律规定登记。动产物权的设立和转让，应当依照法律规定交付。（物权法第六条）

示例3：国务院设立食品安全委员会，其工作职责由国务院规定。（食品安全法第四条）

示例4：国务院和县级以上地方人民政府根据实际需要，设立专项资金，扶持农村地区、民族地区实施义务教育。（义务教育法第四十七条）

10. 执业人员，从业人员

10.1　“执业人员”用于表述符合法律规定的条件，依法取得相应执业证书，并从事为社会公众提供服务的人员。

示例1：本法所称律师，是指依法取得律师执业证书，接受委托或者指定，为当事人提供法律服务的执业人员。（律师法第二条）

示例2：注册会计师是依法取得注册会计师证书并接受委托从事审计和会计咨询、会计服务业务的执业人员。（注册会计师法第二条）

10.2　“从业人员”用于表述在一般性行业就业的人员。

示例1：无雇工的个体工商户、未在用人单位参加基本养老保险的非全日制从业人员以及其他灵活就业人员可以参加基本养老保险，由个人缴纳基本养老保险费。（社会保险法第十条第二款）

示例2：从业人员有依法接受职业培训和继续教育的权利和义务。（教育法第四十条第一款）

11. 批准，核准

11.1　“批准”用于有权机关依据法定权限和法定条件，对当事人提出的申请、呈报的事项等进行审查，并决定是否予以准许。

示例1：进行下列施工作业，施工单位应当向管道所在地县级人民政府主管管道保护工作的部门提出申请：……

县级人民政府主管管道保护工作的部门接到申请后，应当组织施工单位与管道企业协商确定施工作业方案，并签订安全防护协议；协商不成的，主管管道保护工作的部门应当组织进行安全评审，作出是否批准作业的决定。（石油天然气管道保护法第三十五条）

示例2：从事考古发掘的单位，为了科学研究进行考古发掘，应当提出发掘计划，报国务院文物行政部门批准；对全国重点文物保护单位的考古发掘计划，应当经国务院文物行政部门审核后报国务院批准。（文物保护法第二十八条）

11.2 “核准”用于有权机关依据法定权限和法定条件进行审核，对符合法定条件的予以准许。

示例1：公开发行证券，必须符合法律、行政法规规定的条件，并依法报经国务院证券监督管理机构或者国务院授权的部门核准；未经依法核准，任何单位和个人不得公开发行证券。（证券法第十条）

示例2：公证机构的负责人应当在有三年以上执业经历的公证员中推选产生，由所在地的司法行政部门核准，报省、自治区、直辖市人民政府司法行政部门备案。（公证法第十条）

12. 注销，吊销，撤销

12.1 “注销”用于因一些法定事实出现而导致的取消登记在册的事项或者已经批准的行政许可等。

示例1：建设用地使用权消灭的，出让人应当及时办理注销登记。（物权法第一百五十条）

示例2：有下列情形之一的，行政机关应当依法办理有关行政许可的注销手续：

（一）行政许可有效期届满未延续的；

（二）赋予公民特定资格的行政许可，该公民死亡或者丧失行为能力的；

（三）法人或者其他组织依法终止的；

（四）行政许可依法被撤销、撤回，或者行政许可证件依法被吊销的；

（五）因不可抗力导致行政许可事项无法实施的；

（六）法律、法规规定的应当注销行政许可的其他情形。

（行政许可法第七十条）

12.2 “吊销”作为一种行政处罚，用于有权机关针对违法行为，通过注销证件或者公开废止证件效力的方式，取消违法者先前已经取得的许可证件。

示例1：邮政企业、快递企业不建立或者不执行收件验视制度，或者违反法律、行政法规以及国务院和国务院有关部门关于禁止寄送或者限制寄送物品的规定收寄邮件、快件的，对邮政企业直接负责的主管人员和其他直接责任人员给予处分；对快递企业，邮政管理部门可以责令停业整顿直至吊销其快递业务经营许可证。（邮政法第七十五条）

示例2：城乡规划编制单位取得资质证书后，不再符合相应的资质条件的，由原发证机关责令限期改正；逾期不改正的，降低资质等级或者吊销资质证书。（城乡规划法第六十三条）

12.3 “撤销”用于有权机关取消依法不应颁发的行政许可或者发出的文件、设立的组织机构，也可以用于取消资质、资格等。

示例1：城乡规划主管部门违反本法规定作出行政许可的，上级人民政府城乡规划主管部门有权责令其撤销或者直接撤销该行政许可。（城乡规划法第五十七条）

示例2：违反本法规定，食品检验机构、食品检验人员出具虚假检验报告的，由授予其资质的主管部门或者机构撤销该检验机构的检验资格；依法对检验机构直接负责的主管人员和食品检验人员给予撤职或者开除的处分。（食品安全法第九十三条第一款）

13. 根据,依据

13.1　引用宪法、法律作为立法依据时,用“根据”。

示例1:为了加强国防建设,完善国防动员制度,保障国防动员工作的顺利进行,维护国家的主权、统一、领土完整和安全,根据宪法,制定本法。(国防动员法第一条)

示例2:省、自治区、直辖市的人民代表大会常务委员会根据本法,结合本行政区域的实际情况,制定实施办法。(村民委员会组织法第四十条)

13.2　适用其他法律或者本法的其他条款时,用“依据”。

示例1:提供的统计资料不能满足需要时,国防动员委员会办事机构可以依据《中华人民共和国统计法》和国家有关规定组织开展国防动员潜力专项统计调查。(国防动员法第十九条)

示例2:对反垄断执法机构依据本法第二十八条、第二十九条作出的决定不服的,可以先依法申请行政复议;对行政复议决定不服的,可以依法提起行政诉讼。(反垄断法第五十三条)

14. 谋取,牟取

“谋取”是中性词,可以谋取合法利益,也可以谋取非法利益。“牟取”是贬义词,表示通过违法行为追求利益。

示例1:学校以向学生推销或者变相推销商品、服务等方式谋取利益的,由县级政府教育行政部门给予通报批评;有违法所得的,没收违法所得;对直接负责的主管人员和其他直接责任人员依法给予处分。(义务教育法第五十六条第二款)

示例2:采购代理机构不得以向采购人行贿或者采取其他不正当手段谋取非法利益。(政府采购法第二十五条第三款)

示例3:人民调解员在调解工作中有下列行为之一的,由其所在的人民调解委员会给予批评教育、责令改正,情节严重的,由推选或者聘任单位予以罢免或者解聘:……(三)索取、收受财物或者牟取其他不正当利益的;……(人民调解法第十五条)

示例4:国务院证券监督管理机构工作人员应当忠于职守,依法办事,公正廉洁,接受监督,不得利用职务牟取私利。(证券投资基金法第七十九条)

关于《立法技术规范(试行)(二)》的说明

一、《立法技术规范(试行)(二)》的研究过程

《立法技术规范(试行)(一)》印发后,各方面又提出一些需要进一步研究解决的立法技术规范问题。全国人大常委会2010年立法工作计划提出抓紧《立法技术规范(试行)(二)》的研究工作。为此,法工委组织专门力量,进一步就立法技术规范有关问题开展研究。2010年初,就一些表述规范和法律常用词语的规范用法问题,专门召开专家座谈会,征求专家意见和建议。4月中旬,在南京召开由十省(区、市)人大常委会法工委负责同志参加的座谈会,对拟列入《立法技术规范(试行)(二)》的条目逐条进行讨论。期间,先后三次将《立法技术规范(试行)(二)》草稿分发法工委各室征求意见,形成《立法技术规范(试行)(二)》(征求意见稿)。7月初,征求了现任法工委领导和曾在法工委工作过的一些领导同志意见。12月中下旬,法工委召开了3次委务会,对该稿逐条讨论、研究,提出了修改意见。2011年1月,又专门征求部分常委会特邀专家意见。在此基础上,形成《立法技术规范(试行)(二)》。

二、《立法技术规范(试行)(二)》研究和选项的主要考虑

《立法技术规范(试行)(二)》包括两部分内容:法律条文表述规范和法律常用词语规范。在总结《立法技术规范(试行)(一)》施行中取得的经验基础上,选取立法工作中遇到的一些需要统一规范,并且在立法实践中具备较为成熟做法的条文表述、语言文字等问题作为研究对象。在研究过程中,重点分析现行法律中涉及立法技术方面的条文和语词,总结梳理语言文字专家在审校法律草案过程中提出的有关语言文字方面的立法技术问题。在此基础上,提出具有一定实用性和操作性的规范

要求，并通过示范举例加以说明。

三、《立法技术规范（试行）（二）》的主要内容

《立法技术规范（试行）（二）》共对 14 项立法技术问题进行规范。

（一）法律条文表述规范

《立法技术规范（试行）（二）》对立法中经常使用的一些法律条文表述方式进行了规范。包括：部门（机构）职责的表述；制定行政法规或者部门规章的表述；制定地方性法规或者地方政府规章的表述；罚款规定的表述；刑法以外的法律中刑事责任规定的表述等。

（二）法律常用词语规范

《立法技术规范（试行）（二）》对立法实践中一些存在混用或者使用不一致的法律常用词语进行了规范。包括：作出，做出；公布，发布，公告；违法，非法；设定，设立；执业人员，从业人员；批准，核准；注销，吊销，撤销；根据，依据；谋取，牟取等。

对其他一些立法技术方面的问题，由于各方面认识还不尽一致，在《立法技术规范（试行）（二）》中未列入，我们将继续深入研究。

附录三

苏州市人民政府立法前评估办法

（2019 年 5 月 10 日苏州市人民政府令第 150 号发布
自 2019 年 7 月 1 日起施行）

第一条 为了提高立法计划编制的科学性，合理配置立法资源，保证立法质量，根据《中华人民共和国立法法》、国务院《规章制定程序条例》《江苏省规章制定程序规定》等法律、法规、规章，结合本市实际，制定本办法。

第二条 本市行政区域内开展立法前评估，向市人民政府申报规章立法计划建议项目，适用本办法。

第三条 本办法所称立法前评估，是指在申报规章立法计划建议项目前，按照一定的程序、标准和方法，对立法计划建议项目所进行的必要性、可行性、紧迫性以及立法成本效益进行分析研究，形成立法前评估报告以及起草规章建议稿等系列活动。

鼓励申报规章立法规划建议项目的单位开展立法前评估。

第四条 开展立法前评估，应当遵循公众参与、实事求是、问题导向、注重实效的原则，评估内容要体现科学性、系统性、前瞻性、创新性要求。

第五条 市人民政府负责立法前评估工作的统一领导，为立法前评估工作提供必要保障。

市司法局是立法前评估工作的主管部门，负责规章立法前评估的组织、协调和指导工作。

第六条 规章立法计划建议项目申报单位为立法前评估工作的实

施单位，具体负责立法前评估工作，并将立法前评估工作所需经费列入部门经费预算。

实施单位可以根据需要，邀请高等院校、科研院所、专业机构、社会组织等参与，也可以通过政府购买服务方式委托第三方开展立法前评估工作。

鼓励高等院校、科研院所、专业机构、社会组织独立开展立法前评估工作。

与规章拟采取的措施相关的单位对立法前评估工作应当提供帮助和支持。

第七条　立法前评估工作包括准备阶段、实施阶段和评估报告形成阶段。

第八条　立法前评估准备阶段主要开展以下工作：

（一）成立立法前评估小组。实施单位应当成立以本单位主要负责人为组长，本单位相关工作机构工作人员、与规章拟采取的措施相关单位工作人员、相关领域专家和法律工作者等组成的立法前评估小组，具体组织实施立法前评估工作。

（二）制定立法前评估工作方案。立法前评估小组应当根据本办法要求，制定立法前评估工作方案，主要包括组织领导、评估目的、评估内容、评估方法、评估步骤、时间安排和经费保障等内容。

第九条　立法前评估实施阶段主要开展以下工作：

（一）发布立法前评估公告，包括立法前评估小组组成人员、评估方案等主要内容；

（二）深入开展调查研究，广泛听取相关公民、法人和其他组织等意见和建议；

（三）收集、整理、分析听取的意见和建议情况，得出初步结论。

第十条　立法前评估可以采取定性分析与定量分析相结合、问卷调查、实地考察、专题调研等方法进行。定性分析引用的文件资料要注明出处，反映问题符合当前实际；定量分析力求量化，用数据说明问题，必要时可以用图表、照片、音像等形式进行辅助描述。

第十一条 立法前评估报告主要包括以下内容:

(一)基本情况;

(二)立法的必要性、可行性、紧迫性分析;

(三)立法成本效益分析;

(四)评估结论;

(五)其他需要说明的事项。

第十二条 基本情况主要包括以下内容:

(一)立法背景,包括本市行政管理现实需求,各级对立法工作的建议,国家、省以及其他地区立法动态;

(二)立法前评估工作开展情况,包括立法前评估程序性工作及调研论证等内容;

(三)其他需要说明的事项。

第十三条 立法前评估报告的必要性、可行性以及成本效益分析主要包括以下内容:

(一)拟采取的措施是否符合宪法、法律、法规要求;

(二)拟采取的措施是否适应国家改革政策要求,是否符合市场公平竞争机制;

(三)拟采取的措施在经济发展、公共安全、社会稳定、环境保护等方面的利弊分析;

(四)拟采取的措施与工作机构、人员编制、经费使用、执法能力等方面的适应性分析;

(五)拟采取的措施与已有相关规定是否存在重复或者不协调等问题;

(六)拟采取的措施在本行政区域外已经实施的效果分析;

(七)立法成本分析,包括立法过程成本、执法成本、守法成本分析;

(八)其他需要说明的事项。

第十四条 评估结论主要包括以下内容:

（一）明确向市政府提出立法计划建议的内容；

（二）明确初步的立法时序安排；

（三）明确起草单位；

（四）其他需要说明的事项。

第十五条 立法前评估报告应当附录参考资料和规章建议稿。参考资料主要包括以下材料：

（一）评估报告中相关法律、法规、规章和文件；

（二）与立法项目相关的学术文章、研究资料；

（三）其他有价值的参考资料。

第十六条 起草立法前评估报告，由立法前评估小组根据调查研究、查阅资料、听取的意见和建议等材料得出初步结论，起草立法前评估报告初稿。

立法前评估报告初稿起草完毕后，根据需要可以继续听取相关公民、法人和其他组织等意见。涉及专业性强的立法前评估项目，可以组织召开专家论证会听取专家意见。立法前评估小组根据听取意见情况，对立法前评估报告初稿进行修改完善，形成立法前评估报告草案，提交本单位领导集体讨论。

第十七条 立法前评估小组应当将立法前评估报告草案和规章建议稿提前5日提交本单位参加领导集体讨论的各位成员。领导集体讨论，对评估报告草案和规章建议稿提出修改意见，并决定是否向市政府申报规章立法计划建议项目。

立法前评估工作小组应当根据领导集体讨论意见，继续对立法前评估报告草案进行修改完善，形成立法前评估报告。

经领导集体讨论，决定不向市政府申报规章立法计划建议项目的，立法前评估工作可以终止。

第十八条 市司法局应当加强对立法前评估工作的指导，可以组织专家对本地区的立法前评估报告进行评审，组织开展立法前评估理论研究，提高全市立法前评估工作能力。

第十九条 申报市政府规章立法计划建议项目时,应当将立法前评估报告和规章建议稿等材料报市司法局进行立法计划立项论证。

第二十条 市司法局在开展规章立法计划立项论证时,应当充分研判论证立法前评估报告和规章建议稿等材料,听取立法前评估小组的意见。论证通过的,列入规章立法计划草案,提交市政府常务会议审议。

未开展立法前评估工作的立法计划建议项目,市司法局一般不进行立法计划立项论证。但是,市委、市人大常委会、市政府决定的立法项目除外。

第二十一条 向市人民代表大会及其常务委员会申报地方性法规立法计划建议项目,可以参照本办法进行立法前评估。

第二十二条 本办法自2019年7月1日起施行。原有关向市人民政府申报规章立法计划建议项目的要求与本办法不一致的,以本办法为准。

附录四

法规、司法解释备案审查工作办法

（2019年12月16日第十三届全国人民代表大会常务委员会第四十四次委员长会议通过）

第一章　总　　则

第一条　为了规范备案审查工作，加强备案审查制度和能力建设，履行宪法、法律赋予全国人民代表大会及其常务委员会的监督职责，根据宪法和立法法、监督法等有关法律的规定，制定本办法。

第二条　对行政法规、监察法规、地方性法规、自治州和自治县的自治条例和单行条例、经济特区法规（以下统称法规）以及最高人民法院、最高人民检察院作出的属于审判、检察工作中具体应用法律的解释（以下统称司法解释）的备案审查，适用本办法。

第三条　全国人大常委会依照宪法、法律开展备案审查工作，保证党中央令行禁止，保障宪法法律实施，保护公民合法权益，维护国家法制统一，促进制定机关提高法规、司法解释制定水平。

第四条　开展备案审查工作应当依照法定权限和程序，坚持有件必备、有备必审、有错必纠的原则。

第五条　常委会办公厅负责报送备案的法规、司法解释的接收、登记、分送、存档等工作，专门委员会、常委会法制工作委员会负责对报送备案的法规、司法解释的审查研究工作。

第六条　加强备案审查信息化建设，建立健全覆盖全国、互联互通、功能完备、操作便捷的备案审查信息平台，提高备案审查工作信息化水平。

第七条 常委会工作机构通过备案审查衔接联动机制，加强与中央办公厅、司法部、中央军委办公厅等有关方面的联系和协作。

第八条 常委会工作机构应当密切与地方人大常委会的工作联系，根据需要对地方人大常委会备案审查工作进行业务指导。

第二章 备 案

第九条 法规、司法解释应当自公布之日起三十日内报送全国人大常委会备案。

报送备案时，应当一并报送备案文件的纸质文本和电子文本。

第十条 法规、司法解释的纸质文本由下列机关负责报送备案：

（一）行政法规由国务院办公厅报送；

（二）监察法规由国家监察委员会办公厅报送；

（三）地方性法规、自治州和自治县制定的自治条例和单行条例由各省、自治区、直辖市人大常委会办公厅报送；

（四）经济特区法规由制定法规的省、市人大常委会办公厅（室）报送；

（五）司法解释分别由最高人民法院办公厅、最高人民检察院办公厅报送；最高人民法院、最高人民检察院共同制定的司法解释，由主要起草单位办公厅报送。

第十一条 报送备案时，报送机关应当将备案报告、国务院令或者公告、有关修改废止或者批准的决定、法规或者司法解释文本、说明、修改情况汇报及审议结果报告等有关文件（以下统称备案文件）的纸质文本装订成册，一式五份，一并报送常委会办公厅。

自治条例、单行条例、经济特区法规对上位法作出变通规定的，报送备案时应当说明对法律、行政法规、地方性法规作出变通的情况，包括内容、依据、理由等。

第十二条 法规、司法解释的电子文本由制定机关指定的电子报备专责机构负责报送。

报送机关应当通过全国人大常委会备案审查信息平台报送全部备案文件的电子文本，报送的电子文本应当符合全国人大常委会工作机构印发的格式标准和要求。

第十三条 常委会办公厅应当自收到备案文件之日起十五日内进行形式审查，对符合法定范围和程序、备案文件齐全、符合格式标准和要求的，予以接收并通过全国人大常委会备案审查信息平台发送电子回执；对不符合法定范围和程序、备案文件不齐全或者不符合格式标准和要求的，以电子指令形式予以退回并说明理由。

因备案文件不齐全或者不符合格式标准和要求被退回的，报送机关应当自收到电子指令之日起十日内按照要求重新报送备案。

第十四条 常委会办公厅对接收备案的法规、司法解释进行登记、存档，并根据职责分工，分送有关专门委员会和法制工作委员会进行审查研究。

第十五条 常委会办公厅对报送机关的报送工作进行督促检查，并适时将迟报、漏报等情况予以通报。

第十六条 每年一月底前，各报送机关应当将上一年度制定、修改、废止和批准的法规、司法解释目录汇总报送全国人大常委会办公厅。

常委会办公厅通过全国人大常委会公报和中国人大网向社会公布上一年度备案的法规、司法解释目录。

第十七条 专门委员会、常委会工作机构根据审查工作需要，可以要求有关方面提供本办法第五十四条规定的规范性文件。

第三章 审 查

第一节 审查职责

第十八条 对法规、司法解释可以采取依职权审查、依申请审查、移送审查、专项审查等方式进行审查。

第十九条 专门委员会、法制工作委员会对法规、司法解释依职权主动进行审查。

第二十条 对法规、司法解释及其他有关规范性文件中涉及宪法的问题,宪法和法律委员会、法制工作委员会应当主动进行合宪性审查研究,提出书面审查研究意见,并及时反馈制定机关。

第二十一条 国家机关依照法律规定向全国人大常委会书面提出的对法规、司法解释的审查要求,由常委会办公厅接收、登记,报秘书长批转有关专门委员会会同法制工作委员会进行审查。

第二十二条 国家机关、社会团体、企业事业组织以及公民依照法律规定向全国人大常委会书面提出的对法规、司法解释的审查建议,由法制工作委员会接收、登记。

法制工作委员会对依照前款规定接收的审查建议,依法进行审查研究。必要时,送有关专门委员会进行审查、提出意见。

第二十三条 经初步研究,审查建议有下列情形之一的,可以不启动审查程序:

(一)建议审查的法规或者司法解释的相关规定已经修改或者废止的;

(二)此前已就建议审查的法规或者司法解释与制定机关作过沟通,制定机关明确表示同意修改或者废止的;

(三)此前对建议审查的法规或者司法解释的同一规定进行过审查,已有审查结论的;

(四)建议审查的理由不明确或者明显不成立的;

(五)其他不宜启动审查程序的情形。

第二十四条 法制工作委员会对有关机关通过备案审查衔接联动机制移送过来的法规、司法解释进行审查。

第二十五条 法制工作委员会结合贯彻党中央决策部署和落实常委会工作重点,对事关重大改革和政策调整、涉及法律重要修改、关系公众切身利益、引发社会广泛关注等方面的法规、司法解释进行专项审查。

在开展依职权审查、依申请审查、移送审查过程中,发现可能存在共性问题的,可以一并对相关法规、司法解释进行专项审查。

第二十六条　对不属于全国人大常委会备案审查范围的规范性文件提出的审查建议，法制工作委员会可以按照下列情况移送其他有关机关处理：

（一）对党的组织制定的党内法规和规范性文件提出的审查建议，移送中央办公厅法规局；

（二）对国务院各部门制定的规章和其他规范性文件提出的审查建议，移送司法部；对地方政府制定的规章和其他规范性文件提出的审查建议，移送制定机关所在地的省级人大常委会，并可同时移送司法部；

（三）对军事规章和军事规范性文件提出的审查建议，移送中央军委办公厅法制局；

（四）对地方监察委员会制定的规范性文件提出的审查建议，移送制定机关所在地的省级人大常委会，并可同时移送国家监察委员会；

（五）对地方人民法院、人民检察院制定的属于审判、检察工作范围的规范性文件提出的审查建议，移送制定机关所在地的省级人大常委会，并可同时移送最高人民法院、最高人民检察院。

法制工作委员会在移送上述审查建议时，可以向有关机关提出研究处理的意见建议。

第二节　审查程序

第二十七条　根据审查要求、审查建议进行审查研究，发现法规、司法解释的规定可能存在本办法第三章第三节规定情形的，应当函告制定机关，要求制定机关在一个月内作出说明并反馈意见。

对法规、司法解释开展依职权审查、移送审查、专项审查，发现法规、司法解释的规定可能存在本办法第三章第三节规定情形的，可以函告制定机关在一个月内作出说明并反馈意见。

依照本条前两款函告需经批准的法规的制定机关的，同时抄送批准机关。

第二十八条　对法规、司法解释进行审查研究，对涉及国务院职权范围内的事项,可以征求国务院有关方面的意见。

第二十九条　对法规、司法解释进行审查研究,可以根据情况征求有关专门委员会、常委会工作机构的意见。

第三十条　对法规、司法解释进行审查研究,可以通过座谈会、听证会、论证会、委托第三方研究等方式,听取国家机关、社会团体、企业事业组织、人大代表、专家学者以及利益相关方的意见。

第三十一条　根据审查建议对法规、司法解释进行审查研究,可以向审查建议人询问有关情况,要求审查建议人补充有关材料。

第三十二条　对法规、司法解释进行审查研究,根据需要可以进行实地调研,深入了解实际情况。

第三十三条　专门委员会、法制工作委员会在审查研究中认为有必要进行共同审查的,可以召开联合审查会议。

有关专门委员会、法制工作委员会在审查研究中有较大意见分歧的,经报秘书长同意,向委员长会议报告。

第三十四条　专门委员会、法制工作委员会一般应当在审查程序启动后三个月内完成审查研究工作,提出书面审查研究报告。

第三十五条　法制工作委员会加强与专门委员会在备案审查工作中的沟通协调,适时向专门委员会了解开展备案审查工作的情况。

第三节　审查标准

第三十六条　对法规、司法解释进行审查研究,发现法规、司法解释存在违背宪法规定、宪法原则或宪法精神问题的,应当提出意见。

第三十七条　对法规、司法解释进行审查研究,发现法规、司法解释存在与党中央的重大决策部署不相符或者与国家的重大改革方向不一致问题的,应当提出意见。

第三十八条　对法规、司法解释进行审查研究,发现法规、司法解释违背法律规定,有下列情形之一的,应当提出意见:

(一)违反立法法第八条,对只能制定法律的事项作出规定;

（二）超越权限，违法设定公民、法人和其他组织的权利与义务，或者违法设定国家机关的权力与责任；

（三）违法设定行政许可、行政处罚、行政强制，或者对法律设定的行政许可、行政处罚、行政强制违法作出调整和改变；

（四）与法律规定明显不一致，或者与法律的立法目的、原则明显相违背，旨在抵消、改变或者规避法律规定；

（五）违反授权决定，超出授权范围；

（六）对依法不能变通的事项作出变通，或者变通规定违背法律的基本原则；

（七）违背法定程序；

（八）其他违背法律规定的情形。

第三十九条　对法规、司法解释进行审查研究，发现法规、司法解释存在明显不适当问题，有下列情形之一的，应当提出意见：

（一）明显违背社会主义核心价值观和公序良俗；

（二）对公民、法人或者其他组织的权利和义务的规定明显不合理，或者为实现立法目的所规定的手段与立法目的明显不匹配；

（三）因现实情况发生重大变化而不宜继续施行；

（四）变通明显无必要或者不可行，或者不适当地行使制定经济特区法规、自治条例、单行条例的权力；

（五）其他明显不适当的情形。

第四章　处　　理

第四十条　专门委员会、法制工作委员会在审查研究中发现法规、司法解释可能存在本办法第三章第三节规定情形的，可以与制定机关沟通，或者采取书面形式对制定机关进行询问。

第四十一条　经审查研究，认为法规、司法解释存在本办法第三章第三节规定情形，需要予以纠正的，在提出书面审查研究意见前，可以与制定机关沟通，要求制定机关及时修改或者废止。

经沟通，制定机关同意对法规、司法解释予以修改或者废止，并书面提出明确处理计划和时限的，可以不再向其提出书面审查研究意见，审查中止。

经沟通没有结果的，应当依照立法法第一百条规定，向制定机关提出书面审查研究意见，要求制定机关在两个月内提出书面处理意见。

对经省、自治区、直辖市人大常委会批准的法规提出的书面审查研究意见，同时抄送批准机关。

第四十二条 制定机关收到审查研究意见后逾期未报送书面处理意见的，专门委员会、法制工作委员会可以向制定机关发函督促或者约谈制定机关有关负责人，要求制定机关限期报送处理意见。

第四十三条 制定机关按照书面审查研究意见对法规、司法解释进行修改、废止的，审查终止。

第四十四条 制定机关未按照书面审查研究意见对法规及时予以修改、废止的，专门委员会、法制工作委员会可以依法向委员长会议提出予以撤销的议案、建议，由委员长会议决定提请常委会会议审议。

制定机关未按照书面审查研究意见对司法解释及时予以修改、废止的，专门委员会、法制工作委员会可以依法提出要求最高人民法院或者最高人民检察院予以修改、废止的议案、建议，或者提出由全国人大常委会作出法律解释的议案、建议，由委员长会议决定提请常委会会议审议。

第四十五条 经审查研究，认为法规、司法解释不存在本办法第三章第三节规定问题，但存在其他倾向性问题或者可能造成理解歧义、执行不当等问题的，可以函告制定机关予以提醒，或者提出有关意见建议。

第四十六条 专门委员会、法制工作委员会应当及时向制定机关了解有关法规、司法解释修改、废止或者停止施行的情况。

第四十七条 法规、司法解释审查研究工作结束后，有关审查研究资料应当及时归档保存。

第五章 反馈与公开

第四十八条 国家机关对法规、司法解释提出审查要求的，在审查工作结束后,由常委会办公厅向提出审查要求的机关进行反馈。

国家机关、社会团体、企业事业组织以及公民对法规、司法解释提出审查建议的,在审查工作结束后,由法制工作委员会向提出审查建议的公民、组织进行反馈。

第四十九条　反馈采取书面形式,必要时也可以采取口头形式。对通过备案审查信息平台提出的审查建议,可以通过备案审查信息平台进行反馈。

第五十条　对不属于全国人大常委会备案审查范围的规范性文件提出的审查建议,法制工作委员会依照本办法规定移送有关机关研究处理的,可以在移送后向提出审查建议的公民、组织告知移送情况;不予移送的,可以告知提出审查建议的公民、组织直接向有权审查的机关提出审查建议。

第五十一条　专门委员会、常委会工作机构应当将开展备案审查工作的情况以适当方式向社会公开。

第六章　报告工作

第五十二条　法制工作委员会应当每年向全国人大常委会专项报告开展备案审查工作的情况,由常委会会议审议。

备案审查工作情况报告根据常委会组成人员的审议意见修改后,在全国人大常委会公报和中国人大网刊载。

第五十三条　专门委员会、常委会办公厅向法制工作委员会提供备案审查工作有关情况和材料,由法制工作委员会汇总草拟工作报告,经征询专门委员会、常委会办公厅意见后按规定上报。

备案审查工作情况报告的内容一般包括:接收备案的情况,开展依职权审查、依申请审查和专项审查的情况,对法规、司法解释纠正处理的情况,开展备案审查制度和能力建设的情况,根据备案审查衔接联动机制开展工作的情况,对地方人大常委会备案审查工作进行业务指导的情况,下一步工作建议、考虑和安排等。

第七章 附 则

第五十四条 对国务院的决定、命令和省、自治区、直辖市人大及其常委会的决议、决定以及最高人民法院、最高人民检察院的司法解释以外的其他规范性文件进行的审查,参照适用本办法有关规定。

第五十五条 地方各级人大常委会参照本办法对依法接受本级人大常委会监督的地方政府、监察委员会、人民法院、人民检察院等国家机关制定的有关规范性文件进行备案审查。

第五十六条 对香港特别行政区、澳门特别行政区依法报全国人大常委会备案的法律的备案审查,参照适用本办法。

第五十七条 本办法自通过之日起施行。2005 年 12 月 16 日十届全国人大常委会第四十次委员长会议修订、通过的《行政法规、地方性法规、自治条例和单行条例、经济特区法规备案审查工作程序》和《司法解释备案审查工作程序》同时废止。

附录五

广州市人大常委会立法后评估办法

（2012年9月25日广州市第十四届人民代表大会常务委员会第七次会议通过）

第一条 为规范和加强本市人大常委会立法后评估工作，适时掌握法规的制定质量和实施效果，促进立法质量提高，根据本市实际，制定本办法。

第二条 本办法适用于对本市现行地方性法规的立法后评估。

第三条 本办法所称立法后评估，是指评估实施单位根据立法目的，结合经济社会发展要求和上位法制定、修改、废止等情况，按照规定的标准和程序，对本市现行地方性法规的立法质量、实施效果进行评价的活动。

第四条 立法后评估应当遵循公开透明、公众参与、客观公正、严谨科学的原则。

第五条 市人大常委会法制工委为组织实施立法后评估的综合工作部门，负责立法后评估的组织实施工作，包括编制年度评估计划、制定评估指标、组织开展评估等。

法规的组织实施部门依照本办法的规定参与立法后评估工作。

市人大常委会其他工作机构和办事机构等相关单位按照各自的工作职责，对立法后评估工作给予协助和配合。

第六条 法制工委应当于每年十二月制定下一年度立法后评估计划。制定年度评估计划时，应当书面征求常委会各工作机构、办事机构和市政府法制办、相关政府部门的意见。

市人大常委会各工作机构应当根据在开展执法检查等监督活动中所了解的情况，向法制工委提出立法后评估的建议项目。

第七条　地方性法规施行五年以内应当进行一次评估。本办法施行前制定的地方性法规，由法制工委另行制定评估计划，按计划组织评估。

相关单位和市人大代表、市政协委员、社会公众提出较多意见的法规，应当优先安排评估。

已评估的地方性法规是否需要再次评估可视实际情况确定。地方性法规已列入年度立法计划准备重新制定或者修改、废止的，不进行评估。

第八条　对一件法规可以进行全面评估，也可以对其中的部分制度或者部分内容进行评估，包括只对法规设定的行政许可、行政强制或者行政处罚进行单项评估。

第九条　法制工委在评估前应当制定评估工作方案。

评估工作方案的内容包括评估项目、评估目的、评估组织、评估工作及其时间安排、职责分工、经费保障等。

第十条　开展立法后评估应当成立评估组和专家组。评估组由部分市人大常委会组成人员、市人大代表和市人大常委会相关工作机构的部分工作人员组成，必要时可以邀请市政协委员、公众代表、专家学者等参加；专家组由部分市人大常委会立法顾问和立法咨询专家组成，必要时可以邀请其他专家学者、法律实务工作者参加。评估组和专家组成员人数为各十人左右。

评估组、专家组成员应当逐条研究被评估法规的内容，收集相关的资料，积极参加各种评估活动，广泛听取和收集各个方面对法规立法质量和实施效果的意见，根据评估原则和评估指标公正客观地提出评价意见、进行量化评分。

法制工委应当做好评估组、专家组成员的服务保障工作，在评估工作开始十天前将评估工作方案、被评估法规文本和相关参考资料印送评估组、专家组成员。

第十一条 法制工委在评估前应当制定评估项目的评估指标。

评估指标由下列六部分构成:

(一)合法性,包括法规是否设定了地方性法规无权设定的行政许可、行政强制、行政处罚;是否增设了违反上位法的行政许可、行政强制、行政处罚;是否增设了违反上位法的行政许可、行政强制条件;是否突破了上位法规定的行政处罚的幅度;其他内容是否与法律、行政法规、省的地方性法规的规定相抵触,是否超越立法权限。

(二)合理性,包括法规内容是否符合客观实际、具有地方特色;是否符合公平、公正原则,行政执法机关和行政相对人的权力与责任、权利与义务是否合理、平衡;管理制度、措施是否必要、适度;行政程序是否正当、合理、公开透明;法律责任规定是否完备、是否与违法行为的事实、性质、情节以及社会危害程度相当等。

(三)操作性,包括法规规定的管理体制是否适应客观实际需要、是否具有现实针对性;管理制度、措施是否明确、完备、可行;行政程序是否易于操作、畅顺、快捷、便民;实施性的法规对上位法的补充规定是否细化具体、是否可行等。

(四)实效性,包括法规确立的管理体制、主要制度机制、管理措施是否有效管用、能否解决实际问题;行政程序是否实现了畅顺、高效、便民;法规实施的人力、财力等成本支出与实施效益之间的比例关系是否适度;法规的实施是否达到预期目的等。

(五)协调性,包括法规内容与本市其他相关地方性法规是否存在冲突或者不一致;各种制度及相关程序是否互相衔接、是否存在冲突;要求建立的配套制度是否已经建立等。

(六)规范性,包括法规设定的法律规范的构成要素是否完备、明确,对不同类型法律规范的表述是否符合相关技术要求;概念界定是否准确、周延,语言表述是否准确、规范、简明,逻辑结构是否清晰、严密,是否便于理解和执行等。

评估指标按百分制量化，各部分的权重为：合法性 15%、合理性 25%、操作性 25%、实效性 25%、协调性 5%、规范性 5%，满分为 100 分。

法制工委应当根据本条第二款、第三款规定的评估指标的内容、要求、权重分值和所评估法规的具体内容，确定具体、细化的评估指标，形成涵盖评估内容的量化评估指标体系。

第十二条 法制工委应当根据量化评估指标制作评分表，供评估组、专家组和法规的组织实施部门评估时使用。

第十三条 法制工委在制定评估指标和评分表以后，应当组织开展下列评估活动：

（一）通过实地调研、召开座谈会和专家论证会、书面发函等方式，征集市人大常委会相关工作机构、法规的组织实施部门、其他相关政府部门和相关单位、区（县级市）人大常委会和政府、社会组织、市人大常委会组成人员、市人大代表、行政相对人、专家学者和公众的意见；

（二）通过网站、立法官方微博或者报纸公开征集公众意见。

法制工委可以委托社会组织对法规的立法质量和实施效果进行民意调查。

开展本条第一款第（一）项规定的评估活动时，应当安排评估组和专家组全体成员参加。

第十四条 法制工委应当在组织开展本办法第十三条规定的评估活动的同时，通知法规的组织实施部门依照量化评估指标对法规的立法质量和实施情况进行评估，查找存在的问题，填写评分表，并提交法规实施情况报告。

法规实施涉及多个政府部门的，各相关部门应当分别评估、填写评分表，并提交法规实施情况报告。

法规实施情况报告包括下列内容：

（一）法规评估的过程；

（二）法规实施的基本情况，包括对立法质量和实施情况的综合评价、存在的问题及其原因和量化评分；

（三）完善法规的建议。

第十五条 法制工委应当将实地调研和征求意见的情况整理汇总，形成意见综合，将意见综合、民意调查报告和政府部门提交的法规实施情况报告印送评估组和专家组成员。

第十六条 法制工委应当在组织完成本办法第十三条、第十四条规定的评估活动的基础上，召开评估组和专家组会议。评估组和专家组成员根据前期评估活动所了解的情况、依照评估指标，对法规的立法质量和实施效果进行集体评议。

法制工委应当安排专人记录评议情况，形成意见综合供撰写评估报告时使用。

第十七条 评估组和专家组成员在集体评议的基础上分别填写评分表，对法规进行量化评分。

法制工委收集评估组、专家组成员和法规的组织实施部门的评分表后，统计出评估组和专家组的平均分，并按照总分计算公式计算出评估总分。总分计算公式为：评估总分 =（评估组平均分 ×0.5）+（专家组平均分 ×0.3）+（法规的组织实施部门评分 ×0.2）。

第十八条 法制工委应当根据评估组、专家组和法规的组织实施部门的评估意见和评估总分，撰写评估报告，经评估组集体讨论修改后确定。

第十九条 评估报告包括下列内容：

（一）评估的指导思想和评估目的；

（二）评估准备工作；

（三）评估过程；

（四）评估结果，包括综合评价和量化评分，综合评价应当按照评估指标六个部分的内容和要求逐一进行评价，指出立法质量和法规实施方面存在的问题、不足及其原因；

（五）评估建议，提出所评估法规继续施行或者修改、废止、解释、制定配套制度、改进管理等方面的意见。

第二十条 法制工委应当在评估活动结束后两个月内向市人大常委会主任会议报告法规评估情况、提出评估报告。

评估报告经主任会议审定后，提交常委会会议审阅或者审议，并印送本会相关工作机构、市政府及其相关部门和评估组、专家组成员。

第二十一条 经评估的法规需重新制定或者修改、废止的，应当尽快列入年度立法计划或者立法规划。

第二十二条 法制工委应当将公民、法人和其他组织在评估过程中反映的行政管理方面的具体问题整理汇总，及时移送法规的组织实施部门。评估报告建议法规的组织实施部门建立配套制度或者改进行政执法工作的，法制工委应当及时书面告知市人大常委会相关工委和法规的组织实施部门。

法规的组织实施部门收到法制工委的有关函件后，应当按照函件要求及时处理相关问题、改进行政执法工作、建立相关的配套制度，法制工委和市人大常委会相关工委对法规的组织实施部门的落实情况进行跟踪监督。

第二十三条 法制工委可以将立法后评估的具体工作委托有关高等院校、科研机构、社会组织等单位实施。

受委托单位应当在委托范围内按照本办法的要求开展评估工作，不得将评估工作转委托给其他单位或者个人。

第二十四条 立法后评估情况应当通过网站、立法官方微博或者报纸向社会公开。

第二十五条 法规评估工作经费应当纳入市人大常委会年度工作经费预算。

第二十六条 本办法自 2012 年 10 月 1 日起施行。